Reihe Rechtswissenschaft
Band 189

Aspekte der strafrechtlichen Postpendenz

Caroline Walper

Centaurus Verlag & Media UG 1999

Die Autorin, geb. 1967, studierte Rechtswissenschaften, 1997 Promotion an der Universität Mainz. Sie ist als Richterin tätig.

Die Deutsche Bibliothek – CIP-Einheitsaufnahme

Walper, Caroline:
Aspekte der strafrechtlichen Postpendenz / Caroline Walper. –
Pfaffenweiler : Centaurus-Verl.-Ges., 1999
(Reihe Rechtswissenschaft ; Bd. 189)
Zugl.: Mainz, Univ., Diss., 1997
ISBN 978-3-8255-0188-4 ISBN 978-3-86226-291-5 (eBook)
DOI 10.1007/978-3-86226-291-5

ISSN 0177-2805

Satz: Vorlage der Autorin

Gliederung

Abkürzungsverzeichnis

a.A.	andere Ansicht
Abs.	Absatz
Anh.	Anhang
Anm.	Anmerkung
Art.	Artikel
AT	Allgemeiner Teil
Aufl.	Auflage
BA	Blutalkohol
BayObLG	Bayrisches Oberstes Landgericht
Bd.	Band
BGH	Bundesgerichtshof
BGHSt	Entscheidungen des Bundesgerichtshofs in Strafsachen (amtliche Sammlung)
BVerfG	Bundesverfassungsgericht
DAR	Deutsches Autorecht
Diss.	Dissertation
DStR	Deutsches Steuerrecht
Einl.	Einleitung
Fn.	Fußnote
Fs.	Festschrift
GA	Goltdammer's Archiv für Strafrecht
GS	Gerichtssaal
Hrsg.	Herausgeber
JA	Juristische Arbeitsblätter
JR	Juristische Rundschau
JK	Jura Kartei
JurA	Juristische Analysen
JuS	Juristische Schulung
JZ	Juristenzeitung
krit.	kritisch
MDR	Monatsschrift für deutsches Recht
a.F.	alte Fassung
n.F.	neue Fassung
NJW	Neue juristische Wochenschrift
NStZ	Neue Zeitschrift für Strafrecht
OLG	Oberlandesgericht
RN	Randnummer
S.	Seite
StGB	Strafgesetzbuch

st.Rspr.	ständige Rechtsprechung
StV	Der Strafverteidiger
u.a.	unter anderem
vgl.	vergleiche
WiB	Wirtschaftliche Beratung
wistra	Zeitschrift für Wirtschaft, Steuer und Strafrecht
z.B.	zum Beispiel
zit.	zitiert
ZIP	Zeitschrift für Wirtschaftsrecht
ZStW	Zeitschrift für die gesamte Strafrechtswissenschaft

Literaturverzeichnis

Aden, Menno: Das Geldwäschegesetz - Konsequenzen für Rechtsanwälte und Notare: WiB 1994, S. 93ff.

Alwart, Heiner: Darf ein Angeklagter aus Mangel an Beweisen verurteilt werden? Eine Studie zur Überzeugungsbildung des Strafrichters (§ 261 StPO): GA 1992, S. 545ff.

Amelung, Knut: Vorteilssicherung und Angehörigenprivileg: JR 1978, S. 227ff.

Ancker, Hans Theodor: Die alternative Tatsachenfeststellung durch den Strafrichter. Diss. Tübingen, 1934.

Arzt, Gunther: Der Einfluß von Beweisschwierigkeiten auf das materielle Strafrecht in: Strafrechtliche Probleme der Gegenwart. Referate des 8., von der Vereinigung Österreichischer Richter veranstalteten Fortbildungsseminar aus Strafrecht und Kriminologie, Ottenstein 1980.

ders.: Die Hehlerei als Vermögensdelikt: NStZ 1981, S. 10ff. Zit: Hehlerei.

ders.: Geldwäscherei - Eine neue Masche zwischen Hehlerei, Strafvereitelung und Begünstigung: NStZ 1990, S. 1ff. Zit: Masche.

Bar, Ludwig von: Recht und Beweis im Geschworenengericht. Ein Beitrag zur Kritik der Praxis und Gesetzgebung auf dem Gebiete des Strafverfahrens. Hannover 1865.

Barton, Stephan: Das Tatobjekt der Geldwäsche: Wann rührt ein Gegenstand aus einer der im Katalog des § 261 I Nr. 1 - 3 StGB bezeichneten Straftaten her?: NStZ 1993, S. 159ff.

Baumann, Jürgen; Weber, Ulrich: Strafrecht, 9. Aufl. Bielefeld 1985. Zit: Baumann / Weber.

Bauer, Wolfram: Erneute Neubestimmung des prozessualen Tatbegriffs als Konsequenz der Postpendenz-Rechtsprechung des Bundesgerichtshofes - Eine Abkehr von der "Tatbild"-Rechtsprechung?: Wistra 1990, S. 218ff.

Baumann, Jürgen; Arzt, Gunther; Weber, Ulrich: Strafrechtsfälle und Lösungen. 6. Aufl. 1986, Bielefeld. Zit: Fälle.

Becher, Josef: Das alternative Strafurteil. Diss. Köln, 1939.

Berz, Ulrich: Grundfragen der Hehlerei: Jura 1980, S. 57ff.

Blei, Hermann; Metzger, Edmund: Strafrecht Allgemeiner Teil. Ein Studienbuch 18. Aufl. 1983.

Blei, Hermann: Aufsätze in Zeitschriften: JA 1971, Str. S. 169 (S. 647ff). Zit: Aufsätze.

Bochenski, Innocent Marie Joseph und Menne, Albert: Grundriß der Logistik, 3. Aufl., Paderborn 1965.

Bohne, Gotthold: Zur Psychologie der richterlichen Überzeugungsbildung. Diss. Köln, 1948.

Bringewat, Peter: Die Bildung der Gesamtstrafe. Berlin, New York, 1987.

Charalambakis, Aristoteles: Der Unterschlagungstatbestand de lege lata und de lege ferenda. Schriften zum Strafrecht Band 59. Berlin 1985.

Christians, Friedrich-Wilhelm: Die Zulässigkeit von Alternativfeststellungen im Strafrecht. Diss. Bonn, 1950.

Dahs, Hans und Dahs, Hans: Die Revision im Strafprozeß. Bedeutung für die Praxis der Tatsacheninstanz. 5. Aufl., München 1993.

Dallinger, Wilhelm: Aus der Rechtsprechung des Bundesgerichtshofes in Strafsachen: MDR 1955, S. 269ff.

Dassel, Ulrich von: Wahlweise Tatsachenfeststellung im Strafrecht. Diss. Göttingen, 1923.

Deubner, Karl Günther: Die Grenzen der Wahlfeststellung - BGH, NJW 1961, 1936: Jus 1962, S. 21ff. Zit: Grenzen.

ders.: Zum Verhältnis von Abzahlungsbetrug und Unterschlagung: NJW, 1962, S. 94ff. Zit: Verhältnis.

Dörr, Günter Henner: Die Verurteilung aufgrund wahlweiser Feststellungen im Strafprozeß. Diss. Erlangen, 1955.

Dreher, Eduard: Anmerkung zu BGH, Beschluß vom 15.10.1956 - GSSt 2/56: MDR 1957, S. 177ff: MDR 1957, S. 179f. Zit: Anmerkung.

ders.: Das schlechte Gewissen des Strafrichters in: Festschrift für Paul Bockelmann. Zum 70. Geburtstag am 7. Dezember 1978. München 1979, herausgegeben von Arthur Kaufmann u.a. S. 48ff. Zit: Gewissen.

ders.: Im Irrgarten der Wahlfeststellung: MDR 70, S. 369ff. Zit: Irrgarten.

Dünhaupt, Heinz-Wilhelm: Die alternative Entscheidung im Strafprozeß. Diss. Göttingen, 1935.

Egle, Kurt: Alternative Strafurteile nach Aufhebung des § 2b StGB. Diss. Heidelberg, 1953.

Eisenberg, Ulrich: Kriminologie. 4. Aufl., München 1995.

Endruweit, Günter: Die Wahlfeststellung und die Problematik der Überzeugungsbildung, der Identitätsbestimmung, der Urteilssyllogistik sowie der sozialen und personalen Gleichwertigkeit von Straftaten. Köln 1973.

Engisch, Karl: Einführung in das juristische Denken. 8. Aufl., Stuttgart 1983. Zit: Einführung.

ders.: Logische Studien zur Gesetzesanwendung. 3. Aufl., Heidelberg 1963. Zit: Studien.

Erhardt, Wolfgang: Verurteilung aufgrund wahlweiser Tatsachenfeststellungen. Diss. Jena, 1934.

Eschenbach, Jürgen: Vom unklaren strafrechtlichen Sachverhalt zur Unsicherheit in der Lösung - Die Probleme der Wahlfeststellung erläutert anhand des BGH-Urteils vom 15. Mai 1973 (BGHSt 25, S. 182ff): Jura 1994, S. 302ff.

Fahrenhorst, Irene: Grenzen strafloser Selbstbegünstigung: Jus 1987, S. 707ff.

Fingas, Jürgen: Die Fehlentscheidungen des Richters in deutschen Strafverfahren. Untersuchungen über die Ursachen und Möglichkeiten zu ihrer Verminderung und Wiedergutmachung. Saarbrücken 1971.

Fleck, Heinrich: Zum Problem einer Verurteilung aufgrund mehrdeutiger Tatsachenfeststellung bei § 100 Abs. 1 und § 100a Abs. 2 StGB: GA 1966, S. 334ff.

Fox, Albert Frank: Alternativität im verurteilenden Erkenntnis des Strafrichters. Diss. Erlangen, 1933.

Frisch, Wolfgang: Zum Wesen des Grundsatzes "in dubio pro reo" in: Grundfragen Der Gesamten Strafrechtswissenschaft. S. 273ff. Festschrift für Heinrich Henkel. Zum 70. Geburtstag. Berlin 1974. Herausgegeben von Claus Roxin u.a.

ders.: Tatbestandsprobleme der Strafvollstreckungsvereitelung: NJW 1983, S. 2471ff. Zit. Tatbestandsprobleme.

Frister, Helmut: Schuldprinzip, Verbot der Verdachtsstrafe und Unschuldsvermutung als materielle Grundprinzipien des Strafrechts. Berlin 1988.

Fuchs, Jürgen. Anmerkung zu BGH NJW 70, 1052 - Urteil vom 16.12.1969 - 1 StR 339/69: NJW 1970, S. 1053. Zit: Anmerkung.

ders.: Die Wahlfeststellung zwischen Vorsatz und Fahrlässigkeit im Strafrecht: GA 1964, S. 65ff. Zit: Vorsatz.

ders.: Wahlfeststellung und Tatidentität: NJW 1966, S. 1110. Zit: Wahlfeststellung.

Füllbier, Andreas: Anmerkung zu AG Essen, Urteil vom 12.1.1994 - 37 LS 122/93: ZIP 1994, S. 699: ZIP 1994, S. 700. Zit: Anmerkung.

ders.: Das Geldwäschegesetz - ein Überblick mit kritischen Anmerkungen in DStR 1994, S. 827ff. Zit: Geldwäschegesetz.

Fulst, Karl-Ferdinand: Zur Tatbestandsmäßigkeit mehrfach vorgenommener Zueignungshandlungen. Diss. Köln, 1966.

Geerds, Friedrich: Begünstigung und Hehlerei. Zur kriminologischen Problematik der §§ 257, 259, 260 StGB und zu daraus zu ziehenden strafrechtlichen Konsequenzen: GA 1988, S. 243ff. Zit: Begünstigung.

ders.: Zur Lehre von der Konkurrenz im Strafrecht, Hamburg 1961. Zit: Lehre.

Gelbert, Karl: Die mitbestrafte Tat. Studien über die Bedeutung der "straflosen Vortat und Nachtat" im Aufbau des Allgemeinen Teils des Deutschen Strafrechts. Diss. Würzburg, 1934.

Geppert, Klaus: Nochmals: Zur Abgrenzung zwischen Postpendenzfeststellung Wahlfeststellung: JK (Jura Kartei) 89, StGB § 1/7. Zit: Abgrenzung.

ders.: Zum Verhältnis von Täterschaft / Teilnahme an der Vortat und anschließender sachlicher Begünstigung (§ 257 StGB): Jura 1994, S. 441ff. Zit: Begünstigung.

ders.: Zum Verhältnis von Täterschaft / Teilnahme an der Vortat und sich anschließender Hehlerei (§ 259 StGB): Jura 1994, S. 100ff. Zit: Hehlerei.

Gerig, Gerhard: Die Wahlfeststellung des Sachverhalts im Deutschen und Österreichischen Strafprozeß unter besonderer Berücksichtigung der Rechtsprechung des Deutschen Reichsgerichts und des Österreichischen Obersten Gerichtshofes. Diss. Kiel, 1934.

Gillmeister, Ferdinand: Zur normativ-faktischen Bestimmung der strafprozessualen Tat: NStZ 1989, S. 1ff.

Gössel, Karl-Heinz: Besprechung von W. Küper. Probleme der Hehlerei bei ungewisser Vortatbeteiligung: GA 1990, S. 318ff.

Goydke, Jürgen: Die Rechtsprechung des Bundesgerichtshof in Verkehrsstrafsachen und Bußgeldverfahren: DAR 1990, S. 241ff.

Günther, Hans-Ludwig: Anmerkung zu BGH, Beschluß vom 15.4.1981 - 2 StR 115/81 (BGHSt 30,77): JR 1982, S. 80: JR 1982, S. 81f. Zit: Anmerkung.

ders.: Verurteilungen im Strafprozeß trotz subsumtionsrelevanter Tatsachenzweifel. Ein Beitrag zum Institut der sog. "ungleichartigen Wahlfeststellung", Berlin 1976. Zit: Verurteilungen.

ders.: Wahlfeststellung zwischen Betrug und Unterschlagung: JZ 1976, S. 665ff. Zit: Wahlfeststellung.

Hanack, Ernst-Walter: Maßstäbe und Grenzen richterlicher Überzeugungsbildung im Strafprozeß - OLG Celle - NJW 1976, S. 2030: Jus 1977, S. 727.

Häusel, Joachim: Zulässigkeit und Grenzen von Wahlfeststellungen im Strafrecht. Diss. Kiel, 1956.

Hauck, Rudolf: Das Problem der alternativen Feststellung im Strafrecht. Diss. Köln, 1936.

Hauf, Claus-Jürgen: Beweisverwertungsverbot: "in dubio pro reo" beim Nachweis von Verfahrensfehlern: MDR 1993, S. 195ff.

Heinitz, Ernst: Die Grenzen der zulässigen Wahlfeststellung im Strafprozeß: JZ 1952, S. 100ff. Zit: Grenzen.

ders.: Zum Verhältnis der Wahlfeststellung zum Satz in dubio pro reo: JR 1957, S. 126ff. Zit: Verhältnis.

Heiß, Wolfgang: Verurteilung nach § 323a StGB trotz Zweifel über das Vorliegen eines Vollrausches?: NStZ 1983, S. 67ff.

Herberger, Maximilian; Simon, Dieter: Wissenschaftstheorie für Juristen. Logik-Semiotik-Erfahrungswissenschaften, Franfurt am Main 1980.

Hetzer, Wolfgang: Der Geruch des Geldes - Ziel, Inhalt und Wirkung der Gesetze gegen Geldwäsche: NJW 1993, S. 329ff.

Hillenkamp, Thomas: Beweisnot und materielles Recht in: Festschrift für Rudolf Wassermann zum sechzigsten Geburtstag, S. 861ff. Hrsg: Broda, Christian und andere, Neuwied 1985.

Hippel, Eike von: Zum Problem der Wahlfeststellung: NJW 1963, S. 1533ff.

Hippel, Reinhard von: Über funktional gleichwertige Tatbestandsbildungen im Strafprozeß. Ein Beitrag zur Entlastung der Strafrechtsdogmatik in: Festschrift für Dietrich Oehler zum 70. Geburtstag, S. 43ff. Hrsg: Rolf Dietrich Herzberg, Berlin 1985.

Holtappels, Peter: Die Entwicklungsgeschichte des Grundsatzes "in dubio pro reo", Hamburg 1965.

Honig, Richard: Straflose Vor- und Nachtat. Leipzig 1927.

Hoyer, Andreas: Der Konflikt zwischen richterlichen Beweiswürdigungsfreiheit und dem Prinzip "in dubio pro reo": ZStW 105, (1993) S. 523ff.

Hruschka, Joachim: Alternativfeststellung zwischen Anstiftung und sog. psychischer Beihilfe. Zugleich eine Anmerkung zu der unten auf S. 202 abgedruckten Entscheidung des BGH vom 28.10.1982: JR 1983, S. 177ff. Zit: Alternativfeststellung.

ders.: Anmerkung zu BayObLG, Beschluß vom 10.3.1977 - RReg 5 St 1/77: JR 1978, S. 25f.: JR 1978, S. 26ff. Zit: Anmerkung, JR.

ders.: Anmerkung zu BGH, Urteil vom 15.5.1973 - 4 StR 172/73: NJW 1973, S. 1466: NJW 1973, S. 1804ff. Zit: Anmerkung, NJW.

ders.: Hehlerei und sachliche Begünstigung. Probleme zweier unfertiger Deliktskategorien: JR 1980, S. 221ff. Zit: Hehlerei.

ders.: Die Herbeiführung eines Erfolges durch einen von zwei Akten bei eindeutigen und mehrdeutigen Tatsachenfeststellungen: Jus 1982, S. 317ff. Zit: Herbeiführung.

ders.: Die Konstitution des Rechtsfalles. Studien zum Verhältnis von Tatsachenfeststellung und Rechtsanwendung. Berlin 1965. Zit: Konstitution.

ders.: Zur Logik und Dogmatik von Verurteilungen aufgrund mehrdeutiger Beweisergebnisse im Strafprozeß: JZ 1970, 637ff. Zit: Logik.

ders.: Zum Problem der "Wahlfeststellungen": MDR 1967, S. 265ff. Zit: Problem.

ders.: Das Strafrecht neu durchdenken! Überlegungen aus Anlaß des Buches von Georg P. Fletcher, Rethinking Criminal Law: GA 1981, S. 273ff. Zit: Strafrecht.

ders.: Kann und sollte die Strafrechtswissenschaft systematisch sein?: JZ 1985, S. 1ff. Zit: Strafrechtswissenschaft.

ders.: "Wahlfeststellung" zwischen Diebstahl und sachlicher Begünstigung?: NJW 1971, S. 1392ff. Zit: Wahlfeststellung.

Jakobs, Günther: Strafrecht. Allgemeiner Teil. Die Grundlagen und die Zurechnungslehre. Lehrbuch, 2. Aufl., Berlin 1991. Zit: AT.

ders.: Anmerkung zu BGH, Beschluß vom 10.10.1984 - 2 StR 470/84 (BGHSt 33,50): JR 1985, S. 340ff: JR 1985, S. 342f. Zit: Anmerkung.

ders.: Probleme der Wahlfeststellung: GA 1971, S. 257ff. Zit: Probleme.

Jescheck, Hans-Heinrich: Lehrbuch des Strafrechts. Allgemeiner Teil, 3. Aufl., Berlin 1978. Zit: Jescheck.

Jescheck, Hans-Heinrich; Weigend, Thomas: Lehrbuch des Strafrechts. Allgemeiner Teil, 5. Aufl., Berlin 1996. Zit: Jescheck / Weigend.

Joerden, Jan C.: Dyadische Fallsysteme im Strafrecht. Schriften zur Rechtstheorie, Heft 117, Berlin 1986. Zit: Fallsysteme.

ders.: Postpendenz- und Präpendenzfeststellungen im Strafverfahren, zugleich eine Besprechung der Entscheidung des BGH vom 11. Nov. 1987 - 2 StR 506/87: JZ 1988, S. 847ff. Zit: Postpendenz.

ders.: Zur Reichweite der Anzeigepflicht aus § 138 I StGB und zur Beweisverwertung bei heimlichen Videobandaufnahmen - BGHSt 36, S. 167ff: Jura 1990, S. 633ff. Zit: Reichweite.

ders.: Die "Verdoppelung" - ein zentrales Strukturprobleme des Strafrechts: GA 1984, S. 249ff. Zit: Verdoppelung.

ders.: Gewaltsame Wiederbeschaffung des Hehlgutes für den Eigentümer: Jura 1986, S. 80ff. Zit: Wiederbeschaffung.

Kaiser, Günther: Kriminologie. Ein Lehrbuch, 3. Aufl., Heidelberg 1996.

Karlsruher Kommentar zur Strafprozeßordnung und zum Gerichtsverfassungsgesetz mit Einführungsgesetz. Hrsg: Gerd Pfeiffer, 3. Aufl., München 1993. Zit: Bearbeiter in KK.

Kaufmann, Arthur: Schuld und Prävention in: Festschrift für Rudolf Wassermann zum sechzigsten Geburtstag, Neuwied 1985, S. 889ff. Zit: Schuld.

ders.: Das Schuldprinzip. Eine strafrechtlich - rechtsphilosophische Untersuchung. 2. Aufl., Heidelberg 1976. Zit: Schuldprinzip.

Kirchner, Herbert: Die alternative Feststellung im Strafprozeß. Diss. Jena, 1923.

Kleinknecht, Theodor / Meyer-Goßner, Lutz: Strafprozeßordnung, Gerichtsverfassungsgesetz, Nebengesetze und ergänzende Bestimmungen, 43. Aufl., München 1997.

Klug, Ulrich: Zum Begriff der Gesetzeskonkurrenz: ZStW, Bd. 68, 1956, S. 399ff. Zit: Begriff.

ders.: Juristische Logik, 4. Aufl., Berlin 1982. Zit: Logik.

Koffka, E. (ohne nähere Angaben): Anmerkung zu BayObLG in JR 1965, S. 428ff - Urteil vom 12.5.1965 - Ib StS: JR 1965, S. 430.

Köhler, Paul: Alternative Feststellung im Urteile des Strafrichters. Diss. Freiburg, 1906.

Körner, H. H. (ohne weitere Angaben): Anmerkung zu BGH, Urteil vom 21.6.1995 - 2 StR 157/95: Wistra 1995, S. 310f: Wistra 1995, S. 311f.

Krey, Volker; Dierlamm, Alfred: Gewinnabschöpfung und Geldwäsche: JR 1992, S. 353ff.

Krieter, Hugo: Historische Entwicklung des "Prinzips der freien Beweiswürdigung" im Strafprozeß. Diss. Göttingen, 1926.

Kröpil, Karl: Prozessualer Tatbegriff und Wahlfeststellung: NJW 1988, S. 1188ff.

Krümpelmann, Justus: Über die zeitliche Struktur einiger Zurechnungsurteile: Festschrift für Otto Triffterer zum 65. Geburtstag. Hrsg.: K. Schmoller, Wien 1996, S. 137ff.

Kühl, Kristian: Unschuldsvermutung, Freispruch und Einstellung. Köln 1983.

ders.: Strafrecht. Allgemeiner Teil, München 1994. Zit: AT.

Küper, Wilfried: Probleme der Hehlerei bei ungewisser Vortatbeteiligung Wahlfeststellung - in dubio pro reo - Tatsachenalternativität - Postpendenz - Tatbestandsreduktion. Heidelberg 1989. Zit. Hehlerei.

ders.: Probleme der "Postpendenzfeststellung" im Strafverfahren in: Festschrift für Richard Lange zum 70. Geburtstag, Berlin/New York 1976, S. 65ff. Zit: Probleme.

ders.: Wahlfeststellung und Anwendung des § 158 StGB bei einander widersprechenden Zeugenaussagen: NJW 1976, S. 1828. Zit: Wahlfeststellung.

Küpper, Georg: Strafvereitelung und "sozialadäquate" Handlungen: GA 1987, S. 384ff. Zit: Strafvereitelung.

ders.: Der gemeinsame Tatentschluß als unverzichtbares Moment der Mittäterschaft: ZStW (1993) 105, S. 295ff. Zit: Tatentschluß.

Kugelmeier, Friedrich: Die Grenzen der Zulässigkeit von Wahlfeststellungen im Strafprozeß. Diss. Köln, 1953.

Lackner, Karl: Strafgesetzbuch mit Erläuterungen, 22. Aufl., München 1997.

Larenz, Karl: Methodenlehre der Rechtswissenschaft. 6. Aufl., Berlin 1991.

Lazi, Erhard: In welchem Umfang ist eine Wahlfeststellung heute noch möglich und zulässig? Diss. Tübingen, 1952.

Legien, Rudolf: Das Problem der alternativen Tatbestandsfeststellung im Strafrecht. Diss. Kiel, 1951.

Leipold, Dieter: Beweislastregeln und gesetzliche Vermutungen insbesondere bei Verweisungen zwischen verschiedenen Rechtsgebieten: Schriften zum Prozeßrecht, Band 4. Berlin 1966.

Leipziger Kommentar zum Strafgesetzbuch, Hrsg. Jescheck, Ruß, Willms, 10. Aufl., Berlin 1985, Bd. 1 (Einleitung und §§ 1 - 31). Zit: Tröndle in LK; 11. Aufl., Berlin 1992, 1. Lieferung (Einleitung und §§ 1 - 2). Zit: Gribbohm in LK.

Lehmann, Burghard: Die Behandlung des zweifelhaften Verfahrensverstoßes im Strafprozeß, Frankfurt am Main, 1983.

Lesch, Heiko H.: Die Begründung mittäterschaftlicher Haftung als Moment der objektiven Zurechnung: ZStW 105 (1993) S. 271ff.

Lobe, Adolf: Hoffnungen und Entwürfe. Einige Gedanken über die Beschlüsse der amtlichen Strafrechtskommission zweiter Lesung zum allgemeinen Teil: GS 107 (1936) S. 108ff. Zit: Hoffnungen.

ders.: Alternative Tatbestände: GS 104 (1934) S. 161ff. Zit: Tatbestände.

Lochmüller, Erika: Die Wahlfeststellung im Strafprozeß. Diss. Erlangen, 1954.

Löhr, Holle Eva: "In dubio pro reo" und Wahlfeststellung - BGHSt 23, 203: Jus 1976, S. 715ff.

Löwe-Rosenberg: Die Strafprozeßordnung und das Gerichtsverfassungsgesetz. Großkommentar, Hrsg: Peter Rieß. 24. Aufl., Berlin 1987, 3. Band (§§ 198 - 295). Zit: Bearbeiter in LR.

Lücking, F. (ohne weitere Angaben): Alternative Anklage und Verurteilung: GA, Band 71, (1927) S. 161ff.

Lüderssen, Klaus: Die strafrechtsgestaltende Kraft des Beweisrechts: ZStW 85. Band, (1973), S. 288ff.

Maiwald, Manfred: Literaturbericht. Strafrecht besonderer Teil - Vermögensdelikte (Teil 1) in: ZStW 102. Band, (1990), S. 318ff. Zit: Literaturbericht.

ders.: Der Zueignungsbegriff im System der Eigentumsdelikte, Heidelberg 1970. Zit: Zueignungsbegriff.

Mann, Dietrich und Ulrich: Die Anwendbarkeit des Grundsatzes "in dubio pro reo" auf Prozeßvoraussetzungen: ZStW, 76. Band, (1964) S. 264ff.

Marti, Jürg: Bemerkungen zum Alternativurteil im Strafrecht. Diss. Zürich, 1971.

Maurach, Reinhart; Zipf, Heinz: Strafrecht Allgemeiner Teil, Teilband 1. Grundlehren des Strafrechts und Aufbau der Straftat. Ein Lehrbuch, 8. Aufl., Heidelberg 1992.

Mayer, Hellmuth: Strafrecht Allgemeiner Teil, 1. Aufl., Stuttgart 1967.

Mayer-Homberg, Edwin: Beweis und Wahrscheinlichkeit nach älterem deutschen Recht. Diss. Marburg, 1921.

Meister, Hans-Georg: Beteiligung an der Vortat und Hehlerei in: MDR 1955, S. 715f.

Mell, Paul: Alternativität im Strafverfahren. Diss. Jena, 1919 (im Hochschulschriftenverzeichnis 1925).

Meyer-Goßner, Lutz: Hinweise zur Abfassung des Strafurteils aus revisionsrechtlicher Sicht: NStZ 1988, S. 529ff.

Minas-von Savigny, Jutta: Negative Tatbestandsmerkmale. Ein Beitrag zur Rechtssatz- und Konkurrenzlehre, Köln 1972.

Montenbruck, Axel: Wahlfeststellung - und kein Ende?: GA 1988, S. 531ff. Zit: Ende.

ders.: In dubio pro reo aus normtheoretischer, straf- und strafverfahrensrechtlicher Sicht. Schriften zur Rechtstheorie Heft 114, Berlin 1985. Zit: in dubio.

ders.: Wahlfeststellung und Werttypus im Strafrecht und Strafprozeßrecht. Entwicklung und Erprobung eines neuen Erklärungsmodells. Kiel 1976. Zit: Wahlfeststellung.

Moser, Konrad: »In Dubio Pro Reo« Die geschichtliche Entwicklung dieses Satzes und seine Bedeutung im heutigen deutschen Strafrecht. München 1933.

Neuhaus, Ralf: Der strafverfahrensrechtliche Tatbegriff - 'ne bis in idem'. Diss. Bochum, 1985. Bochumer juristische Studien Nr. 42.

Nörr, Dieter: Zur Entstehung der gewohnheitsrechtlichen Theorie in: Festschrift für Wilhelm Felgentraeger zum 70. Geburtstag, Göttingen 1969, S. 353ff.

Nowakowski, Friedrich: Verkappte Wahlfeststellungen? Bemerkungen anläßlich der Entscheidung, 6 Os 243/57: JR 1958, S. 380ff.

Nüse, Karl-Heinz: Die Zulässigkeit von wahlweisen Feststellungen: GA 1953, S. 33ff.

Nützel, Helmut: Die Wahlfeststellung im geltenden Strafrecht. Diss. Erlangen, 1937.

Oellers, Bernd: Anmerkung zu BGH MDR 1967, S. 226 - Urteil vom 11.11.1966 - 4 StR 387/66: MDR 1967, S. 506f.

Oetker J. von (ohne weitere Angaben): Alternative Schuldfeststellungen: GS, Bd. 106, (1935), S. 26ff. Zit: Schuldfeststellungen.

ders.: Durchbrechungen des Schuldprinzips: GS, Bd. 100, (1931), S. 29ff. Zit: Schuldprinzip.

Ostern, Adolf Heinrich: Die Alternativität im Strafurteil. Diss. Gießen, 1902.

Otte, Gerhard: Dialektik und Jurisprudenz, Frankfurt am Main 1971.

Otto, Harro: Anmerkung zu BGHSt 36, S. 262ff: JR 1990, S. 205f. Zit: Anmerkung.

ders.: Postpendenzfeststellung bei der Geldwäsche: JK (Jura Kartei) 1996, StGB § 261/1. Zit: Geldwäsche.

ders.: Grundkurs Strafrecht. Allgemeine Strafrechtslehre, 4. Aufl., Berlin 1992. Zit: Grundkurs.

ders.: Hehlerei, § 259 StGB Jura, 1985, S. 148ff. Zit: Hehlerei.

ders.: "In dubio pro reo" und Wahlfeststellung in: Einheit und Vielfalt des Strafrechts, S. 373ff. Festschrift für Karl Peters zum 70. Geburtstag. Herausgegeben von Klaus Wasserburg und Wilhelm Haddenhorst, Tübingen 1974. Zit: in dubio.

ders.: Postpendenzfeststellung: Hehlerei als Nachtat des Mittäters der Vortat in: JK (Jura Kartei) 88, StGB § 1/5. Zit: Mittäter.

ders.: Mitbestrafte Nachtat, straflose Nachtat und nicht strafbares Verhalten: Jura 1994, S. 276f. Zit: Nachtat.

ders.: Postpendenzfeststellung und Wahlfeststellung: JK (Jura Kartei) 91, StGB § 1/10. Zit: Postpendenz.

ders.: Die Struktur des strafrechtlichen Vermögensschutzes. Berlin 1970. Zit: Struktur.

ders.: Wahlfeststellung und Stufenverhältnis: JK (Jura Kartei) 91, StGB § 1/11. Zit: Wahlfeststellung.

Paeffgen, Hans-Ullrich: Vorüberlegung zu einer Dogmatik des Untersuchungshaftrechts. München 1986.

Peters, Harald: "In dubio pro reo" als geltender Rechtssatz des materiellen deutschen Strafrechts, München 1963. Zit: Peters, H.

Peters, Karl: Die strafrechtsgestaltende Kraft des Strafprozesses. Antrittsvorlesung an der Universität Tübingen, gehalten am 11. Juni 1963. Tübingen 1963 in: Recht und Staat in Geschichte und Gegenwart. Zit: Kraft.

ders.: Mehrere Schüsse bei einer Tötung: GA 1958, S. 96ff. Zit: Schüsse.

ders.: Strafprozeß. Ein Lehrbuch, 4. Aufl., Heidelberg 1985. Zit: Strafprozeß.

Rheinen, (ohne nähere Angaben): Zur Praxis der Wahlfeststellung im Strafprozeß: NJW 1957, S. 942ff.

Richter, Christian: Die Postpendenzfeststellung: Jura 1994, S. 130ff.

Rödig, Jürgen: Die Denkform der Alternative in der Jurisprudenz, Heidelberg 1969.

Röhmel, Klaus: Die Wahlfeststellung: JA 1975, S. 95ff.

Roth, Gerald: Eigentumsschutz nach der Realisierung von Zueignungsunrecht. Eine Neuorientierung im System der Vermögensdelikte, Berlin 1986.

Roxin, Claus: Anmerkung zu BGH JZ 88, S. 258ff und BGH JZ 88, S. 260: JZ 88, S. 260ff. Zit: Anmerkung.

Roxin, Claus: "Schuld" und "Verantwortlichkeit" als strafrechtliche Systemkategorien: Grundlagen der gesamten Strafrechtswissenschaft in: Festschrift für Heinrich Henkel zum 70. Geburtstag am 12. Sept. 1973, Berlin 1974, S. 171ff. Zit: Schuld.

ders.: Strafprozeßrecht, 14. Aufl., München 1994. Reihe: Prüfe Dein Wissen, Rechtsfälle in Frage und Antwort, Heft 11. Zit: Strafprozeßrecht.

ders.: Strafverfahrensrecht. Ein Studienbuch, 24. Aufl., München 1995. Zit: Strafverfahrensrecht.

Rubo, Ernst Traugott: Über Beantwortung alternativer Fragen: Archiv für Preußisches Strafrecht. Herausgegeben durch Dr. Goltdammer, 14. Band 1866, S. 377ff.

Rudolphi, Hans-Joachim: Grundprobleme der Hehlerei: JA 1981, S. 1ff und S. 90ff. Zit: Grundprobleme.

ders.: Täterschaft und Teilnahme bei der Strafvereitelung in: Strafvereitelung im Rechtsstaat. Festschrift für Theodor Kleinknecht zum 75. Geburtstag am 18. August 1985. Hrsg.: Karl-Heinz Gössel, Hans Kaufmann, München 1985. Zit: Täterschaft.

Sarstedt, Werner; Hamm, Rainer: Die Revision in Strafsachen, 5. Aufl., Berlin 1983.

Sax, Walter: Anmerkung zu BGH JZ 1958, S. 177f: JZ 1958, S. 178ff. Zit: Anmerkung.

ders.: Zur Anwendbarkeit des Satzes "In Dubio Pro Reo", im strafprozessualen Bereich. Eine historisch-dogmatische Untersuchung: Studien zur Strafrechtswissenschaft. Festschrift für Ulrich Stock zum 70. Geburtstag am 8. Mai 1966. Hrsg.: Günter Spendel, Würzburg 1966. Zit: Anwendbarkeit.

ders.: Zur Wahlfeststellung bei Wahldeutigkeit mehrerer Taten: JZ 1965, S. 745ff. Zit: Wahlfeststellung.

Schack, Alard von: Die Grenzen der wahldeutigen Feststellung im Straf recht, Breslau 1937.

Schaffstein, Friedrich: Die neuen Voraussetzungen der Wahlfeststellung im Strafverfahren: NJW 1952, S. 725ff.

Schlüchter, Ellen: Zur Teilanfechtung bei ungleichartiger Wahlfeststellung: JR 1989, S. 48ff.

Schmidhäuser, Eberhard: Strafrecht. Allgemeiner Teil. Lehrbuch, 2. Aufl., Tübingen 1975.

Schmoller, Kurt: Alternative Tatsachenaufklärung im Strafrecht. Wahlfeststellungen, Stufenverhältnisse, "Freispruch zweiter Klasse". Wien 1986, Schriften zum Strafrecht, Band 5, Wirtschaftsverlag Dr. Anton Orac.

Schönke, Adolf / Schröder, Horst: Strafgesetzbuch, Kommentar, 24. Aufl., München 1991, Zit: Bearbeiter in Sch-Sch.

Schöneborn, Christian: Alternativität der Handlungsvorgänge als Kriterium des strafprozessualen Tatbegriffs: MDR 1974, S. 529ff.

Schröder, Claus: Wahlfeststellung und Anklageprinzip: NJW 1985, S. 780ff. Zit: Schröder, Claus.

Schröder, Horst: Anmerkung zu BGH, Urteil vom 16.12.1969 - 1 StR 339/69: JZ 1970, S. 421f: JZ 1970, S. 422f. Zit: Anmerkung 1970.

ders.: Anmerkung zu BGH, Urteil vom 21.10.1970 - 2 StR 316/70: JZ 1971, S. 141: JZ 1971, S. 141ff. Zit: Anmerkung 1971.

ders.: Begünstigung und Hehlerei in: Festschrift für Ernst Heinrich Rosenfeld, Berlin 1949, S. 161ff. Zit: Begünstigung.

Schulz, Jochen: Wahlfeststellung und Tatbestandsreduktion, BGHSt 25, S. 182: Jus 1974, S. 635ff. Zit: Schulz, Jochen.

Schulz, Joachim: Wahlweise Feststellung einer nicht verwirklichten Straftat?: NJW 1983, S. 265ff. Zit: Schulz, Joachim.

Schulze, Ernst: Die sogenannte Wahlfeststellung im Strafrecht früher und heute. Diss. München, 1936.

Schuppner, Jürgen; Sippel, Kurt: Nochmals: Verurteilung nach § 323a StGB trotz Zweifels über das Vorliegen eines Vollrausches?: NStZ 1984, S. 67ff.

Schwabe, Benno: Die Zulässigkeit alternativer Feststellungen im Urteil des Strafrichters. Diss. Heidelberg, 1934.

Schwarz (ohne nähere Angaben): Rauschtat und Wahlschuldfeststellung: NJW 1957, S. 401ff.

Schwindel, Karl: Das non liquet in der Tatfrage - Gedanken zur Lehre von der Beweislast -. Diss. München, 1963.

Seelmann, Kurt: Grundfälle zur Hehlerei (§ 259 StGB): Jus 1988, S. 39ff.

Seib, Herbert: Anmerkung zu OLG Köln, Urteil vom 22.8.1984 - 3 Ss 363/84: BA 1985, S. 243ff: BA 1985, S. 244ff.

Seier, Jürgen: Die Gesetzeseinheit und ihre Rechtsfolgen: Jura 1983, S. 225ff.

Siever, Ernst: Das Verhältnis der wahldeutigen Feststellung zu dem Grundsatz "In Dubio Pro Reo". Diss. Münster, 1950.

Städtler, Wolfram: Das Problem der Wahlfeststellung im Strafrecht. Diss. München, 1950.

Stein, Ulrich: Strafprozessualer Tatbegriff und Alternativität von Vorwürfen: JR 1980, S. 444ff.

Stree, Walter; Deliktsfolgen und Grundgesetz. Zur Verfassungsmäßigkeit der Strafen und sonstiger strafrechtlichen Maßnahmen. Tübingen 1960. Zit: Deliktsfolgen.

ders.: In Dubio pro reo. Tübingen 1962. Zit: In dubio.

Strohbach, Rudolf: Die Wahlfeststellung im Strafverfahren nach der Novelle vom 28. Juni 1935. Diss. Göttingen, 1937.

Sulanke, Hans-Erhard: Die Entscheidung bei Zweifeln über das Vorhandensein von Prozeßvoraussetzungen und Prozeßhindernissen im Strafverfahren, Berlin 1974 in: Strafrechtliche Abhandlungen. Hrsg.: Eberhard Schmidhäuser in Zusammenarbeit mit den Strafrechtslehrern der deutschen Universitäten. Neue Folge, Band 20.

Systematischer Kommentar zum Strafgesetzbuch, Hrsg.: Rudolphi, Horn, Samson, Bd. 1, Allgemeiner Teil, 5. Aufl., Neuwied 1991, Zit: Bearbeiter in SK.

Thöne, Friedrich: Der Grundsatz "In Dubio Pro Reo", seine Grundlagen und die Grenzen seines Anwendungsbereichs. Diss. Freiburg, 1953.

Tröndle, Herbert: Vollrauschtatbestand und Zweifelsgrundsatz in: Festschrift für Hans-Heinrich Jescheck zum 70. Geburtstag. Hrsg.: Theo Vogler, S. 665ff, Berlin 1985.

ders.: Strafgesetzbuch und Nebengesetze 48. Aufl., München 1997. Zit: Tröndle, RN.

Urban, Hans-Georg: Die Grenzen der Zulässigkeit wahlweiser Tatsachenfeststellungen im Strafurteil. Diss. Erlangen, 1935.

Vogler, Theo; Kadel, Bertold: Strafrecht: Eine verhängnisvolle Bitte: Jus 1976, S. 245ff.

Volk, Klaus: Anmerkung zu BGH, Beschluß vom 10.5.1983 - 5 StR 221/83: NStZ 1983, S. 422f: NStZ 1983, S. 423ff. Zit: Anmerkung.

ders.: In dubio pro reo und Alibibeweis - BGHSt 25, 285: Jus 1975, S. 25ff. Zit: in dubio.

ders.: Kausalität im Strafrecht. Zur Holzschutzmittel-Entscheidung des BGH vom 02.08.1995 - NStZ 1995, 590: NStZ 1996, S. 105ff. Zit: Kausalität.

ders.: Wahrheit und materielles Recht im Strafprozeß. Konstanz 1980. Zit: Wahrheit.

Waider, Heribert: Zum sogenannten »derivativ-kollusiven« Erwerb des Hehlers: GA 1963, S. 321ff.

Warda, Günter: Zur gesetzlichen Regelung des vermeidbaren Verbotsirrtums: ZStW Band 71, (1959), S. 252ff.

Weber, Adolf: Zur Frage der Zulässigkeit von Wahlfeststellungen im Strafrecht (unter besonderer Berücksichtigung ausländischer Rechte). Diss. Freiburg, 1950.

Welzel, Hans: Auf welche Bestandteile einer Strafvorschrift bezieht sich der Satz: nulla poena sine lege?: JZ 1952, S. 617f.

Weng, Gerhard: "In dubio pro reo", Herkunft und Geltung eines ungeschriebenen Grundsatzes im Strafverfahren. Diss. Tübingen, 1947.

Werner, Hardwig: Der Vollrauschtatbestand zugleich eine Auseinandersetzung mit der Monographie von Peter Cramer: Der Vollrauschtatbestand als abstraktes Gefährungsdelikt, Tübingen 1962: GA 1964, S. 140ff.

Wessels, Johannes: Strafrecht. Allgemeiner Teil. Die Straftat und ihr Aufbau, 25. Auflage, Heidelberg 1995.

Wickede, Manfred von: Alternative Feststellungen im Strafprozeß. Diss. Würzburg, 1932.

Wied, Karl Viktor Prinz zu: Die alternative Feststellung im Strafrecht. Diss. Stuttgart, 1936.

Willms, Günther: Zum Begriff der "Wahlfeststellung": JZ 1962, S. 628f.

Wittgenstein, Ludwig: Tractatus logico-philosophicus. Tagebücher 1914-1916, Philosophische Untersuchungen, Frankfurt am Main 1960.

Wolter, Jürgen: Anmerkung zu BGH, Beschluß vom 11.11.1987 - 2 StR 506/87: NStZ 1988, S. 455f: NStZ 1988, S. 456ff. Zit: Anmerkung.

ders.: Contra "in dubio pro reo": MDR 1981, S. 441ff. Zit: contra.

ders.: Grundfälle zu "in dubio pro reo" und Wahlfeststellung: Jus 1983, S. 363ff. Zit: Grundfälle.

ders.: Tatidentität und Tatumgestaltung im Strafprozeß - Zur Begründung eines normativ-funktionalen Tatbegriffs -: GA 1986, S. 143ff. Zit: Tatidentität.

ders: Alternative und eindeutige Verurteilung auf mehrdeutiger Tatsachengrundlage im Strafrecht. Zugleich ein Beitrag zur Abgrenzung von Vorsatz und Fahrlässigkeit im Strafrecht. Berlin 1972. Zit: Tatsachengrundlage.

ders.: Verurteilung aus nicht tatbestandsmäßiger Nachtat?: GA 1974, S. 161ff. Zit: Verurteilung.

ders.: Vollrausch mit Januskopf: NStZ 1982, S. 54ff. Zit: Vollrausch.

ders.: Wahlfeststellung und in dubio pro reo. Zugleich eine Dokumentation der höchstrichterlichen Rechtsprechung 1934-1986. Berlin 1987. Schriften zum Strafrecht, Band 69. Zit: Wahlfeststellung.

Zaum, Herrmann: Die Zulässigkeit einer Verurteilung aufgrund alternativer Tatsachenfeststellungen. Diss. Erlangen, 1930.

Zeiler, A. (ohne nähere Angaben): Zur Frage der Verurteilung auf wahldeutiger Tatsachengrundlage: ZStW, Band 72, (1960), S. 4ff. Zit: Frage.

ders.: Verurteilung auf wahldeutiger Tatsachengrundlage: ZStW, Band 64, (1952), S. 156ff. Zit: Verurteilung.

1. Kapitel:
Die prozessuale Situation:

Der richterliche Zweifel

Diese Arbeit unternimmt den Versuch, einige Aspekte der Figur der Postpendenzfeststellung zu beleuchten. Zunächst soll der prozessuale Hintergrund, der richterliche Tatsachenzweifel in bezug auf verschiedene Sachverhalte, analysiert werden.

Steht nach dem Ergebnis der Beweisaufnahme ein bestimmter Geschehensablauf zur Überzeugung des Richters fest, so muß er nach juristischen Regeln das Gesetz auf diesen Vorgang anwenden. Zweifel, die ihm im Rahmen dieser Gesetzesanwendung kommen, muß er juristisch lösen. Für pauschale Zweifelsregeln, wie beispielsweise in dubio pro reo, ist dabei kein Raum. Tauglicher Hintergrund für die dieser Untersuchung zugrunde liegenden Lösungskonzepte können daher lediglich Tatsachenzweifel sein.[1] Nach der Beweisaufnahme kann der Richter sich nicht vom Vorliegen eines Vorganges überzeugen. Er zweifelt, auf welcher Grundlage sein Urteil fußt. Dieser Zweifel entspringt der für den heutigen Strafprozeß maßgeblichen freien richterlichen Beweiswürdigung.[2] Im Inquisitionsprozeß, der mit gesetzlichen Beweisregeln zur Erziehung prozessualer Erkenntnis arbeitete, bezeichnete man als Zweifel das objektive Zurückbleiben des Beweises hinter dem gesetzlichen Vollbeweis. Dieses Zurückbleiben war unabhängig von der subjektiven Überzeugung des Urteilers, die ohne Belang war.[3] Unser heutiger Strafprozeß mißt dagegen gerade dieser subjektiven Überzeugung des Richters, seiner Gewißheit, maßgebliche Bedeutung für die Entscheidung zu. Die subjektive Überzeugung fußt zwingend auf der

1 Das ist mittlerweile anerkannt, vgl. Montenbruck, Wahlfeststellung, S. 25; Gerig, S. 12; Schmoller, S. 383; Hruschka, Logik, S. 639; Wolter, Wahlfeststellung, S. 20; ders. Tatsachengrundlage, S. 16; Schack, S. 3; Peters, H. S. 43; Engisch, S. 60; Oetker, S. 429; Lehmann, S. 8; Blei § 11 II 1; Schwindel, S. 27 ff.

2 Gollwitzer in Löwe-Rosenberg, RN 7 zu § 261; Bohne, S. 7; Krieter, S. 4, S. 68.

3 Sax, Anwendbarkeit, S. 148; Krieter, S. 6; Volk, in dubio, S. 25.

freien Beweiswürdigung.[4] Nur ohne zwingende Beweisregeln kann der Richter sich seine persönliche Überzeugung bilden. Zweifel im heutigen Sinn ist daher als "innere Stellungnahme"[5] des Urteilers zu verstehen. Seine innere Beziehung erreicht nicht die Stufe der Überzeugung vom Vorliegen einer Tatsache, er bleibt subjektiv ungewiß - er zweifelt.[6]

Struktur und Folgen richterlichen Zweifelns seien zunächst am Grundfall - ein fraglicher Sachverhalt - demonstriert. Dabei sei mit dem Begriff "Sachverhalt" jeweils ein bestimmter Ausschnitt der realen Welt umschrieben.[7] Objektiv sind nur zwei Ergebnisse möglich: Ein Sachverhalt kann vorgelegen haben oder nicht. Aber diese Begrenzung durch das objektiv Mögliche verhindert nicht, daß als Ergebnis der Beweisaufnahme wegen des subjektiven Charakters der Überzeugung weitere Möglichkeiten bestehen.[8] Diese möglichen Ergebnisse werden in der folgenden Tabelle[9] dargestellt.

---

4 Sax, Anwendbarkeit, S. 147; Bohne, S. 7; Volk, Wahrheit, S. 8, S. 12; Mayer-Homberg S. 21.

5 Bohne S. 12.

6 Zum Begriff richterlicher Überzeugung: Hanack, S. 728; Endruweit, S. 108 ff; Moser, S. 36 ff; Thöne, S. 31 ff; Dreher, Gewissen, S. 47; Gollwitzer in Löwe-Rosenberg RN 12 zu § 261; Schmoller, S. 29; Lehmann, S. 2 ff; Schwindel, S. 175; Zum psychologischen Hintergrund richterlichen Entscheidens: Berkemann, S. 53 ff; Bohne, S. 10 ff.

7 So auch Joerden, Fallsysteme, S. 19 FN 2; Rödig, S. 16; anders Hruschka, Logik, S. 639, der unter Sachverhalt die Beschreibung von Tatsachen, das heißt: "ein sprachliches Produkt des Urteilers" sieht; so auch Endruweit, S. 254.

8 Sax, Anwendbarkeit, S. 162; Fingas, S. 1; Endruweit, S. 108 ff; einführend: Moser, S. 36 ff; Thöhne, S. 31 ff.

9 Tafel bei Joerden, Fallsysteme, S. 20.

Sachverhalt	1	2	3	4
Vorliegen	+	+	-	-
Nichtvorliegen	+	-	+	-

Dabei bedeutet "+", daß der Urteiler das Vorliegen bzw. Nichtvorliegen des Sachverhalts für möglich hält, "-", daß er die jeweilige Alternative für unmöglich hält.

Bezieht sich die Überzeugungsbildung des Richters nur auf *einen* Sachverhalt, so kommen nur diese vier Ergebnisse in Betracht.[10] Position 1 bezeichnet die Situation des Zweifelns, der Richter hält sowohl das Vorliegen als auch das Nichtvorliegen des Sachverhalts für möglich. Position 2 zeigt den vom Vorliegen, Position 3 den vom Nichtvorliegen des Sachverhalts überzeugten Richter. Position 4 stellt das logisch widersprüchliche und zwangsläufig falsche Ergebnis der Verneinung beider Alternativen (Vorliegen / Nichtvorliegen) dar.

Diese vier Situationen führen zu verschiedenen prozessualen Ergebnissen. Position 1, das sogenannte "non liquet" führt grundsätzlich gemäß in dubio pro reo zum Freispruch. Die 2. Position führt zur Verurteilung wegen des zur Überzeugung des Richters feststehenden Sachverhalts. Position 3 dagegen führt zum Freispruch, da der Richter vom Nichtvorliegen des Sachverhalts überzeugt ist. Auch Position 4 führt

---

10 Joerden, Fallsysteme, S. 20 bezeichnet diese Konstellation als die "monadische" Ebene dieses Problembereichs.

zum Freispruch, wenn man voraussetzt, daß in sich widersprüchliche und objektiv unmögliche Beweisergebnisse eine Verurteilung nicht tragen können.

Charakteristisch für die dieser Untersuchung zugrunde liegenden Beweissituationen ist es aber, daß sich die Überzeugungsbildung des Richters auf - im Normalfall - *zwei* Sachverhalte bezieht, über deren Vorliegen er nur partiell - oder gar nicht - Gewißheit erlangt. Das Urteil, das er zu fällen hat, bezieht sich auf zwei strafrechtlich relevante Sachverhalte, die Urteilsgrundlage wird sozusagen verdoppelt.[11] Objektiv sind bei zwei in Frage stehenden Sachverhalten nur vier Ergebnisse möglich. Die beiden Sachverhalte können zusammen vorliegen oder nicht vorliegen. Zudem kann Sachverhalt X, aber nicht Sachverhalt Y, oder Sachverhalt Y, aber nicht Sachverhalt X vorgelegen haben.[12] Wiederum geht es aber nicht um die objektiv möglichen Ergebnisse allein, sondern um die subjektiven Resultate in der Person des Richters. Insgesamt gibt es sechzehn verschiedene mögliche Bewußtseinlagen des Urteilers. Sie sind in der folgenden Tabelle dargestellt.

---

11 Begriff der Verdopplung von Joerden, Verdopplung, S. 251 ff, der für diese Konstellation auch den Begriff des "dyadischen Fallsystems" prägte, so in Fallsysteme, S. 109 ff; zustimmend Hruschka, Strafrechtswissenschaft, S. 6.

12 Hruschka, Logik, S. 639.

Ergebnistabelle[13]

Sachverhalt X	Sachverhalt Y	1	2	3	4	5	6	7	8	9	10	11	12	13	14	15	16
vorliegen	vorliegen	+	-	+	+	-	-	+	-	+	-	-	-	+	+	+	-
vorliegen	nicht vorliegen	+	+	-	+	-	+	-	-	-	+	-	+	-	+	+	-
nicht vorliegen	vorliegen	+	+	+	-	+	-	-	-	-	-	+	+	+	-	+	-
nicht vorliegen	nicht vorliegen	+	+	+	+	+	+	+	+	-	-	-	-	-	-	-	-

Andere als diese sechzehn Ergebnisse sind nicht denkbar. Position 16 zeigt die in sich widersprüchliche, fehlerhafte und logisch unmögliche Entscheidung. Sie wird im folgenden aus der Betrachtung ausgeklammert, da sie nicht in befriedigender Form als Urteilsgrundlage dienen kann.

Bei Betrachtung der verbleibenden fünfzehn Alternativen fällt auf, daß einige von ihnen ohne Probleme einer allseits akzeptierten Lösung zugeführt werden können. So zeigt das Plus-Zeichen in der vierten Reihe der ersten bis achten Spalte, daß der Richter für möglich hält, daß beide Sachverhalte nicht vorlagen. Er kann daher nicht ausschließen, daß überhaupt kein strafrechtlich relevantes Verhalten vorgelegen hat. Bleiben beide Sachverhalte in dieser Form fraglich, muß in dubio pro reo frei-

---

13 Hruschka, Logik, S. 639; Klug, Logik, S. 35; einführend Herberger, S. 37 ff, S. 77; diese Tabelle mit anderer Reihenfolge bei Joerden, Fallsysteme, S. 111; die unterschiedliche Begrifflichkeit der Tabellen bei Joerden und Hruschka resultiert aus den verschiedenen Definitionen des Begriffs "Sachverhalt" s. oben, FN 7.

gesprochen werden.[14] In der neunten Spalte ist der Richter vom Vorliegen beider Sachverhalte überzeugt, er wird daher wegen beider verurteilen. Der näheren Klärung bedürfen dabei nur die Konstellationen der 10. bis 15. Spalte. In der 10. und 11. Spalte ist der Richter jeweils davon überzeugt, daß lediglich einer der beiden Sachverhalte vorgelegen hat. Er wird daher wegen des einen festgestellten Sachverhalts verurteilen.[15]

Spalte 12 - 15

Die verbleibenden Beweisergebnisse zeichnen sich durch ein so hohes Maß an Gemeinsamkeiten aus, daß diese vor den Unterschieden dargestellt werden sollen. Der Richter ist überzeugt, daß nicht beide Sachverhalten zusammen nicht vorliegen. Dies zeigt das Minus-Zeichen in der vierten Reihe. Es schließt demnach aus, daß keiner der beiden Sachverhalte vorliegt. Gleichzeitig bejaht er mehr als nur eine Möglichkeit des Vorliegens eines Sachverhalts. Da das Nichtvorliegen beider Sachverhalte ausgeschlossen wird, ist er davon überzeugt, es habe jedenfalls ein strafrechtlich relevanter Sachverhalt vorgelegen. Damit bejaht es die Frage nach dem "ob" der Strafbarkeit. Aber über das "wie" sind keine eindeutigen Aussagen möglich, da insofern mehr als eine Möglichkeit bejaht wird.[16]

Spalte 12

In der Konstellation Nr. 12 hält der Urteiler für möglich, daß entweder der eine oder der andere Sachverhalt vorgelegen hat. Aber er verneint sowohl die Möglichkeit, daß beide zusammen wie daß keiner von beiden vorgelegen hat. "Oder" im Sinne dieser

---

14 Joerden, Fallsysteme, S. 112; Gollwitzer in LR, RN 125, 127 zu § 261.

15 Joerden, Fallsysteme, S. 114.

16 Hruschka, Logik, S. 640.

Konstellation bedeutet das streng ausschließende Oder: Entweder X oder Y. Alle anderen Möglichkeiten werden verneint.[17] Die logistische Terminologie ist in bezug auf diese Konstellation nicht einheitlich. Hruschka bezeichnet sie als "Alternative".[18] Gegen diese Begriffswahl spricht, daß "Alternative" ein Begriff sowohl der Umgangssprache als auch des juristischen Sprachgebrauchs ist, und, wie Rödig an Hand einer Untersuchung der Verwendungsformen belegt hat, mehr-deutig benutzt wird.[19] Aus dem Bestreben heraus, eine spezifische Bezeichnung zu finden, wird Konstellation 12 auch "Kontravalenz" genannt.[20] Die Verwendung eines solchen "Kunstwortes"[21] wirkt zunächst ungewohnt und kompliziert. Dies wird aber durch die definitionsgemäße Eindeutigkeit ausgeglichen. Daher wird der Begriff "Kontravalenz" in dieser Arbeit angewendet.

Spalte 13 und 14

Die Konstellation der Spalte 13 führt den Namen "Postpendenz", die der Spalte 14 den Namen "Präpendenz".[22] Gemeinsam ist ihnen, daß jeweils ein Sachverhalt zur Überzeugung des Urteilers vorgelegen hat - über den anderen herrscht dagegen Unsicherheit. Die beiden Sachverhalte schließen sich dabei nicht etwa aus. Sie können zusammen vorgelegen haben.[23] Aber es kann nicht ausgeschlossen werden, daß allein der festgestellte Sachverhalt vorlag. Die inhaltliche Aussage beider Konstellationen ist daher insofern gleich, als jedenfalls einer, möglicherweise aber beide

---

17 Joerden, Fallsysteme, S. 135 FN 67; Otte, S. 142f; Röhmel, S. 371; Rödig, S. 7; Schmoller, S. 43 FN 1.

18 Hruschka, Logik, S. 640; Klug, S. 31.

19 Rödig, S. 7 ff.

20 Herberger, S. 39; Joerden, S. 114, S. 135, FN 67; Schmoller, S. 43, FN 1.

21 Formulierung von Herberger, S. 40.

22 Terminologie ist einheitlich, vgl. nur Hruschka, Logik, S. 640.

23 Günther, Verurteilungen, S. 56.

Sachverhalte vorgelegen haben. Unterschiede zwischen beiden Konstellationen treten dann auf, wenn man eine zeitlich Verschiebung der Sachverhalte als differenzierendes Merkmal postuliert.[24] Die Postpendenz hat dann, deutet man den Sachverhalt Y als den zeitlich späteren, ihren Schwerpunkt hier: Wie auch immer es mit dem zeitlich früheren Sachverhalt war, jedenfalls hat sich der zeitlich spätere abgespielt.[25] Umgekehrt dann in der Konstellation 14: Wie auch immer es mit dem späteren Sachverhalt war, jedenfalls hat sich der zeitlich frühere abgespielt. Dies wird dann eine Präpendenzfeststellung genannt.[26]

Spalte 15

Diese Konstellation führt in der Logistik den Namen "Disjunktion".[27] Der Urteiler hält es für möglich, daß die Sachverhalte jeweils einzeln oder beide zusammen vorliegen. Für ausgeschlossen hält er nur die Möglichkeit, daß keiner von beiden vorliegt. Es handelt sich daher um das sogenannte "und - oder", welches die Möglichkeit des Vorliegens beider Sachverhalte zusammen zuläßt.[28] Im Gegensatz zur Kontravalenz können bei der Disjunktion beide Sachverhalte zusammen vorliegen. Nur am Rande sei angemerkt, daß Hruschka davon ausging, diese Variante sei reine Konstruktion und für die Praxis seien Fälle kaum denkbar.[29] Nur zur Veranschaulichung der Praxisrelevanz sei hier auf das Beispiel von Günther verwiesen: Sagt A vor Gericht eidlich aus, er habe den gestohlenen Gegenstand nie gesehen und später gibt er mit eidesstattlicher Versicherung an, er sei ihm abhanden gekommen, so ist es möglich, daß es sich sowohl um einen Meineid wie um eine falsche Versicherung an

---

24 so Hruschka, Logik, S. 640.

25 Hruschka, Logik, S. 640.

26 Hruschka, Logik, S. 640.

27 Hruschka, Logik, S. 640; Herberger, S. 40; Joerden, Fallsysteme, S. 114.

28 Joerden, Fallsysteme, S. 135 FN 67; Rödig, S. 8; Günther, Verurteilungen, S. 55.

29 Hruschka, Logik, S. 640.

Eides statt handelt, wenn er nämlich den Gegenstand noch hat. Läßt sich das nicht nachweisen, so steht aufgrund der sich widersprechenden Aussagen wenigstens fest, daß A entweder einen Meineid oder eine falsche Versicherung an Eides statt vorgenommen hat.[30]

Fazit

Sind zwei Sachverhalte vom Richter zu beurteilen, so ergeben sich sechzehn mögliche Zweifelskonstellationen. Nur vier von ihnen sind problematisch. Kontravalenz, Disjunktion, Prä- und Postpendenz bereiten theoretische und praktische Lösungsprobleme. Es gibt im wesentlichen drei Konzepte, die zur Lösung von Zweifelsfällen herangezogen werden. Es sind dies der Grundsatz in dubio pro reo, das Konzept der Wahlfeststellung und - neuerdings - die Postpendenzfeststellung. Im folgenden sollen zunächst die Begriffe und Grundlagen dieser Konzepte kurz vorgestellt werden, um dann schwerpunktmäßig die Postpendenzfeststellung zu behandeln.

30 Günther, Verurteilungen, S. 51; s. auch: Joerden, Fallsysteme, S. 120.

2. Kapitel:

In dubio pro reo

Der Satz "in dubio pro reo" gehört mit Sicherheit zu den am meisten zitierten Grundsätzen deutschen Strafrechts.[31] Grammatikalisch gesehen ist er nicht vollständig. Im Zweifel soll für den Angeklagten - weiter reicht er nicht. Entschieden werden, setzt man fast automatisch hinzu. Zweifel ist dabei Zweifel über Sachfragen. Rechtsfragen entziehen sich einer solch pauschalen Lösung. Warum Sachzweifel zu Gunsten des Angeklagten wirken sollen und vor allen Dingen, welche Entscheidung getroffen werden soll, bleibt offen. Überhaupt besteht eine eklatante Diskrepanz zwischen der grundsätzlichen Billigung von in dubio pro reo und der Tatsache, daß Geltungsgrund und Wirkweise im einzelnen heillos umstritten sind.[32] Die Unklarheit, die über Geltungsgrund, Wesen und Wirkung von in dubio pro reo besteht, wäre dann hinzunehmen, wenn wenigstens über die tatsächlich zu erzielenden Resultate Einigkeit bestünde. Aber dieser Streit prägt die Ergebnisse, die durch die Anwendung von in dubio pro reo erzielt werden. Es ist aber nicht Aufgabe dieser Untersuchung, die Grundlagen über den Zweifelsgrundsatz zu erörtern.[33]

Schon sein Geltungsgrund wird heftig umstritten.[34] Für die Zwecke dieser Abhandlung erscheint es plausibel, ihn von der Funktion des Zweifelsgrundsatzes im

---

31 Siehe zur Geschichte von in dubio pro reo: Sax, Anwendbarkeit, S. 149 ff; Moser, S. 16 ff; Weng, S. 12ff; Holtappels, S. 1ff, S. 83.

32 Baumann/Weber, § 14 I 1b bezeichnet den Grundsatz, als "viel mißhandelt"; siehe auch Stree, S. 7; Frisch, S. 273; Lehmann, S. 65; Volk, in dubio, S. 26; Holtappels, S. 96; Sarstedt RN 381; Leipold, S. 129.

33 Zur Geschichte von in dubio pro reo: Sax, Anwendbarkeit, S. 149 ff; Moser, S. 16 ff; Weng, S. 12 ff; Holtappels, S. 1 ff, S. 83.

34 vgl. Frisch, S. 273 ff; Lehmann, S. 70 ff; Mann, S. 264 ff; Stree, in dubio, S. 7 ff; Kaufmann, Schuldprinzip, S. 117 ff; Hürxthal in KK, RN 61 zu § 261; Schäfer in LR, RN 50, Einl. Kap. 13; Dahs / Dahs, RN 435; Sulanke, S. 73; Nörr, S. 353 ff.

Strafprozeß abzuleiten. Er bewirkt, daß nur Angeklagte, deren Straftaten zur vollen Überzeugung des Richters feststehen, verurteilt werden. In dubio pro reo regelt daher die Strafvoraussetzung: Nur der voll erbrachte Beweis, nicht der Verdacht begründet Strafe. Eine Verdachtsstrafe ist ausgeschlossen.[35] Akzeptiert man nur den vollen Beweis der begangenen Straftat als Grundlage staatlichen Strafens, so verhindert dies Strafe aus rein präventiven Gründen: Den Gefahren, die von einem Angeklagten ausgehen, der nur möglicherweise eine Straftat begangen hat, kann man mit Strafe nicht begegnen. Dies verdeutlicht auch eine mögliche ungewollte Folge von in dubio pro reo: Er erweckt in potentiellen Rechtsbrechern möglicherweise die Hoffnung, nicht überführt und damit auch nicht verurteilt zu werden, da er die Anforderungen an die Überführung hochsetzt. Wenn damit aber die Wahrscheinlichkeit der Überführung gesenkt wird, wirkt das mindestens so straftatfördernd wie niedrige Strafen.[36] Andererseits würde das Vertrauen des Einzelnen in die Rechtsordnung leiden, wenn ohne vollen Beweis Strafe möglich wäre.[37]

Nach heute einhelliger Meinung ist die Schuld des Täters Voraussetzung für das Entstehen des staatlichen Rechts zu strafen, also für Strafe.[38] "Strafe" ist kein farbloses Mittel zur Aufrechterhaltung der Rechtsordnung.[39] Sie enthält vielmehr die sittliche Mißbilligung der Tat.[40] Ein solcher Vorwurf ist aber nur bei einer in jeder Einzelheit nachgewiesenen Tat vertretbar. Ohne vollen Schuldnachweis wäre eine

---

35 Stree, in dubio, S. 15; Der Begriff "Verdachtsstrafe" ist ungenau und birgt in sich die Gefahr der Polemik. Dies ist bedingt durch die Änderung des Verdachtsbegriffs. Während im heutigen Strafverfahren damit der Zustand subjektiver Ungewißheit bezeichnet wird, meinte er im Sprachbegriff beispielsweise der Carolina das objektive Zurückbleiben hinter dem gesetzlich verlangten Vollbeweis. Ohne Beweis in gesetzlicher Form hätte damals auch bei voller Überzeugung des Urteilers nur ein Verdacht bestanden. So Sax, Anwendbarkeit S. 153f; S. 154 FN 43.

36 Stree, in dubio, S. 12; Eisenberg, S. 718 ff; Kaiser, S. 260.

37 Stree, in dubio, S. 13; Kaufmann, Schuld, S. 891.

38 Vgl. nur Frister, Schuldprinzip, Berlin 1988.

39 Stree, in dubio, S. 16; Lehmann, S. 84.

40 Kaufmann, Schuldprinzip, S. 35; Leipold, S. 133.

schuldlosgelöste Strafe möglich.[41] Dies zu verhindern ist Aufgabe von in dubio pro reo. In dubio pro reo ist die Konsequenz aus der Tatsache, daß der Staat die Schuld des Angeklagten beweisen muß.[42] In dubio pro reo schützt die Geltung des Schuldprinzips im Strafprozeß und wird daher am sinnvollsten als prozessualer Garant des materiellen Schuldprinzips bezeichnet.[43] Damit kann die Geltung von in dubio pro reo aus dem Schuldprinzip heraus begründet werden. Es gibt Auffassungen, die sich von dieser Ableitung nur begrifflich unterscheiden. Hierzu gehört die Geltungsbegründung von in dubio pro reo aus der Ausgangsvermutung zugunsten des Menschen,[44] genauso wie aus dem allgemeinen Gerechtigkeitsgebot.[45] Beide können nicht allein die Geltung von in dubio pro reo begründen, sondern runden nur das Anforderungsprofil ab, daß das Schuldprinzip an Verurteilungen stellt.[46]

Auch die Frage, an welchem Punkt der richterlichen Entscheidungsfindung in dubio pro reo mit welchen Konsequenzen Anwendung findet, wird verschieden beantwortet. Es wird vertreten, daß in dubio pro reo bereits die Ermittlung der Tatsachenbasis richterlichen Entscheidens tangiert. Dabei soll der Zweifelsgrundsatz dazu führen, daß der dem Angeklagten günstigere Sachverhalt festgestellt[47], zugrunde gelegt[48] oder fingiert[49] wird. Andere sehen im Zweifelsgrundsatz eine Beweisregel[50]

---

41 Wolter, Alternative, S. 44.

42 Schneider, S. 269.

43 Lehmann, S. 83ff; Stree, in dubio, S. 15f; Sulanke, S. 77; Sax, JZ 58, S. 178ff (S.179) Roxin, Strafverfahrensrecht, S. 85; Montenbruck, in dubio, S. 17; Weng, S. 73; von Oetker, GS 1931, S. 29ff (S. 35);
a.A. Leipold, S. 132.

44 Stree, In dubio, S. 17; Montenbruck, in dubio, S. 17; Leipold, S. 130.

45 Stree, In dubio, S. 15, differenzierend Frisch, S. 284f; Leipold, S. 133; Jescheck, S. 114.

46 Sulanke, S. 75; Wolter, Grundfälle, S. 363; a.A. Leipold, S. 133; der das Gerechtigkeitsgebot als tragfähigen Geltungsgrund ansieht.

47 Peters, Strafprozeß, S. 287; Blei § 11 II 3b; Moser, S. 46, S. 106; Thöne, S. 5; Günther, Verurteilungen, S. 175; Lackner § 1 RN 11; BGHSt 31, S. 136ff (S. 137).

48 BGHSt 38, S. 83ff (S. 85); Löhr, S. 717; a.A. Nowakowski, S. 281.

49 Montenbruck, in dubio, S. 13f; Dreher, Gewissen, S. 48.

oder einen Beweisgrundsatz fundamentaler Art[51]. Auf einer späteren Stufe der Entscheidungsfindung ist in dubio pro reo nach der Meinung von Frisch als Rechtsanwendungsrecht wirksam.[52] Auch diese Streitfrage muß für die Beurteilung der Postpendenzproblematik nicht entschieden werden.

Relevant ist allerdings die Frage, wie oft der Zweifelsgrundsatz innerhalb eines Sachverhalts angewendet wird.

Anhänger der These, in dubio pro reo sei eine Beweisregel mit deren Hilfe Sachverhalte festgestellt oder zumindest fingiert werden, haben Probleme mit Fällen, in denen in dubio pro reo möglicherweise mehrmals innerhalb eines Geschehens angewendet werden soll. Als Beispiel mag der Zwei-Schüsse-Fall dienen. Ein Täter gibt zwei Schüsse auf ein Opfer ab. Beim ersten Schuß hat er Tötungsvorsatz gehabt, der beim zweiten Schuß nicht mehr vorlag. Insofern war aber ein Fahrlässigkeitsvorwurf zu erheben. Das Opfer stirbt an einer mit Sicherheit vom Täter abgegebenen Kugel, ohne daß aufzuklären wäre, welcher Schuß den Todeserfolg erzielte.[53] Das Untergericht hat wegen versuchter vorsätzlicher Tötung und fahrlässiger Tötung verurteilt. Dieses Ergebnis ergibt sich konsequent aus der Annahme, in dubio pro reo sei eine Beweisregel. Diese Auffassung verlangt, daß per in dubio pro reo ein Sachverhalt festgestellt oder fingiert wird. Es ist naheliegend zu verlangen, daß dieser Sachverhalt theoretisch möglich sein muß.[54] Wenn aber von zwei Schüssen einer getroffen hat, man diesen Treffer in dubio pro reo nicht als Folge des vorsätzlichen Schusses sieht, muß es folgerichtig der andere Schuß gewesen sein, der traf. Oder, um mit Peters zu sprechen, der seine Beweisregellösung konsequent weiter verfolgt: Was man auf der einen Seite abzieht (nämlich die Todesfolge), muß man auf der

---

50 RGSt 53, 319f (319); BGHSt 23, S. 203ff (207) BGHSt 9, S. 390ff (S. 398).

51 Wolter, Tatsachengrundlage, S. 44; Roxin, Strafverfahrensrecht, S. 85.

52 Frisch, S. 281.

53 BGH GA 1958, S. 110ff.

54 Tröndle, S. 680.

anderen Seite hinzurechnen.[55] Zuzugeben ist dieser Lösung, daß sie für den Angeklagten zumindest günstiger ist als eine Verurteilung wegen vollendeten Totschlags. Zudem ist sie plausibel: Stellt man per in dubio pro reo einen Sachverhalt fest oder fingiert ihn, so erscheint es naheliegend, daß die so gefertigte Tatsachenbasis, wenn schon vielleicht unwahrscheinlich, so doch wenigstens nicht denknotwendig unmöglich sein sollte. Die reale Möglichkeit begrenzt die Günstigkeit.[56] Die Begünstigung des Täters durch in dubio pro reo wird begrenzt durch den Maßstab des real Möglichen. Nur in diesem Rahmen vermag in dubio pro reo zu wirken. Es erstaunt daher, daß dies nicht das Ergebnis des Bundesgerichtshof war. Dieser verurteilt nur wegen versuchten Totschlags.[57] Obwohl das Opfer an einer der beiden vom Täter abgegebenen Kugel verstarb, wird dieser Todeserfolg im Urteil des Bundesgerichtshofs sozusagen ausgespart. Zunächst lehnt der Bundesgerichtshof vollendeten Totschlag in dubio pro reo ab. Statt nun den logisch vorgezeichneten Weg zu gehen, den Todeserfolg mit dem anderen Schuß zu verknüpfen und demzufolge fahrlässige Tötung zu bejahen, erzielt der Bundesgerichtshof das obengenannte Ergebnis. Die Begründung ist, daß das Treffen der Kugel nicht auf einer Feststellung, das heißt auf der Überzeugung des Gerichts, sondern auf einer Unterstellung beruhe.[58] Logisch gesehen ist diese Feststellung unzutreffend. Das Opfer wurde schließlich von einem der beiden Schüsse getroffen. Zuzugeben ist dem Bundesgerichtshof, daß nicht positiv festgestellt wurde, daß der zweite Schuß traf. Dieses Ergebnis beruht lediglich auf einer negativen Folgerung. Schließt man einen Schuß als Ursache aus, so verbleibt eben nur der andere. Aber dieser Ausschluß erfolgt nicht durch tatsächliche, sondern durch juristische Argumente. Wegen in dubio pro reo, nicht wegen einer Erkenntnis über den tatsächlichen Geschehensablauf wird der erste Schuß als Ursache ausgeschlossen. Hier zeigt sich die Brüchigkeit der Beweis

---

55 Peters, Schüsse, S. 103.

56 Tröndle, S. 679.

57 BGH GA 1958, S. 109ff.

58 BGH GA 1958, S. 111; siehe auch BGH NJW 57, S. 1643f.

regellösung: Obwohl die Gründe, aus denen Folgerungen gezogen werden, juristischer und nicht faktischer Natur sind, mißt man ihnen faktische, das heißt den zugrundeliegenden Sachverhalt beeinflussende Wirkung zu. Das Ergebnis des Bundesgerichtshofs begründet sich letztlich damit, daß er in dubio pro reo innerhalb des Geschehensablaufs nicht einmal, sondern zweimal anwendet.[59] Anstatt einmal den insgesamt günstigeren Sachverhalt zu unterstellen und dann auch in den belastenden Folgen konsequent zu bleiben, wendet er in dubio pro reo mehrmals an. Anstatt den Sachverhalt als einen einheitlichen Ausschnitt aus der Wirklichkeit aufzufassen, wird er untergliedert. Ausgehend von den in Frage kommenden Tatbeständen ordnet der Bundesgerichtshof diesen Tatbeständen jeweils ein Stück Sachverhalt zu und wendet dann auf das jeweilige Teilstück in dubio pro reo an. Begrifflich ist der Unterschied zwischen beiden Vorgehensweisen nicht groß: Beide wenden in dubio pro reo einmal innerhalb eines Vorgangs an. Nur wird, und dieser Unterschied hat praktisch enorme Folgen, der Begriff des Vorgangs inhaltlich anders behandelt. Der Lösung von Peters liegt die Auffassung zugrunde, daß der Vorgang durch das einheitliche tatsächliche Geschehen vorgegeben und gebildet wird. Der Bundesgerichtshof dagegen geht von einem juristisch strukturierten Sachverhalt aus. Die durch diese Gliederung gewonnenen Teilstücke werden dann jeweils als ein Vorgang gesehen, auf den in dubio pro reo einmal angewendet wird.

Die Nachteile der Lösung von Karl Peters liegen auf der Hand und werden auch vom Bundesgerichtshof formuliert: Das für den Angeklagten durch diese Konstruktion erzielte Ergebnis ist kein Freispruch, sondern eine relativ günstige Bestrafung. Relativ günstig bedeutet dabei jedenfalls günstiger als ein zwar nicht festgestellter, aber immerhin auch nicht ausgeschlossener Geschehensablauf für den Angeklagten wäre. Da die schwerere Variante aber nicht bewiesen ist, sei es mehr als fraglich, ob sie als Vergleichsmaßstab dieser Art überhaupt herangezogen werden kann. Günstiger als ein schwerer, unbewiesener Vorwurf zu sein bedeutet eben nicht ohne weiteres, günstig zu sein. Die so erzielt "leichtere"- wiederum in Abstufung zu

---

59 Siehe auch BGH in NStZ-RR 96, S. 131, BGH bei Holtz, MDR 79, S. 635f und MDR 86, S. 794f.

einer anderen Verurteilung gemeint, deren Voraussetzungen nicht bewiesen und damit die Ausurteilung unmöglich ist - Verurteilung basiert nicht auf der Überzeugung des Gerichts vom Ablauf eines Geschehens, sondern auf einer Unterstellung.[60]

In dubio pro reo kann aber nicht der Weg sein, der zu einer Verurteilung wegen eines Delikts führt, dessen Tatbestandsmerkmale nicht zur Überzeugung des Gerichts feststehen.[61] Die Folge von in dubio pro reo kann nicht sein, daß sich das Gericht von mehreren zweifelhaften Geschehensabläufen einen aussuchen darf, der zu einer vergleichsweise geringen Strafkonsequenz führt.[62] Ansonsten würde der Angeklagte aus Mangel an Beweisen verurteilt.[63] Das Ergebnis des Bundesgerichtshofs erscheint daher mit der Konzeption von in dubio pro reo leichter verträglich zu sein. Die Wirkung von in dubio pro reo kommt besser zum Tragen, wenn der Grundsatz auch innerhalb eines Sachverhalts mehrmals - auch mit logisch unmöglichen Ergebnissen - angewendet wird.[64] In dubio pro reo wird dann in bezug auf jeden zu prüfenden Tatbestand gesondert angewendet.[65] Da Strafe nur zulässig ist, wenn die sie begründenden Voraussetzungen bewiesen sind, führt Beweislosigkeit zur Straflosigkeit.[66] Ohne den zweifelsfreien Nachweis und die daraus folgende Überzeugung des Richters von einem Verhalten, daß alle Merkmale eines Straftatbestands erfüllt,

---

60 BGH GA 1958, S. 111.

61 Nowakowski, S. 382.

62 Alwart, S. 560.

63 Alwart, S. 551.

64 So BGH StV 1994, S. 115; BGH NStZ - RR 96, S. 131; für verschiedene Tatbeteiligte BGH GA 1992, S. 470.

65 Deubner, NJW 1962, S. 94ff (S. 95); Nowakowski, S. 381; BGH NJW 1957, 1643; Gollwitzer in LR RN 120ff zu § 261: innerhalb eines Tatbestandes darf in dubio pro reo dann nur einmal angewendet werden: a.A. Otto, in dubio, S. 348; Spendel in LK, RN 149 zu § 323a.

66 Joerden, Fallsysteme, S. 27: Strafverfolgungsbehörde hätte soz. Beweisführungslast; so auch Löhr, S. 717.

darf Strafe nicht verhängt werden.[67]

---

67 Alwart, S. 552: in dubio pro reo kann nichts geben, was Überzeugung verweigert.

3. Kapitel:

Die Wahlfeststellung

3.1 Der Begriff

Der Begriff "Wahlfeststellung" ist schief und ungenau.[68] Zunächst ist das, was man in einem herkömmlichen Strafprozeß als Feststellung von Tatsachen bezeichnet, gerade nicht in gewohntem Umfang möglich. Die Tatsachen, die bei einem Verfahren, das auf eine wahldeutige Entscheidung hinausläuft, wirklich zur Überzeugung des Richters feststehen, reichen zur Bejahung, das heißt zur Feststellung eines Sachverhalts, nicht aus. Tatsächlich ergeben sich nur Nebeneinanderstellungen von mehreren möglichen Abläufen.[69]

Auch ermöglicht die Situation der Wahlfeststellung dem Gericht keine Wahl. Zum Begriff der Wahl gehört die Möglichkeit, sich ohne vorherige Festlegung zwischen verschiedenen Alternativen zu entscheiden. Bei der Wahlfeststellung muß das Gericht im Ergebnis immer das jeweils mildere Gesetz anwenden, da wegen des verbleibenden Zweifels für die Anwendung des den Täter stärker belastenden Gesetzes die gesetzliche Grundlage fehlt.[70]

Treffender und klarer sind daher Formulierungen wie: "Verurteilung trotz subsumtionsrelevanter Tatsachenzweifel",[71] oder "Verurteilung auf mehrdeutiger

---

68 Tröndle in LK, RN 64, Anh. § 1; Willms, S. 628; Mell, S. 48; Rudolphi in SK, RN 1 Anh § 55.

69 Endruweit, S. 135.

70 Endruweit, S. 135; Jescheck, § 16, III, 2 c.

71 Günther, Verurteilungen im Strafprozeß trotz subsumtionsrelevanter Tatsachenzweifel, Berlin, 1976.

Tatsachengrundlage."[72] Da diese Bezeichnungen aber ungebräuchlich geblieben sind, soll auch in dieser Arbeit der Begriff "Wahlfeststellung" benutzt werden.[73]

3.2 Logische Struktur der Wahlfeststellung

Versuch einer ersten Annäherung

Die logische Struktur der Wahlfeststellung ist durch die Vielzahl der vertretenen Auffassungen zu diesem Thema nur schwer auszumachen. Ein erster Versuch der Klärung soll im folgenden durch Konzentration auf die Konzeption der Rechtsprechung erreicht werden. Diese geht von zwei verschiedenen tatsächlichen Geschehensabläufen aus.[74] Der Täter hat sich entweder so oder so verhalten. Beide Alternativen schließen sich dabei aus. Aber auch jede andere Möglichkeit kann ausgeschlossen werden. Der Angeklagte kann sich nur in der einen oder in der anderen Art und Weise betätigt haben.[75] Als gedankliche Überprüfung, ob tatsächlich eine durch eine wahldeutige Entscheidung lösbare Zweifelslage vorliegt, wird folgendes vorgeschlagen: Der Richter muß vom Vorliegen des einen Sachverhalts überzeugt sein für den Fall, daß er den anderen gedanklich ausschließt.[76] Die

---

72 Wolter, Tatsachengrundlage, S. 15; weitere Vorschläge bei Endruweit, S. 136.

73 Vgl. zur Geschichte der Wahlfeststellung: Jescheck, § 16, III, 1; Wolter, Wahlfeststellung, S. 26ff; ders., Tatsachengrundlage, S. 20ff; Endruweit, S. 31ff; Thöne, S. 77ff; Günther, Verurteilungen, S. 24ff; Heinitz, S. 126; Schaffstein, S. 725ff; Röhmel, S. 371; Nowakowski, S. 384; Siever, S. 1ff; Becher, S. 3ff; Christians, S.7ff; Dünhaupt, S. 5ff; Gerig, S. 16ff; Hänsel, S. 13ff; Hauck, S. 5ff; Köhler, S. 11ff; Mell, S. 7ff; Ostern, S. 17ff; Schack, S. 10; Schwabe, S. 3ff; Städtler, S. 3ff; Strobach, S. 3ff; Wied, S. 7ff; Nützel, S. 15ff; Schmoller, S. 51ff.

74 Es können auch mehr als zwei Alternativen sein, wobei das die logische Struktur nicht verändert, vgl. nur BGHSt 16, S. 184ff (186).

75 BGHSt 1, S. 127ff (S. 129); Jescheck, § 16 I.

76 BGHSt 12, S. 386 ff (S. 389).

Ungewißheit, ob der Angeklagte sich der Hehlerei strafbar gemacht hat, darf beispielsweise nur darauf beruhen, daß er die fragliche Sache gestohlen haben kann - und umgekehrt.[77] Ein dritter strafloser Geschehensablauf muß zur Überzeugung des Gerichts auszuschließen sein. Vergleicht man diese der ständigen Rechtsprechung entsprechende Darstellung mit der oben durchgeführten Analyse von Zweifelssituationen, so ist sie identisch mit der Konstellation der zwölften Spalte, der hier sogenannten Kontravalenz. Kontravalenz bedeutete, daß entweder Sachverhalt X oder Y vorlag. Jede andere Möglichkeit ist ausgeschlossen. Folgt man der Definition der Rechtsprechung, so deckt sich deren Beschreibung der Ausgangssituation einer Wahlfeststellung mit der der Kontravalenz.[78] Dabei wird gleichermaßen ausgeschlossen, daß beide Sachverhalte zusammen vorliegen wie daß sie zusammen nicht vorliegen.[79] Tatsächlich kann der Täter nur eine Alternative erfüllt haben.[80] Diese Struktur wird von der Rechtsprechung mit dem Begriff "exclusive Alternativität" beschrieben. Es war entweder so oder so, aber nicht anders. Vom Wortlaut her sind Kontravalenz und exclusive Alternativität deckungsgleich.

3.3 Das Verhältnis zwischen Wahlfeststellung und in dubio pro reo

Die Frage nach dem Verhältnis zwischen Wahlfeststellung einerseits und in dubio pro reo andererseits aufzuwerfen, heißt eigentlich schon die Vorzeichen der Untersuchung falsch stellen. Denn auch bei einer durchgeführten Wahlfeststellung ist das Ergebnis eine Entscheidung in dubio pro reo. Es muß die für den Täter leichtere Variante zur Urteilsgrundlage gemacht werden, da für die belastendere Maßnahme wegen des lediglich alternativ festgestellten Täterverhaltens die Grundlage fehlt.

---

77 BGHSt 12, S. 386ff (S. 389).

78 Hruschka, Logik, S. 641.

79 Rödig, S. 27; BGHSt 21, S. 152ff (152).

80 Montenbruck, Wahlfeststellung, S. 31.

Zutreffend müßte daher die Frage lauten, wann in dubio pro reo unmittelbar und wann erst nach vorgeschalteter Wahlfeststellung angewendet wird. Jedenfalls haben beide Institute ihren Platz im Bereich des richterlichen Tatsachenzweifels, der die Tatbestandssubsumtion tangiert.

Es wird vertreten, daß in dubio pro reo den Anwendungsbereich der Wahlfeststellung einschränke.[81] Im Wortlaut von Regel und Ausnahme gesprochen, würde dies bedeuten, daß die Zulässigkeit der Wahlfeststellung die Regel und eine unmittelbare Entscheidung gemäß in dubio pro reo die Ausnahme ist. Daß dies nicht zutrifft, ergibt sich schon aus dem oben Gesagten. Die Vorschaltung einer Wahlfeststellung mit nachfolgender in dubio pro reo Entscheidung ist die Ausnahme zu einer unmittelbar auf diesen Grundsatz gestützten Lösung. Da beim Wegfall der Wahlfeststellung in dubio pro reo eingreift, muß das Verhältnis umgekehrt sein.[82]

Es ist daher festzuhalten, daß in Fällen richterlichen Tatsachenzweifels grundsätzlich in dubio pro reo Anwendung findet und nur in besonderen Konstellationen eine Wahlfeststellung vorgeschaltet wird. Dies bedeutet auch, daß grundsätzlich in dubio pro reo der Vorrang vor der Wahlfeststellung gebührt. Die Grundsätzlichkeit dieses Vorrangs wird von manchen Autoren bezweifelt. Sie wollen ihn auf Fälle beschränken, bei denen in dubio pro reo zu einer Verurteilung führt.[83] Wäre das Ergebnis von in dubio pro reo ein Freispruch, so soll die Wahlfeststellung den Vorrang haben.[84] Das ebenfalls vertretene logische Extrem dieser Auffassung mündet in einem reinen Verurteilungsfunktionalismus: Jeweils das Institut soll den Vorrang haben, das mit Sicherheit zu einer Verurteilung führt.[85] Dem ist folgendes entgegenzuhalten: Wenn zwei Lösungsmechanismen zueinander im Verhältnis von Regel und

---

81 Endruweit, S. 59.

82 Küper, Wahlfeststellung, S. 1829; Jescheck, § 16,2.

83 Blei § 11 II 3b.

84 Wolter, Tatsachengrundlage, S. 40; Günther, Verurteilungen, S. 136.

85 Wolter, Tatsachengrundlage, S. 40.

Ausnahme stehen, so muß dieses Verhältnis generell bestimmt sein. Es kann nicht angehen, dieses Verhältnis im konkreten Fall je nach gewünschtem oder erzieltem Ergebnis neu zu definieren. Für diese generelle Einordnung spricht auch der Vergleich der beiden Institute. Während es sich bei in dubio pro reo um einen im Prinzip anerkannten Grundsatz deutschen Strafrechts handelt, ist die Wahlfeststellung eine sehr umstrittene richterrechtliche Konstruktion. Sie wurde geschaffen, um in ganz bestimmten Zweifelsfällen die Wirkung von in dubio pro reo einzuschränken. Stellt man die Frage, ob eine Wahlfeststellung zulässig ist, so heißt das, man fragt, ob und wie man die Wirkungen von in dubio pro reo ausräumen kann.[86] Es bleibt daher festzuhalten, daß in dubio pro reo die Regel und eine Wahlfeststellung eine besonders begründungsbedürftige Ausnahmelösung darstellt.

3.4 Existenzgrund der Wahlfeststellung

Das Institut der Wahlfeststellung ist heftig umstritten und trotzdem Teil der strafrechtlichen Praxis. Daran ändern auch einige Literaturstimmen nichts, die der Wahlfeststellung grundsätzlich kritisch gegenüberstehen.[87] Es scheint daher ein massives Interesse der Praxis an der Möglichkeit wahldeutiger Verurteilungen zu geben. Auf der Suche nach der Ursache dieses Bedürfnisses wird man mit einem auf den ersten Blick sehr plausiblen Ansatz konfrontiert. Tatbestände müssen, um verfassungsrechtlichen Anforderungen zu genügen, bestimmt sein. Dies, und das Bedürfnis nach Rechtssicherheit, führen zu einer sehr spezifischen Aufsplitterung von Tatbeständen. Je enger und genauer Tatbestände gefaßt werden, desto eher seien Zweifel über den tatsächlichen Ablauf tatbestandsrelevant.[88] Es wird daher behauptet, daß die zur Wahlfeststellung führende Beweislage geradezu eine Funktion der Tatbestands-

---

86 Hruschka, Problem, S. 266; Jescheck, S. 113; a. A. Eschenbach, S. 303.

87 Engisch, S.62; Oetker, J. S. 401ff; Endruweit, S. 302ff.

88 Wolter, Tatsachengrundlage, S. 16; ders., Wahlfeststellung, S. 21f.

bestimmtheit sei.[89] Je unbestimmter und vager dagegen Tatbestände formuliert würden, desto mehr Zweifel könnten von Generalklauseln abgefangen und damit irrelevant werden.[90] Die verfassungsmäßige Aufsplitterung der Tatbestände sei im Interesse der Rechtsgemeinschaft erfolgt. Sie dürfe dem Angeklagten nicht zugute kommen, da sie nicht zu seinem Schutz bestimmt sei.[91] Außerdem müsse ein Ausgleich zwischen den Aspekten der Rechtssicherheit und der Einzelfallgerechtigkeit gefunden werden. Bei der Bildung der Tatbestände wirke nur die Rechtssicherheit. Daher sei es angemessen, bei der Lösung des Einzelfalles die Einzelfallgerechtigkeit mitzubeachten. Und diese verlange nach einer wahldeutigen Verurteilung. Schließlich habe der Täter jedenfalls eine der in Frage kommenden Straftaten begangen.[92] Die Wahlfeststellung stärke den Aspekt der Einzelfallgerechtigkeit in angemessenem Umfang gegenüber der Rechtssicherheit und stelle damit den für den Rechtsstaat notwendigen und typischen Ausgleich dar.[93]

Diese Argumentation hält einer genaueren Überprüfung nicht stand. Die Ausdifferenzierung der Tatbestände durch den Gesetzgeber erfolgt nicht nur im Interesse der Rechtssicherheit. Auch die Einzefallgerechtigkeit profitiert, da eine dem Täter angemessene Würdigung seiner Tat erfolgen kann.[94] Dies setzt allerdings voraus, daß man unter Einzelfallgerechtigkeit nicht lückenlose, sondern sachgerecht abgewogene Rechtsdurchsetzung versteht.[95] Überhaupt erscheint die überstarke Betonung der Antinomie zwischen Rechtssicherheit und Einzelfallgerechtigkeit verfehlt. Wenn aber die Ausdifferenzierung der Tatbestände gleichermaßen der

---

89 Blei § 11 III.

90 Wolter, Grundfälle, S. 364; Tröndle, LK, RN 63 Anh. § 1; Oetker, S. 418.

91 Günther, Verurteilungen, S. 89f; Wolter, Tatsachengrundlage, S. 48.

92 Günther, Verurteilungen, S. 166f; Wolter, Wahlfeststellung, S. 22.

93 Günther, Verurteilungen, S. 166f; Wolter, Wahlfeststellung, S. 22.

94 So auch Endruweit, S. 18.

95 Endruweit, S. 19.

Rechtssicherheit wie der Einzelfallgerechtigkeit dient, kann man nicht durch deren Überwindung das eine Prinzip zugunsten des anderen stärken.[96] Außerdem führen diese Auffassungen zu einer Aushebelung des Bestimmtheitsgebotes in der Praxis. Wenn aus verfassungsrechtlichen Gründen die Tatbestände bestimmt formuliert sein müssen, so entspricht es dieser Forderung, sich in der Praxis mit den Konsequenzen abzufinden. Es ist nicht zulässig, die theoretische Ausformung gemäß den verfassungsrechtlichen Anforderungen vorzunehmen, um dann in der Praxis die Ergebnisse bei Bedarf zu verändern. Die Umgehung der Tatbestandsaufsplitterung zugunsten der Einzelfallgerechtigkeit darf daher nicht die Ursache für Wahlfeststellung sein, will man ihre Zulässigkeit nicht vollkommen ablehnen. Die wahre Begründung des praktischen Bedürfnisses nach Wahlfeststellung hat prozessuale Ursachen. Wäre der Richter an objektive Beweisregeln gebunden, so wäre die Entscheidungsfindung einfacher und Zweifelsfälle seltener als nach geltendem Recht. § 261 StPO verlangt aber gerade die freie Beweiswürdigung durch den betreffenden Richter. Diese Freiheit ermöglicht den Zweifel, der angesichts begrenzter menschlicher Erkenntnisfähigkeit nahezu unausweichlich ist.[97] Natürlich kann man die Anzahl der tatbestandsrelevanten Zweifel durch weite und unklare Tatbestände reduzieren. Trotzdem bleibt das Grundproblem, das die Existenz der Wahlfeststellung in der Praxis begründet, die begrenzte menschliche Erkenntnisfähigkeit.[98] Diese zu überwinden und trotz bestehender Zweifel ein als angemessen empfundenes Urteil sprechen zu wollen - dieses Bedürfnis ist die Ursache für das Verlangen nach Wahlfeststellung.

3.5 Geltungsgrund der Wahlfeststellung

Ohne zulässige Wahlfeststellung kann nur eine Entscheidung unmittelbar gemäß in

---

96 Endruweit, S. 19.

97 Deubner; Grenzen, S. 21; Lücking, S. 161.

98 So auch Endruweit, S. 19.

dubio pro reo ergehen.[99] Dies bedeutet, daß der Angeklagte freigesprochen werden muß, obwohl geklärt ist, daß er entweder den Tatbestand A oder den Tatbestand B erfüllt hat und ein straffreies Verhalten zur Überzeugung des Gerichts ausscheidet. Allenfalls kommt eine Verurteilung aus einem jedenfalls verwirklichten Rumpftatbestand in Frage (Beispiel § 240 StGB statt § 249 StGB oder § 253 StGB). Auf den Punkt gebracht bedeutet dies, daß jede von diesem Ergebnis abweichende Entscheidung einzig und allein von der Wahlfeststellung ermöglicht wird.

Diese Feststellung birgt in sich die Ansatzpunkte der Kritik an der Wahlfeststellung. Sie ebnet den Weg zu Verurteilungen, die nach dem geschriebenen Gesetz nicht möglich wären. Bedenken bestehen dabei insbesondere über die Vereinbarkeit mit nullum crimen sine legem, dem Schuldprinzip (was muß dem Täter für eine Schuld angemessene Strafe nachgewiesen sein?) und damit letztlich der Menschenwürde und dem Grundsatz in dubio pro reo, dessen Wirkung die Wahlfeststellung einschränkt.

Eine Auseinandersetzung mit diesen schwerwiegenden Bedenken ist nicht Thema dieser Arbeit. Die oben durchgeführte Aufzählung sollte nur das Bedürfnis nach einer guten Begründung für die Geltung der Wahlfeststellung untermauern, die so schweren Bedenken ausgesetzt ist.[100] Warum die Wahlfeststellung trotz aller Angriffe in der Praxis Geltung beansprucht, soll hier abrißartig dargestellt werden.

Es wird vertreten, daß eine Verurteilung auf wahldeutiger Grundlage auf einem neuen Tatbestand basiert. Da unklar ist, ob der Täter denTatbestand A oder den Tatbestand B verwirklicht habe, ergäbe dies den Tatbestand C = A oder B.[101] Dem widerspricht, daß es einen solchen allgemein gefaßten Tatbestand im Gesetz

---

99 Montenbruck, Ende, S. 332.

100 Weiterführend Montenbruck, Ende, S. 533; Jescheck, § 16,2; Endruweit, S. 248ff; Günther, Verurteilungen, S. 164 ff.

101 Oetker, S. 404; Thöne, S. 81; kritisch Lobe, Tatbestände, S. 166; Montenbruck, Ende, S. 335; Mayer AT, S. 417.

nicht gibt und er daher keinen tauglichen Strafgrund abgegen kann.[102] Ein ungeschriebener dritter Tatbestand vermag daher nicht die Geltung der Wahlfeststellung zu legitimieren.[103] Es bleibt daher zu fragen, ob und wenn warum die positiv getroffene Feststellung, der Angeklagte habe entweder das eine oder das andere Delikt begangen, einen Schuldspruch trägt.[104]

Es wird versucht, die Geltung der Wahlfeststellung unmittelbar aus dem Schuldprinzip selbst abzuleiten. Da die Schuld des Täters immerhin insofern feststehe, als ein straffreies Verhalten ausscheide, widerspräche es dem Schuldprinzip, diesen Täter freizusprechen.[105] Dem ist entgegenzuhalten, daß gerade die Anwendung der Wahlfeststellung die Wirkung des Schuldprinzips im Vergleich zu eindeutigen Verurteilungen eher einschränkt als verstärkt. Zum einen ist die Grundlage der Strafe nicht mehr eine in allen Einzelheiten nachgewiesene Schuld.[106] Zum anderen bemißt sich die Strafhöhe zwingend nach der für den Täter milderen Alternative. Damit ist sie aber für den Fall, daß der Täter in Wahrheit den anderen Tatbestand erfüllt hat, allenfalls eine "Abschlagsstrafe", aber sicher keine schuldangemessene Reaktion.[107] Es wird gleichfalls vertreten, daß der Strafzweck der Generalprävention die Geltung der Wahlfeststellung verlange. Die negative Generalprävention in Form der Abschreckung potentieller Rechtsbrecher sei gefährdet, wenn die Allgemeinheit die Möglichkeit realisiere, daß Täter straffrei ausgehen, obwohl nach Überzeugung der Richter straffreies Verhalten auszuschließen ist. Zusätzlich würde durch die Geltung der Wahlfeststellung die positive Generalprävention in Form des Normlernens gestärkt werden, da die Erkenntnis der Verwerfbarkeit auch bei alternativen Tat-

---

102 Gerig, S. 47f; Lobe, Tatbestände, S. 167.

103 a.A. Schmoller, S. 61f.

104 Nowakowski, S. 381.

105 Wolter, Grundfälle, S. 364.

106 Wolter, Grundfälle, S. 364.

107 Jakobs, S. 262.

varianten gegeben sei.[108] Da diese Auffassungen ebenfalls zu dem Ergebnis kommen, daß das Schuldprinzip die Geltung der Wahlfeststellung nicht begründet, postulieren sie eine Verschiebung der Strafzwecke. Bei wahldeutigen Verurteilungen sei allein die Generalprävention tragfähiger Strafzweck.[109]

Diese Ansicht setzt eine sehr differenzierte Wirkung strafrechtlicher Verurteilungen voraus. Die Gemeinschaft der Rechtsgenossen soll zur Kenntnis nehmen, daß es wahldeutige Verurteilungen gibt, sie verstehen und aus ihrer Existenz Schlüsse ziehen. Diese Wirkung ist empirisch nicht belegt und vermutlich auch nicht belegbar. Insbesondere spricht die insgesamt sehr geringe Anzahl wahldeutiger Verurteilungen gegen diese These.[110] Zudem sind wahldeutige Verurteilungen von einer im Vergleich zu anderen Urteilen unklaren Grundlage geprägt. Bei anderen Entscheidungen steht das Täterverhalten und damit der gegen ihn zu erhebende Vorwurf fest. Das Anknüpfen der Reaktion Strafe an dieses Verhalten ist daher relativ leicht nachzuvollziehen. Generalprävention setzt jedenfalls Nachvollziehbarkeit der Entscheidungen als Anknüpfungspunkt von Wirkungen voraus. Es muß daher davon ausgegangen werden, daß die undurchsichtige und komplizierte Struktur wahldeutiger Entscheidungen die Wirkung im Vergleich zu eindeutigen Entscheidungen verringert.

Auch der Aspekt der Spezialprävention wird zur Begründung der Wahlfeststellung herangezogen. Dieser Ansatz hat auf den ersten Blick viel für sich. Ohne Wahlfeststellung käme es in einer Situation, in der der Angeklagte einen von mehreren Tatbeständen erfüllt hat, dies weiß und auch weiß, daß der Richter dies weiß, möglicherweise zu einem Freispruch. Ein solcher Freispruch muß spezialpräventiv gesehen tatsächlich verheerende Folgen haben.[111] Erschwerend kommt hinzu, daß die

---

108 Wolter, Grundfälle, S. 364.

109 Jakobs, S. 262; Otto, in dubio, S. 385; Nüse, S. 36; Zeiler, S. 21ff; kritisch Schmoller, S. 65.

110 Wolter, Wahlfeststellung, S. 174ff enthält eine Auflistung höchstrichterlicher alternativer Verurteilungen.

111 "So dämliche Richter habe er noch nie gesehen", zitiert Endruweit, S. 303 FN 968 einen

zweifelsbegründende Unaufklärbarkeit häufig auf einem Verhalten des Angeklagten, welcher lügt oder schweigt, beruht.[112] Ohne Wahlfeststellung werden daher diese Verhaltensweisen durch Entscheidungen gemäß in dubio pro reo belohnt.

Allerdings führt auch diese Argumentation nicht zu einer Geltungsbegründung der Wahlfeststellung. Positive Spezialprävention, also die Resozialisierung des Täters, setzt, wenn sie nicht zur Farce werden soll, eine relativ genaue Kenntnis der Tat voraus. Diese ist bei wahldeutigen Verurteilungen wesentlich geringer als bei eindeutigen. Aber auch die negative Spezialprävention in Form der Abschreckung kommt bei wahldeutigen Verurteilungen nicht in dem Umfang wie bei anderen Entscheidungen zum Tragen. Schließlich kann nur die leichtere Alternative bestraft werden. Diese leichte Strafe hat der Täter im Extremfall vielleicht sogar einkalkuliert.[113]

Es gibt noch anders gelagerte Versuche der Geltungsbegründung der Wahlfeststellung. Sie gehen von der Situation der Praxis aus. Schon früh erkannte man die Gefahr, die ohne Wahlfeststellung droht: Da die Richter davon überzeugt sind, daß ein straffreies Verhalten des Angeklagten ausscheidet, sind sie mit einem Freispruch nicht zufrieden. Gleiches gilt für eine Verurteilung aus einem Rumpftatbestand, da auch diese nicht als angemessen empfunden wird. Es besteht daher die Gefahr, daß die Richter sich trotz Zweifeln von einer Variante "überzeugen" und ihre Zweifel jedenfalls im Urteil verschweigen.[114] Dies ist nicht nur wegen der mangelnden Wahrhaftigkeit bedenklich, sondern deshalb, weil der Richter sich vermutlich häufig von der wahrscheinlicheren Variante "überzeugen" wird. Die wahrscheinlichere muß aber nicht die für den Angeklagten günstigere Möglichkeit sein. Während bei der Wahlfeststellung immer das mildere Gesetz die Rechtsfolge festlegt, könnte bei

---

Freigesprochenen.

112 Endruweit, S. 303.

113 Jakobs, S. 262.

114 Montenbruck, Ende, S. 332; Ancker, S. 16; Günther, Verurteilungen, S. 165; Wolter, Tatsachengrundlage, S. 50; Blei § 11 III; Günther, Anmerkung, S. 81.

dieser Vorgehensweise das belastendere Gesetz zum Tragen kommen.[115] Dies ginge im Ergebnis noch mehr zu Lasten des Angeklagten.

Für diese Auffassung spricht nichts als ihre dankenswerte Offenheit.[116] Ihr zugrunde liegt ein mehr als bedenkliches Richterbild, das eines Richters nämlich, der Freisprüche gemäß in dubio pro reo als Ärgernis oder sogar als Niederlage empfindet und nicht als rechtsstaatliche Konsequenz einer ernstgenommenen Unschuldsvermutung.[117]

Zwar ist es eine Tatsache, daß chronische Beweisnot, die aus Tatbeständen resultiert, die zu hohe Beweisanforderungen stellen, zu Verbiegungen und Ausdehnungen des materiellen Rechts führen kann.[118] Aber dieser Fall liegt bei der Wahlfeststellung gerade nicht vor. Die Tatbestände, die ihr zugrunde liegen, sind durchaus durchsetzbar und beweisbar. Es ist nicht so, daß sie durch zu hohe Anforderungen zu Beweisnot führten. Vielmehr ist es die spezifische Situation der Wahlfeststellung, die voraussetzt, daß der Richter sich nicht die volle Überzeugung verschaffen kann. Diese Situation ist bei praktisch allen Tatbeständen denkbar. Nicht zu hohe Beweisanforderungen begründen den Beweismangel, sondern er ist Strukturelement der Situation einer wahldeutigen Verurteilung. Damit entfällt die Möglichkeit, durch Änderungen des Gesetzes dieses Problem zu lösen. Es würde dadurch lediglich vertatbestandlicht (Beispiel: § 323a StGB). Ob diese Lösung vorzugswürdig ist, mag hier dahingestellt bleiben.

Es bleibt daher festzustellen, daß sowohl das Schuldprinzip als auch die relativen Strafzwecke durch wahldeutige Verurteilungen in ihrer Wirksamkeit tangiert werden. Daher kann weder dem Schuldprinzip noch der Prävention geltungs-

---

115 Wolter, Grundfälle, S. 365; Deubner, Grenzen, S. 22.

116 Alwart, S. 567.

117 Hillenkamp, S. 874; Blei § 11 I; Thöne, S. 26ff.

118 Hillenkamp, S. 863; Volk, Wahrheit, S. 28; grundsätzlich Lüderssen, S. 288ff; Arzt, S. 94ff.

begründende Wirkung für die Wahlfeststellung zukommen. Die Gegenmeinung benutzt einen anderen Vergleichsmaßstab. Anstatt eindeutige und wahldeutige Verurteilungen zu vergleichen, vergleichen sie wahldeutige Verurteilungen und Freisprüche. Im Vergleich zu letzteren sei die Wahlfeststellung eine Möglichkeit, wenigstens ansatzweise oben genannte Prinzipien zu realisieren. Die Wahlfeststellung wird sozusagen zur Schadensbegrenzung herangezogen und durch diese Funktion legitimiert. Diese Vorgehensweise reicht aber nicht aus, um zu begründen, warum ein ungeschriebenes Institut so weitreichende belastende Wirkungen für den Angeklagten haben darf. Daher muß seine Existenz an der anerkannt zulässigen Belastung, nämlich der eindeutigen Verurteilung, gemessen werden. Im Vergleich zu dieser kann sich die Wahlfeststellung nur sehr eingeschränkt auf die durch die Realisierung dieser Grundsätze gelieferte Rechtfertigkeit berufen. Insgesamt ist daher die Einschränkung von in dubio pro reo durch die Wahlfeststellung nur unzureichend legitimiert.

3.6 Anwendungsvoraussetzungen der Wahlfeststellung

3.6.1 Prozessuale Voraussetzungen

Auffällig ist, daß die materiell rechtlichen Voraussetzungen der Wahlfeststellung wesentlich intensiver und differenzierter diskutiert werden als die verfahrensrechtlichen Aspekte, die die prozessuale Zulässigkeit begründen.[119] Dies ist insbesondere deshalb bedenklich, weil diese prozessualen Aspekte über die Rechtsstaatlichkeit wahldeutiger Verfahren entscheiden.[120] Das Spezifikum der Wahlfeststellung ist die schwindende Bestimmtheit des konkreten Sachverhalts,[121] sie trägt den Zweifel in das

119 Goydke, S. 257.

120 Tröndle in LK, RN 61 Anh § 1.

121 Jakobs, S. 257.

Urteil hinein.[122] Zum Schutze des Angeklagten muß daher durch strikte Beachtung formeller Anwendungsvoraussetzungen der Wahlfeststellung die Berechenbarkeit des Verfahrens und damit die Möglichkeit einer effektiven Verteidigung gewahrt bleiben.

3.6.1.1 Tatidentität

Zu den nach wie vor umstrittenen Fragen bezüglich der prozessualen Zulässigkeitsvoraussetzungen gehört die nach den Anforderungen an die Identität der Tat.

Eine einheitliche prozessuale Tat liegt nach der Rechtsprechung dann vor, wenn ein Sachverhalt einen einheitlichen geschichtlichen Lebensvorgang bildet.[123] Liegen die alternativen Geschehensabläufe so nahe beieinander, daß dieser Tatbegriff zu bejahen ist, ergeben sich insofern keine Probleme. Selbst nach der engsten Meinung ist eine wahldeutige Entscheidung möglich, wenn die alternativen Handlungsabläufe eine einheitliche Tat bilden. Ansonsten sei sie unzulässig, gleichgültig ob die verschiedenen Taten aufgrund wahldeutiger Anklage sofort oder erst infolge nachträglicher Einbeziehung zum Prozeßgegenstand gemacht wurden.[124]

Eine solche verfahrensrechtliche Einschränkung liefe, bei aller durch sie erreichten Klarheit, auf eine faktische Aushebelung der Wahlfeststellung hinaus. Die alternativen Sachverhalte können zeitlich und räumlich weit auseinanderfallen. Dann sind sie nach dieser Auffassung einer wahldeutigen Verurteilung auf keinen Fall zugänglich. Der von der Wahlfeststellung angeblich gestärkte Gedanke der Einzelfallgerechtigkeit würde nicht mehr berücksichtigt, denn der Zufall der Nähe der Sachverhaltsalternativen würde maßgeblich über die Frage der Strafbarkeit ent-

---

122 Peters, Strafprozeß, S. 292.

123 St. Rspr. seit RGSt 5, S. 249 (251); Kröpil, S. 1189.

124 Sax, Wahlfeststellung, S. 749; Rudolphi in SK, RN 12 Anh § 55; Wolter, Grundfälle, S. 43.

scheiden.[125]

Allerdings würde sich diese Sicht ändern, wenn die wahldeutige Situation des Geschehens den Tatbegriff beeinflussen würde. Es wird insofern auch von einer "verklammernden Wirkung" der Wahlfeststellung gesprochen.[126] Allein die Alternativität der Handlungsvorgänge soll ihre Zugehörigkeit zu einer prozessualen Tat begründen.[127] Diese These wird insbesondere von Schöneborn vertreten, indem er, ausgehend von der Erkenntnis, daß alternative Handlungsabläufe nur einheitlich überhaupt prozessual bewältigt werden können, die Ergebnisse der Rechtsprechung wegen ihrer Uneinheitlichkeit kritisiert. Er glaubt, daß eine konsequente und prozessual durchführbare Lösung allein darin liegen kann, eine prozessuale Tat bei jeder Form der Tatalternativität anzunehmen.[128] Zuzugeben ist dieser Meinung, daß bei einer zugrundeliegenden wahldeutigen Geschehenssituation einzig und logisch zwingend ein gemeinsames Verfahren zur Verurteilung führen kann. Jeder Versuch einer getrennten Behandlung kann nur in mehreren Freisprüchen enden, da jeweils nicht ausgeschlossen werden kann, daß der andere, nicht angeklagte Vorwurf der Zutreffende ist. Der Zwang zur gemeinsamen Verhandlung verschiedener historischer Abläufe begründet allerdings noch keine Tatidentität.[129] Maßgeblich ist die Einheitlichkeit des historischen Geschehens. Daß diese bei alternativen Vorgängen nicht unbedingt gegeben sein muß, liegt auf der Hand. Beide Vorwürfe verbindet von der Struktur her nur ihre Wechselbezüglichkeit: Die Möglichkeit des einen begründet die Zweifel an der Existenz des anderen. Diese Wechselbezüglichkeit sagt aber nichts über die faktische örtliche und zeitliche Nähe der Handlungsabläufe aus. Es hieße daher die Konturen der Tatidentität völlig aufzulösen, wollte man sie allein wegen

---

125 Wolter, Grundfälle, S. 43; Rudolphi in SK, RN 12 Anh § 55.

126 Schlüchter, S. 51; Stein, S. 444.

127 Wolter, Tatidentität, S. 161.

128 Schöneborn, S. 529ff, S. 534ff; Stein, S. 449; kritisch Koffka, S. 430.

129 Wolter, Tatidentität, S. 162; Fuchs, S. 1111.

der Alternativität der Handlungsabläufe bejahen.[130] Da Alternativität Tatidentität nicht zu begründen vermag, erscheint oben genannte Auffassung, die jedenfalls Tatidentität als Voraussetzung einer wahldeutigen Verurteilung verlangt, als zu eng.

Früher wurde auch die gegenteilige Auffassung vertreten, nach der die Beschränkungen der Tatidentität für die Wahlfeststellung nicht gelten sollen. So hat das BayObLG eine wahldeutige Verurteilung zwischen einer angeklagten und einer nicht angeklagten Tat, die zeitlich weit auseinandern lagen, für zulässig gehalten.[131] Zur Begründung führt es an, daß die Befugnis des Gerichts, die Strafklage nach § 264 StPO umzugestalten, stets den gleichen Umfang haben muß, wie die Sperrwirkung der rechtskräftigen Entscheidung gemäß Art. 103 III GG.[132] Der Freispruch wegen der angeklagten Tat würde aber nach seiner Auffassung auch die Aburteilung der dazu alternativen, bisher nicht angeklagten Tat blockieren.[133] § 264 StPO erlaube - wie die damals gängige Behandlung des Fortsetzungszusammenhangs zeige - weitere Lebensvorgänge in den Prozeß einzubeziehen, die mit dem angeklagten Sachverhalt in einer Beziehung stehen, die eine einheitliche Aburteilung notwendig macht.[134] Zudem sei der Angeklagte nicht in der Gefahr, überraschend verurteilt zu werden. Die wahlfeststellungsfähigen Tatsachen seien derart aufeinander bezogen, daß die Möglichkeit der Verübung der einen Tat sich gerade aus dem Umstand ergibt, daß die andere nicht begangen wurde. Daher müsse das Verfahren eine Untersuchung über beide Vorgänge beinhalten.[135] Zudem sei eine uferlose Ausdehnung des Tatbegriffs nicht zu befürchten, da die exclusive Alternativität eine Begrenzung bilde.[136]

---

130 Wolter, Tatidentität, S. 162; Fuchs, S. 1111; Kröpil, S. 1189.

131 BayObLG, NJW 1965, S. 2211ff; kritisch: Sax, Wahlfeststellung, S. 745ff.

132 BayObLG, NJW 1965, S. 2212.

133 BayObLG, NJW 1965, S. 2213.

134 BayObLG NJW 1965, S. 2213.

135 BayObLG NJW 1965, S. 2213.

136 BayObLG NJW 1965, S. 2213.

Der vom BayObLG vorgebrachte Hinweis auf die Rechtskraft vermag nicht zu überzeugen. Es handelt sich um ein Zirkelschluß.[137] Die Frage stellen, ob das Gericht im Rahmen des § 264 StPO auch über andere, nicht angeklagte Taten entscheiden darf, heißt fragen, worüber das Gericht urteilen darf. Und damit auch über die Reichweite der Sperrwirkung des Art. 103 III GG.[138] Die Urteilsreichweite bestimmt die Rechtskraft. Nur läßt sich dieser Schluß nicht umkehren.[139] Die Umkehrung ist ausgeschlossen, da sich die Rechtskraft aus der Urteilsreichweite ergibt und sie sie deshalb nicht definieren kann. Auch der Vergleich mit der fortgesetzten Tat geht fehl, da bei dieser ihrer Voraussetzung nach Tatidentität vorliegt.[140] Im vorliegenden Fall lagen aber auch nach der Auffassung des Gerichts zwei Taten vor.[141] Insgesamt führt diese Auffassung zu einer unangemessenen Nichtbeachtung der Tatidentität und auch zu einer Aushöhlung des Akkusationsprinzips.[142] Die Verteidigungsmöglichkeiten des Angeklagten werden unzumutbar beschnitten. Die Folge wäre ein Verfahren, das kaum noch die Anforderungen der Justizförmigkeit erfüllt.[143]

Die Rechtsprechung hat, in Übereinstimmung mit großen Teilen der Literatur, einen vermittelnden Weg gefunden. Eine Verurteilung auf wahldeutiger Grundlage ist danach unzulässig, wenn es sich bei den alternativen Geschehnissen um selbständige Taten im verfahrensrechtlichen Sinn handelt und eine dieser Taten nicht angeklagt ist.[144] So wird das Kriterium der Tatidentität überschritten, aber es werden

---

137 Tröndle in LK, RN 79 Anh § 1; Eser in SchSch, RN 102 Anh § 1; Rudolphi in SK, RN 13 Anh § 55.

138 Fuchs, S. 1111.

139 Wolter, Tatidentität, S. 155;

140 Rudolphi in SK, RN 13 Anh § 55; Sax, Wahlfeststellung, S. 746;

141 Fuchs, S. 1111;

142 Eser in Sch Sch, RN 102 Anh § 1;

143 Wolter, Grundfälle, S. 43; ders., Tatidentität, S. 155;

144 BGHSt 32, S. 146 ff; zust. u.a. Gribbohm in LK, RN 135 zu § 1; Kleinknecht/Meyer-Goßner, RN 2 b zu § 264.

Sicherungen für den Angeklagten eingebaut. Die alternativen Abläufe müssen zwar keine einheitliche Tat bilden, aber jedenfalls sind sie von Anfang an Verfahrensgegenstand. Dies ist auch notwendig, da Schuld- und Strafausspruch auf mehreren Tatsachensäulen ruhen. Da unaufklärbar ist, welche trägt, müssen sich alle Rechts- und Verfahrensgarantien auf die mehrdeutige Verfahrensgrundlage in ihrer ganzen Breite erstrecken.[145] So soll zumindest die Identität von Anklage und Urteilsinhalt gewährt bleiben. Dadurch soll dem Angeklagten eine effektive Verteidigung ermöglicht werden. Diese ist auch bei zeitlich und räumlich weit auseinander liegenden Tatverläufen dann möglich, wenn der Angeklagte frühzeitig mit allen gegen ihn erhobenen Vorwürfen vertraut gemacht wird. Danach sind grundsätzlich schon Anklage und Eröffnungsbeschluß alternativ zu fassen. Ist dies unterblieben, muß Nachtragsanklage erhoben werden (§ 266 StPO). Verweigert der Angeklagte die erforderliche Zustimmung, so kann die Hauptverhandlung ausgesetzt, eine neue Anklage erhoben und dann die Verfahren verbunden werden.[146]

Auch gegen diese vermittelnde Ansicht gibt es begründete Einwände. Selbst wenn man eine Nachtragsanklage in der Berufungsinstanz für zulässig hält, was wegen der sachlichen Zuständigkeit des Landgerichts problematisch ist,[147] ergeben sich Lücken in der Verfolgbarkeit. Nicht in allen Fällen ist eine Verfahrensverbindung möglich.[148] Doch diese Einbuße an Einzelfallgerechtigkeit erscheint nicht als ein zu hoher Preis für die prozessuale Begrenzung der Umgehung der Tatidentität.

Einen anderen Weg zur Lösung dieses Problems hat Montenbruck vorgeschlagen. Er favorisiert eine weitere Auslegung von § 265 StPO, um so die zusätzliche

---

145 Tröndle in LK, RN 79 ANh § 1; Endruweit, S. 61; Lücking, S. 162; Otto, Anmerkung, S. 206; Schröder, Claus, S. 781.

146 Eser in SchSch, RN 103 Anh. § 1, Röhmel, S. 378; Tröndle in LK, RN 79 Anh. § 1; Schröder, Claus, S. 781; Kröpil, S. 1189.

147 Stein, S. 448; BGHSt 4,152ff (S. 153).

148 Eser in Sch Sch, RN 103 Anh §1; Rudolphi in SK, RN 14 Anh § 55; Beispiel in BGHSt 18, S. 130ff.

Alternative in den Prozeß einzubeziehen.[149] Jedenfalls sei eine Nachtragsanklage nicht der richtige Weg. Sie sei eine neue selbständige Anklage. Für diese fehle es aber bei genauer Betrachtung am hinreichenden Tatverdacht.[150] Schließlich bestehe der Verdacht fort, der Täter habe die bereits angeklagte Tat begangen. Daher sei eine unselbständige, die alte Anklage komplettierende "Ergänzungsanklage" vorzugswürdig.[151] Diese soll nach Meinung des Autors ohne Zustimmung des Angeklagten, wie sie § 266 StPO verlangt, zulässig sein. Für eine solche "Ergänzungsklage", die weder in der Literatur noch in der Rechtssprechung akzeptiert worden ist, spricht neben der begrifflichen Klarheit auch die ihr zugrunde liegende Analyse der wahldeutigen Prozeßsituation. Allerdings ist fraglich, ob der generelle Verzicht auf die Zustimmung des Angeklagten und damit die Ausschaltung dieses Begrenzungskriteriums nicht zu einer Aushöhlung des Kriteriums der Tatidentität führt. Außerdem könnte die Möglichkeit des Angeklagten, sich effektiv zu verteidigen, Schaden nehmen, wenn diese "Ergänzungsklage" zeitlich gesehen spät in den Prozeß eingeführt wird. Mindestens für diesen Fall müßten weitere Schutzmechanismen (beispielsweise Aussetzungsmöglichkeiten) eingeführt werden.

3.6.1.2 Strafbarkeit in jeder Alternative

Damit eine wahldeutige Verurteilung möglich ist, muß der Richter davon überzeugt sein, daß ein für den Täter strafloser Hergang ausgeschlossen ist. Keine der möglichen Varianten darf gerechtfertigt, entschuldigt, verfolgungs- oder straffrei sein.[152] Es gibt, insbesondere da auch mehr als zwei Alternativen eine wahldeutige Verurteilung

---

149 Montenbruck, Ende, S. 541; ders. Wahlfeststellung, S. 324.

150 Montenbruck, Ende, S. 541.

151 Montenbruck, Ende, S. 541.

152 Rudolphi in SK, RN 10 Anh § 55; Tröndle in LK, RN 81 Anh § 1; Eser in Sch Sch, RN 84 Anh § 1; Endruweit, S. 99; Günther, Wahlfeststellung, S. 665; Hruschka, Alternativfeststellung, S. 179.

stützen können,[153] ein besonders hohes Irrtumsrisiko. Dieses Kriterium verlangt dabei zunächst vom Richter, daß er sich sicher davon überzeugt, daß ein straffreies Verhalten ausscheidet. Zusätzlich sieht er sich bei der Urteilsbegründung mit besonders hohen Anforderungen konfrontiert. Er muß hier zweifelsfrei darlegen, warum ein strafloser Hergang ausscheidet. Insofern sind die Anforderungen höher als bei "normalen" Verurteilungen.

3.6.1.3 Unmöglichkeit einer eindeutigen Verurteilung

Das Kriterium der Unmöglichkeit einer eindeutigen Verurteilung führt zu zwei verschiedenen Konsequenzen. Zunächst darf nicht mit Blick auf die Möglichkeit einer wahldeutigen Verurteilung die weitere Aufklärung des Sachverhalts abgelehnt werden.[154] Der Sachverhalt muß vielmehr unter Ausnutzung aller zulässigen Erkenntnisquellen soweit es geht erforscht werden. Die Wahlfeststellung hat nicht den Sinn, unzulängliche oder fehlerhafte Sachverhaltsaufklärung zuzudecken.[155]
Andererseits darf sich der Richter natürlich nicht zwanghaft vom Vorliegen einer Alternative überzeugen, um so einer wahldeutigen Entscheidung zu entgehen. Die Entscheidung darf also weder vorschnell wahldeutig noch gewaltsam eindeutig ergehen. Man kann sagen, daß die Sachverhaltsaufklärung bei wahldeutigen Verurteilungen sowohl eingeschränkt als auch verschärft ist.[156] Eingeschränkt, weil das Täterverhalten nur alternativ feststeht. Aber auch verschärft, da alle Tatvarianten, die dem Urteil zugrunde gelegt werden, genauso aufgeklärt werden müssen, als wenn es nur eine eindeutige Tatsachenbasis gäbe.

Zum anderen ist ein wahldeutiger Urteilsspruch dann unzulässig, wenn eine

---

153 Tröndle in LK, RN 81 Anh § 1.

154 Eser in Sch Sch, RN 83 Anh § 1; Röhmel, S. 373.

155 Tröndle in LK, RN 80 Anh § 1.

156 Rudolphi in SK, RN 9, Anh § 55.

eindeutige Verurteilung erzielbar ist. Dies ist zunächst in Fällen sogenannter gleichartiger Wahlfeststellung der Fall. Sie ist ein Sonderfall der Wahlfeststellung.[157] Es handelt sich dabei um Fälle reiner Tatsachenalternativität, die nicht zur Anwendung verschiedener Tatbestände führt. Es steht fest, welches Strafgesetz der Täter verletzt hat, nur nicht, durch welche Handlung.[158] So läßt sich beispielsweise nicht klären, welche von zwei sich widersprechenden eidlichen Aussagen des Angeklagten falsch ist.[159] Eine Verurteilung wird hier als ohne weiteres zulässig angesehen.[160] Sie erfolgt eindeutig auf mehrdeutiger Tatsachengrundlage.[161] Dabei müssen aber zum Schutz des Angeklagten die prozessualen Voraussetzungen der Wahlfeststellung beachtet werden.[162] Mangels Rechtsnormenalternativität ist die gleichartige Wahlfeststellung kein echter Wahlfeststellungs-Fall. Ihre Bezeichnung als unechte Wahlfeststellung ist daher treffend.

Die Unmöglichkeit einer eindeutigen Verurteilung wird inhaltlich durch das Erfordernis der exclusiven Alternativität abgesichert.

3.6.1.4 Exclusive Alternativität

Die markanteste prozessuale Voraussetzung einer wahldeutigen Verurteilung ist die exclusive Alternativität der in Betracht kommenden Sachverhalte. Dies bedeutet, daß das Gericht beim gedanklichen Ausschalten der einen Alternative vom Vorliegen der

---

157 Jescheck, § 16 I 1; einführend Eser in Sch Sch, RN 61, Anh § 1.

158 Rudolphi in SK, RN 16, Anh § 55; Tröndle in LK, RN 68, Anh § 1.

159 BGHSt 2, S. 351ff (S. 352).

160 Jescheck, § 16 III 2b; Tröndle in LK, RN 71, Anh. § 1.

161 Rudolphi in SK, RN 16, Anh. § 55.

162 Tröndle in LK, RN 68, Anh. § 1; Rudolphi in SK, RN 16 Anh. § 55.

anderen überzeugt sein muß - und umgekehrt.[163] Die Varianten müssen beweislogisch gesehen umgekehrt voneinander abhängig sein. Fällt die eine weg, liegt die andere vor. Das Erfordernis der exclusiven Alternativität ist Spiegel und Sicherung der Anschauung der Rechtsprechung über die logische Struktur der Wahlfeststellung.[164] Die exclusive Alternativität ist dabei begrifflich deckungsgleich mit der Zweifelssituation der Kontravalenz.

Die Voraussetzung der exclusiven Alternativität leistet auch die Abgrenzung zu der Möglichkeit einer unmittelbar auf in dubio pro reo gestützen Entscheidung. Diese Abgrenzung ist notwendig, da Entscheidungen gemäß in dubio pro reo materiell-rechtlich der Vorrang vor wahldeutigen Entscheidungen zukommt.[165] Dieser Vorrang wird auch prozessual abgesichert. Entscheidungen gemäß in dubio pro reo sind eindeutige Entscheidungen. Und die haben grundsätzlich prozessualen Vorrang vor einer Wahlfeststellung.[166]

Exclusive Alternativität liegt bei teilidentischen Sachverhalten nicht vor. Diese liegen vor, wenn zwei Verhaltensweisen fraglich bleiben, wobei die für den Täter günstigere die logische Vorstufe der für den Täter belastenderen ist. Eine solche Struktur stellt ein logisches Stufenverhältnis dar. Ein solches liegt beispielsweise vor, wenn die Verwirklichung des Grundtatbestands bewiesen ist, die der Qualifikation aber fraglich bleibt. Hier kann gemäß in dubio pro reo auf der Basis der eindeutigen Tatsachengrundlage aus dem leichteren Gesetz eindeutig verurteilt werden.[167] Bei diesen teilidentischen Sachverhalten liegt ein "Entweder - oder - Verhältnis" der beiden Varianten nicht vor. Vielmehr ist jedenfalls der weniger schwerwiegende Teil erfüllt worden.

---

163 Eser in Sch Sch, RN 85, Anh. § 1.

164 s. oben, Kap. 3.2.

165 s. oben, Kap. 3.3.

166 s. oben, Kap. 3.6.1.3.

167 Eser in Sch Sch, RN 89, Anh. § 1; Jescheck, § 16 II 1.

Zusätzlich zu den logischen Stufenverhältnissen wird die Geltung von normativ-ethischen Stufenverhältnissen propagiert.[168] Sie liegen vor, wenn die beiden Verhaltensweisen des Täters im Verhältnis des "Schwächeren zum Stärkeren" stehen.[169] Eine solche Struktur soll vorliegen im Verhältnis zwischen Täterschaft und Teilnahme oder auch zwischen Vorsatz und Fahrlässigkeit.[170] Dabei ist diese Gruppe nicht einheitlich strukturiert. Es sind auch Sachverhalte denkbar, bei denen im konkreten Fall zwischen Täterschaft und Teilnahme auch ein begriffslogisches Stufenverhältnis besteht.[171] Etwa wenn der Schritt zur Täterschaft in einem zweifelhaft bleibenden faktischen Mehr an Tatbeitrag zur Teilnahme besteht. Entschieden werden sollen alle Formen von Stufenverhältnissen eindeutig auf wahldeutiger Grundlage.[172]

Dies ist bei den normativen Verhältnissen nicht unproblematisch. Diese stehen nicht in einem klaren Stufenverhältnis, sondern nur in einem durch Wertung gebildeten Rang. Die verschiedenen Verhaltensweisen können sich faktisch und rechtlich deutlich voneinander unterscheiden. Trotzdem soll eine eindeutige Verurteilung wegen des leichteren Vorwurfs hier angemessen sein, da die Mindestvoraussetzung für objektive und individuelle Zurechnung gegeben sein soll, so daß es sich lediglich um abgestufte Intensitätsgrade der Zurechnung handele.[173] Ansonsten drohe eine Mißachtung des Strafbedürfnisses und der Forderung nach einer billigen und gerechten Entscheidung.[174]

---

168 Jescheck, § 16 II 2; Eser in Sch Sch, RN 89ff, Anh. § 1; Wolter, Alternative, S. 91ff.

169 BGHSt 32, S. 48 ff (S. 57).

170 Eser in Sch Sch, RN 90, Anh. § 1; Jescheck, § 16 II 2; Tröndle in LK, RN 90, Anh. § 1.

171 Rudolphi in SK, RN 21, Anh. § 55.

172 Rudolphi in SK, RN 22, Anh. § 55.

173 Rudolphi in SK, RN 21, Anh. § 55.

174 Rudolphi in SK, RN 22, Anh. § 55.

3.6.2 *Materielle Voraussetzungen der Wahlfeststellung*

Die Frage nach den materiellen Voraussetzungen der Wahlfeststellung stellt sich in jedem Fall einer ungleichartigen Wahlfeststellung. Wann erlaubt die Natur der verschiedenen Tatbestände eine wahldeutige Verurteilung? Daß diese Frage beantwortet werden muß und nicht unbegrenzt wahldeutige Entscheidungen zulässig sind, ist mittlerweise (fast) einhellige Meinung. Über die Struktur dieser Begrenzung herrscht keine Einigkeit. Es soll zunächst der Begrenzungsansatz der Rechtsprechung vorgestellt werden, bevor auch andere Konzepte abrißartig beschrieben werden.

3.6.2.1 Rechtsethische und psychologische Gleichwertigkeit

Die Rechtsprechung hält, trotz zahlreicher kritischer Stimmen in der Literatur,[175] beharrlich an dem von ihr aufgestellten Abgrenzungskonzept fest. Eine ungleichartige Wahlfeststellung sei dann zulässig, wenn die alternativen Tatbestände rechtsethisch und psychologisch miteinander vergleichbar seien.[176]

Schon an diesem Punkt muß Kritik an der Rechtsprechung vorgebracht werden. Sie legt sich in bezug auf den Vergleichsmaßstab nicht fest. Ob die alternativen Tatbestände rechtsethisch und psychologisch gleichwertig,[177] vergleichbar,[178],

---

175 Tröndle in LK, RN 95ff, Anh. § 1; ders. Vollrauschtatbestand, S. 673; Rudolphi in SK, RN 36, Anh. § 55; Otto, Struktur, S. 333; ders. Wahlfeststellung, S. 1f; ders., in dubio, S. 389f; Wolter, Grundfälle, S. 365, S. 535; ders. Alternative, S. 79ff; Fleck, S. 334; Schlüchter, S. 49; Deubner, Grenzen, S. 22ff, Jakobs, Probleme, S. 271; Montenbruck, Ende, S. 532; Endruweit, S. 170; Nowakowski, S. 387; Mayer, AT, S. 192; Schmoller, S. 53.

176 St.Rspr. seit BGHSt 1, S. 275ff; zust Eser in Sch Sch RN 106 Anh. § 1, der im folgenden diesen Kriterien allerding nur Abgrenzungsfunktion zumißt; vgl. Heinitz, Grenzen, S. 101, zur Bedeutung dieses Kriteriums für die Strafzumessung.

177 BGHSt 9, S. 390ff (S. 394).

178 BGHSt 11; S. 26ff (S. 28).

ähnlich[179] oder gleichartig[180] sein sollen, das wird von der Recht-sprechung mal so und mal so formuliert. Sie benutzt diese Begriffe als Synonyme - was sie ja mit Sicherheit nicht sind.[181]

Unter rechtsethischer Gleichwertigkeit versteht die Rechtsprechung die Ähnlichkeit der sittlichen Bewertung, die den Taten im allgemeinen Rechtsleben zuteil wird.[182] Wie diese Bewertung ermittelt wird, dazu äußert sich die Rechtsprechung nicht. Jedenfalls soll die das Delikt treffende Strafdrohung dabei nur geringe Aussagekraft haben, da dieses Kriterium wegen der relativ geringen Stufung der Strafrahmen nicht trennscharf genug sei.[183] In der Literatur wird diese Forderung so interpretiert, daß sie als Mindestanforderung die Tangierung ähnlicher Rechtsgüter durch die alternativen Delikte verlangt.[184] Vollständig erfüllt sei sie aber erst, wenn insgesamt ähnliche Vorwürfe gegen den Täter erhoben werden könnten.[185] Das bedeutet, daß den Taten eine vergleichbare sittliche Tatbewertung zukäme.[186] Damit wird der Ausgangspunkt der Rechtsprechung bestätigt, ohne konkretisiert zu werden.

Psychologische Gleichwertigkeit liegt nach der Rechtsprechung vor, wenn die seelische Beziehung des Täters zu den in Frage stehenden Verhaltensweisen einiger-

---

179 BGHSt 9, S. 390 ff (S. 394).

180 BGHSt 23, S. 360f (S. 360).

181 kritisch Tröndle in LK, RN 96, Anh. § 1; Endruweit, S. 189f; Günther, Verurteilungen, S. 78; Montenbruck, Ende, S. 538; Schmoller, S.54.

182 vgl. nur BGHSt 9, S. 390ff (S. 394); Küper, Probleme, S. 67.

183 BGHSt 9, S. 390ff (S. 394); Röhmel, S. 374.

184 Eser in Sch Sch, RN 107, Anh. § 1; Montenbruck, Wahlfeststellung, S. 158; Günther, Verurteilungen, S. 81.

185 Günther, Verurteilungen, S. 82.

186 Tröndle in LK, RN 82, Anh. § 1; Eser in Sch Sch RN 72, Anh. § 1; Rudolphi in SK, RN 32, Anh. § 55; Wolter, Wahlfeststellung, S. 111; Endruweit, S. 80.

maßen gleichgeartet ist.[187] Dieser Deutung schließt sich die Literatur weitgehend an.[188] Allerdings sei dieses Kriterium zweitrangig.[189] Selbständige Bedeutung erlange es nur bei solchen Tatbestandsmerkmalen, die die seelische Verfassung des Täters widerspiegeln.[190]

Zugunsten der von der Rechtsprechung entwickelten Abgrenzungsformel lassen sich insbesondere die mit ihr erzielten, allgemein als befriedigend empfundenen Ergebnisse anführen.[191] Aber der Hinweis auf sachgerechte Ergebnisse allein vermag nicht die Zweifel an der Qualität dieses Abgrenzungskriteriums zu beruhigen.[192] Insbesondere nicht, da von ihren Anhängern gerade ihre mangelnde inhaltliche Bestimmtheit als Weg zu flexiblen Einzelfallergebnissen gelobt wird.[193] Der Verdacht, diese Formel sei gar kein begrenzender Faktor, sondern nur eine Worthülse, die aus anderen Gründen getroffene Entscheidungen überdeckt, drängt sich auf. Dieser Verdacht ist um so schwerwiegender, als ohne die geforderte Gleichwertigkeit eine wahldeutige Verurteilung ausgeschlossen ist. Faktisch ist es also diese Formel, die die Verurteilung tragen muß. Vor dem Hintergrund der letztlich strafbegründenden Funktion der Gleichwertigkeitsfloskel erklärt sich die heftige Kritik der Literatur, die sich mit dieser "Zauberformel" nicht zufrieden geben will.[194] Zunächst wird gegen die Formel der rechtsethischen und psychologischen Gleichwertig-

---

187 BGHSt 9, S. 390ff (S. 394); BGHSt 21; S. 152ff (S. 153); Küper, Probleme, S. 67.

188 Tröndle in LK, RN 82, Anh. § 1; Eser in Sch Sch, RN 72, Anh. § 1; kritisch: Montenbruck, Wahlfeststellung, S. 161ff.

189 Wolter, Wahlfeststellung, S. 111.

190 Rudolphi in SK, RN 32, Anh. § 55; Günther, Verurteilungen, S. 82.

191 vgl. nur Eser in Sch Sch, RN 76, Anh. § 1.

192 Montenbruck, Ende, S. 546.

193 Eser in Sch Sch, RN 76, Anh. § 1: "Im übrigen gibt das Kriterium der rechtsethischen und psychologischen Vergleichbarkeit gerade wegen seiner geringen inhaltlichen Faßbarkeit und Ausdeutung Raum für eine flexible Behandlung von Einzelfällen."

194 Jakobs, S. 271; Nowakowski, S. 383.

keit eingewendet, daß sie schon von ihrem Ausgangspunkt her verfehlt sei. Verschiedene Delikte seien nie wirklich gleichwertig. Sie seien allenfalls mehr oder weniger ungleichwertig. Schließlich habe gerade die Verschiedenheit der Delikte zur Entstehung der spezifischen Tatbestände geführt.[195] Außerdem gehe mit dieser Konstruktion ein Stück Rechtsklarheit verloren. Kein Täter durchschaue diese Konstruktion, an der seine Bestrafbarkeit hängt.[196] Ebenso leide die Sicherheit und Vorhersehbarkeit der Urteilsfindung. Für bereits entschiedene Tatalternativen findet man eine Entscheidungshilfe in der höchstrichterlichen Rechtsprechung, auch wenn diese sich in Frage wahldeutiger Feststellungen relativ häufig ändert.[197] Steht man aber vor einer bisher unentschiedenen Variante, so falle es schwer, Ergebnisse vorherzusagen. Denn was rechtsethisch und psychologisch vergleichbar ist, wisse vorher niemand zu sagen.[198] Damit zusammen hängt der Vorwurf, es handele sich bei der rechtsethischen und psychologischen Vergleichbarkeit um eine Leerformel.[199] Gleichzeitig, und dies scheint auf den ersten Blick ein Widerspruch zu sein, wird der Vorwurf der Überdehnung erhoben. Aber dieser Widerspruch hebt sich auf, wenn man es so sieht, daß die Rechtsprechung die eigene Formel durch Überdehnung entleert hat.[200] Die Grenzen wahldeutiger Verurteilungen seien heute sehr weit gezogen. Nur noch Delikte, die gar nichts miteinander zu tun hätten, würden als nicht wahlfeststellungsfähig angesehen.[201] Ein weiterer, wesentlicher Einwand richtet sich nicht so sehr gegen die Formel selbst, sondern gegen die im nächsten Abschnitt beschriebene Vorgehensweise der Rechtsprechung. Ist sie mit dem Ergebnis nicht zufrieden, so findet sie Erweiterungen und Umgehungsmöglichkeiten.

---

195 Wolter, Wahlfeststellung, S. 112; Otto, in dubio, S. 389; ders. Struktur, S. 333; Montenbruck, Ende, S. 537.

196 Montenbruck, Wahlfeststellung, S. 158.

197 Vgl. nur BGHSt 4, 340ff und BGHSt 17, S. 210ff.

198 Mayer, AT, S. 192.

199 Otto, Struktur, S. 333; Eser in Sch Sch, RN 75, Anh. § 1.

200 Gollwitzer in LR, RN 142 zu § 261; Wolter, Wahlfeststellung, S. 112.

201 Hruschka, Alternativfeststellung, S. 180.

Schließlich wird die Grundlage der Formel, die allgemeine Sittlichkeit als Vergleichsmaßstab, der die rechtsethische Vergleichbarkeit ausmachen soll, angegriffen. Nicht nur, daß dieser Maßstab ungenau und eigentlich nicht wirklich feststellbar sei. Er sei zudem irrelevant.[202] Nicht die Bevölkerung und ihr Empfinden, sondern nur die Rechtsordnung selbst könne tauglicher Maßstab für die Gleichwertigkeit verschiedener Delikte sein.

Zusätzlich birgt nicht nur die Formel selbst, sondern auch ihre Anwendung zahlreiche Unklarheiten. Es ist nämlich bisher nicht eindeutig geklärt, was miteinander zu vergleichen ist. In Frage kommen zunächst zwei Möglichkeiten. Entweder man vergleicht die beiden konkreten Handlungsabläufe. Was hat dieser Angeklagte in den jeweiligen alternativen Komplexen getan und sind diese Verhaltensweisen miteinander gleichwertig. Oder man subsumiert die jeweiligen Vorgänge unter die betreffenden Tatbestände und vergleicht diese. Dabei blendet man zwangsläufig viele für den konkreten Fall spezifische Besonderheiten aus der Betrachtung aus.
Der Literatur ist es bisher nicht gelungen, die Vorgehensweise der Rechtsprechung mit einem eindeutigen Ergebnis zu analysieren. Während manche davon ausgehen, die Rechtsprechung vergleiche konkrete Erscheinungsformen der Rechtsgutsverletzung,[203] kommen manche zum Ergebnis, die Rechtsprechung vergleiche grundsätzlich die abstrakten Deliktstypen und reichere diesen Maßstab gelegentlich mit konkreten Betrachtungen an.[204]

Die bisher entschiedenen Fälle vermitteln kein einheitliches Bild. Der Ausgangspunkt, und das wird in vielen Entscheidungen ausdrücklich betont, ist der Vergleich der verschiedenen Tatbestände, also ein Vergleich abstrakter De-

---

202 Rudolphi in SK, RN 37 Anh. § 55.

203 Deubner, Grenzen, S. 22; Gollwitzer in LR, RN 143 zu § 261; Günther, Wahlfeststellung, S. 667; Wolter, Grundfälle, S. 535; ders., Wahlfeststellung, S. 113.

204 Günther, Verurteilungen, S. 79ff.

liktstypen.[205] Andere Entscheidungen sprechen vom Vergleich verschiedener Taten oder sogar verschiedener Verhaltensweisen, was auf eine konkrete Betrachtungsweise hindeutet.[206]

Wichtiger als diese Wortwahlanalyse erscheint für die hier aufgeworfene Frage die Gegenprobe zu sein. Was tut die Rechtsprechung, wenn sich zwei nicht gleichwertige Handlungsalternativen gegenüberstehen? Die Frage, die im folgenden ausführlicher behandelt werden soll, mag in diesem Rahmen abrißartig beantwortet werden. Die Rechtsprechung reduziert nicht wahlfeststellungsfähige Alternativen auf in ihnen vorhandene, einer wahldeutigen Entscheidung zugängliche Rumpftatbestände. Damit blendet sie die spezifischen Aspekte des konkreten Falles aus und gelangt zur Verurteilung. Man kann diese Vorgehensweise als abstrakt bezeichnen.[207] Aber diese Benennung charakterisiert die Vorgehensweise der Rechtsprechung nicht wirklich. Schließlich werden ja nicht die Tatbestände verglichen, unter die die verschiedenen Handlungsabläufe subsumierbar sind. Vielmehr werden zunächst die Handlungsabläufe so reduziert, daß wahlfeststellungsfähige Tatbestände das Ergebnis sind. Es wird nicht von der Wirklichkeit abstrahiert, um das Ergebnis zu erzielen, sondern Teile der Wirklichkeit werden ausgeblendet. Das Ziel dabei ist die Erweiterung der Zulässigkeit wahldeutiger Verurteilungen.

3.6.2.2 Erweiterungen des Konzepts der rechtsethischen und psychologischen Gleichwertigkeit

Zunächst blieb die Rechtsprechung ihrem eigenen Konzept treu. Dies führte zu interessanten Ergebnissen in den Fällen, bei denen auf der einen Seite ein Überschuß an strafwürdigem Tun bestand, dem auf der anderen Seite kein korrespondierendes Element gegenüberstand, der mithin nicht wahlfeststellungsfähig war.

---

205 Bsp: BGHSt 1, S. 275ff (S. 276); BGHSt 11, S. 26ff (S. 28); BGHSt 20, S. 100ff (S. 101); BGHSt 23, 360f (S. 360).

206 Bsp: BGHSt 21, S. 152 ff (S. 153).

207 Günther, Verurteilungen, S. 81.

Standen sich beispielsweise statt der Alternativen Diebstahl und Hehlerei die Alternativen Raub und Hehlerei gegenüber, so kam eine wahldeutige Verurteilung mangels Gleichwertigkeit nicht in Betracht. Schließlich verletzt der Räuber zusätzlich zu Eigentum und Gewahrsam die persönliche Freiheit seines Opfers. Zutreffend wurde auch darauf hingewiesen, daß jemand, der vielleicht nur gehehlt hatte, durch den Schuldvorwurf des Raubes ungerecht bemakelt würde.[208] So sehr diese Vorgehensweise dogmatisch mit dem Konzept der rechtsethischen und psychologischen Gleichwertigkeit harmonisiert, so wenig befriedigt das Ergebnis praktisch. Dies wird deutlich, wenn man sich die Folgen vor Augen führt. Mangels jedenfalls verwirklichtem Rumpftatbestand blieb in diesen Fällen nur ein Freispruch gemäß in dubio pro reo. Der Angeklagte, dem Diebstahl oder Hehlerei vorgeworfen wird, wird verurteilt. Hat er zusätzlich aber möglicherweise ein Mehr an strafbarem Unrecht begangen, wird er freigesprochen.

Trotz dieses Wertungswiderspruchs war die juristische Konstruktion dieses Ergebnisses zutreffend: Die Möglichkeit einer wahldeutigen Verurteilung stellt eine Ausnahme zum Grundsatz in dubio pro reo dar. Diese Ausnahme wird begrenzt durch die rechtsethische und psychologische Gleichwertigkeit der Alternativen. Da Raub und Hehlerei nicht in diesem Sinn gleichwertig sind, ist die Begrenzung der Ausnahme überschritten. Es gilt wieder der Grundsatz in dubio pro reo.

Bei diesem Ergebnis blieb es aber nicht. Die Rechtsprechung ging vielmehr einen langen Weg zur Ausweitung der Möglichkeit wahldeutiger Verurteilungen. Schon in RGSt 68, S. 257ff, der Plenarentscheidung, die erstmals eine Wahlfeststellung zwischen Diebstahl und Hehlerei zuließ, ging es in Wirklichkeit um Rückfalldiebstahl und gewerbsmäßige Hehlerei.[209] Wie sich aus dem zweiten Leitsatz dieser Entscheidung ergibt, fielen diese erschwerenden Aspekte weg. Übrig blieb die wahldeutige Verurteilung wegen Diebstahl und Hehlerei. In BGHSt 1, S. 302ff ging es um die Alternative schwerer Diebstahl-Hehlerei. Die wahldeutige Verurteilung

---

208 BGHSt 21, S. 152ff (S. 154).

209 RGSt 68, S. 257ff (S. 258).

erfolgte, obwohl auf Seiten der Hehlerei ein vergleichbarer Zusatz im Unwertgehalt nicht vorlag. Ohne Begründung wird bei dieser Vorgehensweise die Qualifikation eines - oder beider - Delikte aus der Betrachtung ausgeklammert.
In BGHSt 16, S. 184ff wurde der schwere Diebstahl schon im Leitsatz eingeklammert, wohl um zu zeigen, daß dieser Teil des Vorwurfs unbeachtet bleiben sollte.[210] Aber die Rechtsprechung ging noch weiter. Auch Fälle, in denen sich nicht gleichwertige Tatbestände gegenüberstehen, sollten einer wahldeutigen Verurteilung zugänglich gemacht werden. Dies wurde durch eine Kombination von in dubio pro reo und Wahlfeststellung erreicht.[211] Diese Kombination ist zunächst in der Form möglich, daß in dubio pro reo eine gleichartige Wahlfeststellung ermöglicht. Als Beispiel mögen zwei sich widersprechende Aussagen dienen: Eine muß notwendigerweise falsch sein, nur eine wurde beeidet. Es ist nicht aufklärbar, welche von beiden falsch ist. Die Rechtsprechung eliminiert mit Hilfe von in dubio pro reo die Vereidigung. Schließlich kann nicht nachgewiesen werden, daß gerade die eidliche Aussage die falsche war. Nunmehr bleibt eine Sachverhaltsalternativität übrig, die nicht mehr zu einer Gesetzesalternativität führt. Daher erfolgt eine eindeutige Verurteilung auf alternativer Tatsachenbasis.[212] Auch in diesem Fall stehen sich zunächst zwei nicht gleichwertige Varianten gegenüber. Mittels in dubio pro reo wird eine Alternative auf einen zur anderen Alternative gleichwertigen Rest gekürzt. Diese Technik wurde ebenso zur Ermöglichung ungleichartiger Wahlfeststellungen eingesetzt. Diese Variante liegt vor, wenn nach Einschalten von in dubio pro reo auf die reduzierten Alternativen verschiedene Tatbestände Anwendung finden. Ein Beispiel bildet der Fall, daß sich der Täter entweder eines schweren Raubes oder einer Unterschlagung strafbar gemacht hat. Im Gegensatz zu BGHSt 21, S. 152ff erfolgte nunmehr über in dubio pro reo eine Reduktion des Raubes auf einen Diebstahl. Nun war

---

210 BGHSt 16, S. 184ff (S. 184); Günther, Verurteilungen, S. 81.

211 Gegen diese Bezeichnung Küper, Wahlfeststellung, S. 1829; in dubio pro reo und Wahlfeststellung seien nicht kombinierbar, da sie sich gegenseitig ausschlössen,; im Ergebnis aber wie Rechtsprechung, da er "partielle Wahlfeststellung" zuläßt.

212 BGHSt 13, S. 70ff; zust.: Hruschka, Anmerkung, JR, S. 26; Rudolphi in SK, RN 16f Anh. § 55; Wolter, Alternative, S. 38ff; Endruweit, S. 306; kritisch: Tröndle in LK, RN 71, Anh. § 1.

der Weg frei für eine wahldeutige Verurteilung wegen Diebstahls oder Unterschlagung.[213] Diese Lösung folgt einem älteren Vorschlag in der Literatur, wonach unbefriedigende Freisprüche durch das Ausblenden von qualifizierenden Maßnahmen, die die Gleichwertigkeit verhindern, umgangen werden sollen.[214] Mit dieser Methode ging die Rechtsprechung auch in Fällen vor, in denen bei einer der beiden Alternativen zusätzliche Gesetzesverletzungen vorlagen, denen in der anderen Variante nichts entsprach. Sie wurden ohne Angabe einer Begründung, aus der Betrachtung eliminiert.[215]

Will man diese Konstruktion beurteilen, muß zunächst festgehalten werden, daß in dubio pro reo ein Grundsatz ist, der den Angeklagten begünstigen soll. Dieser Grundsatz wird, benannt oder unbenannt, durch diese Vorgehensweise zu einem Instrument gemacht, das eine Verurteilung ermöglicht, die ohne ihn nicht zulässig gewesen wäre. Dabei wirkt in dubio pro reo unmittelbar auch in diesen Fällen begünstigend. Schließlich wird ein zusätzlicher Vorwurf eliminiert. Daher gehen auch viele Stimmen davon aus, daß eine solche Vorgehensweise, nämlich das Ausscheiden von strafbarem Unrecht aus der Betrachtung, den Angeklagten nicht belaste.[216]

Mittelbar belastet die Anwendung von in dubio pro reo den Angeklagten allerdings doch. Es wird die Grundlage für eine wahldeutige Verurteilung geschaffen, die ansonsten mangels rechtsethischer und psychologischer Gleichwertigkeit nicht zulässig wäre. Anzumerken bleibt auch, daß sich bei dieser Methode zwangsläufig ein Widerspruch zwischen dem tatsächlichen Geschehen und dem Schuldspruch ergibt. Dies mag zwar in der Praxis häufiger geschehen, dann aber unbeabsichtigt. Bei dieser Konstruktion wird der Angeklagte aber aus (mindestens) einem Tatbestand bestraft, von dem man niemand auch nur glaubt, er habe ihn so begangen. Schließlich

---

213 BGHSt 25, S. 182ff; Eschenbach, S. 302 ff.

214 Oellers, S. 506; kritisch Hruschka, Anmerkung NJW, S. 1805; Röhmel, S. 376.

215 BGHSt 15, S. 266ff; BGHSt 23, S. 182ff; BGH in GA 1970, S. 24ff.

216 BGHSt 15, S. 266ff (S. 267);Schulz, J., S. 265, Rudolphi in SK, RN 43, Anh. § 55.

werden nicht alternierende reale Verhaltensweisen, sondern durch Eliminierung erzielte, fiktive Vorgänge verglichen.[217] Diesen Bedenken stand ein Bedürfnis der Praxis gegenüber, welches bereits genannt wurde. Nur weil der Angeklagte sich möglicherweise noch schwerer strafbar gemacht hatte, sollte doch nicht eine Verurteilungsmöglichkeit entfallen, die ohne dieses "Mehr" problemlos gegeben wäre. Es ist schwer einzusehen, warum das "Mehr" an Strafbarkeit das den Täter nicht belasten darf, weil es zweifelhaft bleibt, den Täter entlasten soll.[218]

3.6.2.3 Umgehungen des Konzeptes von der rechtsethischen und psychologischen Gleichwertigkeit

Aber trotz dieser Erweiterungen fielen die erzielten Ergebnisse nicht in allen Fällen zur Zufriedenheit der Rechtsprechung aus. Zu viele Zweifelsfälle mußten unmittelbar gemäß in dubio pro reo entschieden werden. Dies bedeutet, daß in vielen Fällen Freisprüche erzielt wurden.

Diese Konsequenz mußte sich gegenüber dem Vorschlag behaupten, mit in dubio pro reo praktisch alle Alternativsituationen einer eindeutigen Verurteilung zuzuführen.[219] Der Weg dorthin wäre geebnet worden, indem man konsequent gemäß in dubio pro reo wegen des "leichteren" Delikts verurteilt hätte. Dabei hätte jede Art der Abstufung zwischen den Delikten, sogar unterschiedlich hohe Strafdrohungen, ausreichen sollen.[220] Dieser Lösungsweg wurde von der Rechtsprechung nicht aufgegriffen. Er hätte keine bloße Umgehung, sondern die völlige Aufgabe der Voraussetzung der rechtsethischen und psychologischen Gleichwertigkeit bedeutet. Mit in dubio pro reo als Begründung wäre bei dieser Vorgehensweise praktisch die Situation

---

217 Röhmel, S. 376; Schulz, Joachim, S. 265; Schulz, Jochen, S. 637.

218 Küper, Wahlfeststellung, S. 1829; Schulz, Joachim, S. 265.

219 Dreher, Irrgarten, S. 370.

220 Dreher, Irrgarten, S. 371.

wiederhergestellt worden, die nach Einführung des § 2b des Gesetzes zur Änderung des Strafgesetzbuches vom 28.06.1935, der die schrankenlose Zulassung der Wahlfeststellung regelte, galt. Diesen Weg hat die Rechtsprechung nicht beschritten. Beschränkte Umgehungen des Gleichwertigkeitserfordernisses hat sie aber zugelassen.

Der Rechtsprechung machte folgender Fall Probleme. Der Täter hatte jedenfalls eine mit Strafe bedrohte Handlung begangen und war dabei alkoholisiert. Nicht feststellbar ist der genaue Grad der Alkoholisierung. Es ist sowohl möglich, daß der Täter nur leicht angetrunken als auch, daß er volltrunken war. Eine Lösung in dem Sinn, daß gemäß in dubio pro reo der Vollrauschtatbestand, als die jedenfalls erfüllte leichtere Variante im Sinne eines Stufenverhältnisses bejaht wird, ist nicht gangbar. Der Vollrauschtatbestand stellt einen selbständigen Tatbestand dar. Er ist kein "Weniger" zur leicht berauschten Tatbegehung.[221] Andererseits fehlt es an der rechtsethischen und psychologischen Gleichwertigkeit zur leicht berauschten Tatbegehung.[222] Beide Ansätze sind zutreffend, aber das Ergebnis, Freispruch, bereitete Unbehagen. Die Lösung erfolgte in BGH St 9, S. 390ff. Der Vollrauschtatbestand, gemeint war § 330a StGB alte Fassung, sei geschaffen worden, um eine Strafbarkeitslücke zu schließen bei Berauschungsgraden, die noch über eine Verminderung der Zurechnungsfähigkeit hinausgehen. Für die Strafwürdigkeit spiele es aber keine Rolle, ob der Täter gewiß oder nur möglicherweise zurechnungsunfähig sei. § 330a StGB dürfe nicht auf die Fälle erwiesener Zurechnungsunfähigkeit beschränkt werden, da er seinem Sinn nach auch die zweifelhaften Fälle regeln sollte. Dies ergebe sich aus seinem Charakter als Auffangstrafdrohung.[223] Die Kritik der Literatur war massiv und zutreffend.[224] Sie in vollem Umfang darzustellen ist nicht Aufgabe dieser

---

221 BGHSt 9, S. 390ff (S. 396); a.A. Otto, In dubio S. 382; Heiß, S. 69; Grundlagen Wolter, Vollrausch, S. 504ff.

222 BGHSt 1, S. 275ff (S. 277); Heiß, S. 67.

223 BGHSt 9, S. 390ff (S. 398); zust. Seib, S. 246.

224 Rudolphi in SK, RN 23, Anh. § 55; Maurach § 10 III, RN 30; Tröndle in LK, RN 91, Anh. § 1; Günther, Verurteilungen, S. 138ff; Wolter, Tatsachengrundlage, S. 85ff; Dreher,

Untersuchung. Jedenfalls hat der Bundesgerichtshof die Grenze des Wortlauts überschritten, da § 330a StGB a.F. einen die Zurechnungsfähigkeit ausschließenden Rausch voraussetzte.[225] Im Grunde argumentierte er so, daß nach dem Sinn einer Norm diese auch dann anzuwenden sei, wenn ihre Voraussetzungen nicht erfüllt sind.[226] Diese Vorgehensweise wird am treffendsten analysiert, wenn man davon ausgeht, daß der Bundesgerichtshof hier in Wirklichkeit eine wahldeutige Verurteilung anstrebte, die ihm aber mangels rechtsethischer und psychologischer Gleichwertigkeit der Alternativen nicht zur Verfügung stand. Der Begriff des "Auffangtatbestands" verdeckt damit lediglich eine unzulässige Wahlfeststellung.[227] Das Problem wurde bezüglich des Vollrauschtatbestands durch Vertatbestandlichung des Zweifels vom Gesetzgeber gelöst. Daher sind Verurteilungen auf der oben beschriebenen Tatsachengrundlage für die Rechtsprechung kein Problem mehr.

Die weitere Vorgehensweise des Bundesgerichtshofs wurde mit der Formulierung: "Schlechte Beispiele verderben gute Sitten", umschrieben.[228] Während er zunächst im Fall der Alternativität zwischen vorsätzlicher und fahrlässiger Tatbegehung die Wahlfeststellung zugelassen hatte,[229] führte er diese Variante nun auch der Lösung über den Auffangtatbestand zu.[230] Mit der Schaffung der Fahrlässigkeits-

---

Anmerkung, S. 180; Endruweit, S. 323ff; Hippel, Eicke von S. 1534; Rheinen, S. 943; Schwarz, S. 402.

225 Günther, Verurteilungen, S. 139;.

226 Werner, S. 146.

227 "Ach, wie gut, daß niemand weiß, daß ich Wahlfeststellung heiß", so zitiert Dreher, Irrgarten, S. 369; einen beteiligten Richter; Hippel, Eike von, S. 1534f; Tröndle, S. 673; Küper bezeichnet diese Konstruktion als ein Surrogat der Wahlfeststellung, welches ihren Begrenzungsmechanismen nicht gehorcht, Küper, Probleme, S. 69; Blei, § 11 II 3c: "Dabei handelt es sich allerdings um verdeckte Wahlfeststellungen, zu denen sich die Rechtsprechung ohne ein erkennbares sachliches Konzept im pragmatischen Ausweichen vor den eigenen Kriterien zulässiger Wahlfeststellungen gedrängt sieht."

228 Werner, S. 146.

229 BGHSt 4, S. 340ff; Tröndle in LK, RN 90, Anh. § 1.

230 BGHSt 17, S. 210ff.

tatbestände habe der Gesetzgeber zum Ausdruck gebracht, der Schutz der betreffenden Rechtsgüter sei so wichtig, daß nicht nur die zweifelsfrei fahrlässige Verletzung geahndet werden soll. Auch Fälle zweifelhaften Vorsatzes müßten erfaßt sein.[231] Die Kritik an dieser Entscheidung war genau so massiv und ebenso zutreffend wie bei der Vollrauschentscheidung.[232] Sowohl der Vorwurf, es handele sich wiederum in Wahrheit um eine verdeckte Wahlfeststellung,[233] wie der, es werde gemäß in dubio pro reo eine Entscheidung getroffen, die sich contra reum auswirke,[234] wurde erhoben. Jedenfalls überzeugt die Konstruktion der Rechtsprechung, fahrlässige Tatbestände sollten Lücken füllen und daher jede Form vorwerfbarer Tatbestandserfüllung ahnden, nicht.[235] Auch ist Fahrlässigkeit kein "Weniger" zu Vorsatz, mangelnder Vorsatz ersetzt nicht den Fahrlässigkeitsnachweis.[236] Faßt man den Begriff des Auffangtatbestands auf, wie der Bundesgerichtshof es tut, verliert er jede faßbare Grenze. Das wurde in einer Entscheidung des
BayObLG deutlich. Dieses meinte, die Rechtsprechung des Bundesberichtshofs konsequent durch die Ausdehnung dieser Lösung auf die Alternative Täterschaft / Teilnahme weiterzudenken.[237] Die Strafverfolgung gegen den Gehilfen habe in ihrer praktischen Funktion ebenfalls den Sinn einer Auffangtatbestands.[238] Es war spannend zu sehen, ob der Bundesgerichtshof diesem vorgeschlagenen Weg folgen

---

231 BGHSt 17, S. 210ff (S. 212).

232 Werner, S. 146f; Jakobs, Probleme, S. 261; Günther, Verurteilungen, S. 146f; Tröndle in LK, RN 94, 100 Anh. § 1.

233 Tröndle in LK, RN 94, Anh. § 1.

234 Werner, S. 146f.

235 Werner, S. 146.

236 Tröndle in LK, RN 94, 100, Anh. § 1; Wolter, Tatsachengrundlage, S. 167, S. 174ff; BGHSt 4, S. 340ff (S. 341).

237 BayObLG in NJW 1967, S. 361ff.

238 BayObLG in NJW 1967, S. 361ff (S. 363).

würde.[239] Er tat es nicht. Vielmehr fand er eine neue Konstruktion, um ohne rechtsethische und psychologische Gleichwertigkeit zu einer Verurteilung zu gelangen.

Zu lösen galt es die Frage, wie in Fällen feststehender Tatbeteiligung zu verfahren sei, wenn die Art der Tatbeteiligung unklar bleibt. Es kann zwischen Täterschaft und Teilnahme nicht entschieden werden. Ursprünglich hatte der Bundesgerichtshof eine Wahlfeststellung zwischen Anstiftung und Selbsttäterschaft zugelassen, da beide Möglichkeiten auf das engste verwandt und in gleicher Weise zu mißbilligen seien.[240] Später lehnte er die Zulässigkeit einer Wahlfeststellung mangels rechtsethischer und psychologischer Gleichwertigkeit ab.[241] Zwar sei in dubio pro reo bei dieser Alternative nicht unmittelbar anwendbar, aber ihm sei doch der Grundgedanke zu entnehmen, daß der Angeklagte jedenfalls für den geringeren der beiden Unwertgehalte einzustehen habe.[242]

Die Reaktionen in der Literatur waren geteilt.[243] Die kritischen Stimmen betonten zu Recht, daß weder ein exaktes Subordinations- noch ein sonstiges zur Verurteilung legitimierendes Verhältnis zwischen den Alternativen vorlag. Es liege viel mehr ein bis zur Unkenntlichkeit verschwommenes Verhältnis des Schwächeren zum Stärkeren vor.[244] Im Rahmen dieser Untersuchung bleibt festzuhalten, daß die Rechtsprechung auch mit der Konstruktion "in dubio pro reo analog" eine Verurteilung ohne Gleichwertigkeit der Alternativen erreicht.

---

239 Wolter, Tatsachengrundlage, S. 90.

240 BGHSt 1, S. 127ff (S. 129).

241 BGHSt 23, S. 203ff.

242 BGHSt 23, S. 203 ff (S. 207).

243 kritisch: Löhr, S. 715ff; Wolter, Tatsachengrundlage, S. 91ff S. 110, S. 142; Montenbruck, Ende, S. 546; Tröndle in LK, RN 90 Anh. § 1; Hruschka, Alternativfeststellung, S. 180; im Ergebnis zust: jetzt Wolter, Wahlfestellung,S. 61ff; Jakobs, Probleme, S. 264; Eser in Sch Sch, RN 95, Anh. § 1; Rudolphi in SK, RN 23, Anh. zu § 55; Günther, Verurteilungen, S. 150ff.

244 Hruschka, Alternativfeststellung, S. 180, kritisch auch Küper, Probleme, S. 69.

Mit der rechtsethischen und psychologischen Gleichwertigkeit hat die Rechtsprechung ein Kriterium geschaffen, daß mangels faßbarer Konturen flexible Einzelfallösungen ermöglicht. Zusätzlich wird es durch die Kombination mit in dubio pro reo erweitert und durch Hilfskonstruktionen umgangen. Insgesamt erfüllt die Vorgehensweise der Rechtsprechung daher nicht die Anforderungen, die in einem Rechtsstaat an die Vorhersehbarkeit und Nachvollziehbarkeit von Entscheidungen zu stellen sind.

3.6.2.4 Lösungsansätze der Literatur

Die Literatur hat nicht nur die Wahlfeststellungskonzeption der Rechtsprechung kritisiert, sondern zahlreiche eigene Vorschläge erarbeitet. Diese sollen kurz und ohne einen Anspruch auf Vollständigkeit dargestellt werden, um den Hintergrund vorzustellen, vor dem sich neuere Entwicklungen wie die Postpendenzfeststellung abzeichnen. Die Bandbreite der vertretenen Meinungen ist groß. Sie reicht von der völligen Ablehnung wahldeutiger Verurteilungen über andere Begrenzungsversuche bis hin zur schrankenlosen Zulassung der Wahlfeststellung.

Es gibt Stimmen, die die Wahlfeststellung überhaupt ablehnen.[245] Sie bedeute einen Verzicht auf strafprozessuale Verfahrensgarantien, die vor einer Verdachtsstrafe schützen sollen. Auch führe sie zu einer ungesetzlichen Bestrafungsmöglichkeit und stelle eine Analogie zu Lasten des Täters dar.[246]

Ein interessanter Kritikpunkt wurde von Lobe beigesteuert. Er entwickelte ihn am Beispiel der Alternativität zwischen Diebstahl und Hehlerei, er ist aber auch für andere Alternativen fruchtbar. Lobe geht davon aus, daß es Erfolgsdelikte gibt, bei

---

245 Mayer, § 53 II 2; Legien, S. 114ff; Endruweit, S. 189; Maurach / Zipf § 10 III; Lobe, Tatbestände, S. 161ff; Gollwitzer in LR, RN 145 zu § 261; zusammenfassend: Günther, Verurteilungen, S. 164ff; Wolter, Alternative, S. 46ff; kritisch: Eser in Sch Sch, RN 66, Anh. § 1; Paulus in KMR, RN 42 zu § 260; Rudolphi in SK, RN 5, Anh. § 55; Röhmel, S. 376; Schmidhäuser, S. 113.

246 vgl. nur Endruweit, S. 294.

denen jede Art der Erfolgsherbeiführung den Tatbestand erfüllt. (Bsp. § 212 StGB). Dies ist bei Eigentumsdelikten nicht der Fall. Hier wird nicht jede Verletzung bestraft, sondern nur der Einsatz als besonders verwerflich eingestufter Mittel.[247] Bei Alternativfeststellungen ist der Erfolg, die Eigentumsverletzung, festgestellt, aber das vom Täter eingesetzte Mittel nicht.[248] Daher ist nach Lobe eine Bestrafung unzulässig, da sie der Intention des Gesetzgebers zuwiderläuft. Daß diese Lösung das Rechtsgefühl verletze, müsse als durch das Gesetz bedingt hingenommen werden.

Der Ansatz Lobes' deckt auf, daß es sich bei Fällen wahldeutiger Verurteilungen häufig um verhaltensgebundene Delikte handelt. Je genauer der Gesetzgeber die strafwürdigen Mittel auf dem Weg zu einem unerwünschten Erfolg festlegt, desto häufiger werden Unklarheiten über den genauen Tathergang tatbestandsrelevante Zweifel. Allerdings begründet diese zutreffende Erkenntnis nicht die Folgerungen, die Lobe aus ihr zieht. Zutreffend ist, daß zwei Vorgehensweisen des Täters zur Wahl stehen, ohne daß sich der Richter vom Vorliegen einer von beiden überzeugen könnte. Allerdings - und diesen Punkt verkennt Lobe - stellen beide Vorgehensweisen einen in den Augen des Gesetzgebers strafwürdigen Weg zum Erfolg dar. Deswegen liegt dieser Fall anders als der, bei dem nur die Erfolgsherbeiführung, nicht aber der Weg dorthin feststeht. Diese Variante muß bei verhaltensgebundenen Delikten tatsächlich zum Freispruch führen. Kennzeichnend für die Situation der Wahlfeststellung ist aber gerade, daß eine für den Täter straflose Variante ausgeschlossen sein muß. Es dürfen nur stafbare Alternativen zur Wahl stehen.

Ein anderer Ansatz versucht die Notwendigkeit wahldeutiger Entscheidungen durch materiell-rechtliche Konstruktionen auszuschließen. Dieses Konzept wird insbesondere von Mayer und Legien vertreten. Mayer meint, man könne durch sinnvolle Auslegung der in Frage kommenden Tatvarianten immer einen darin enthaltenen Mindestvorwurf entdecken. So sei bei der Alternative zwischen Diebstahl

---

247 Lobe, Tatbestände, S. 173.

248 Lobe, Tatbestände, S. 174.

und Hehlerei jedenfalls eine strafbare Unterschlagung in den Vorwürfen enthalten.[249] Es erscheint zweifelhaft, ob es tatsächlich bei allen Alternativitätsfeststellungen einen solchen Mindestvorwurf gibt.[250] Zudem hängt an der Existenz eines solchen Mindestvorwurfs die Strafbarkeit, ohne ihn ist eine Verurteilung nicht möglich. Damit wird die Antwort auf die Frage nach der Zulässigkeit einer Verurteilung rein gesetzessystematisch beantwortet. Die Ähnlichkeit der begangenen Delikte spielt keine Rolle. Damit ist aber die Entscheidung für den Täter kaum vorhersehbar und wird von Aspekten entschieden, die für den Einzelfall nicht ausgerichtet sind.

Allerdings geht der Vorwurf fehl, es wäre immer noch keine eindeutige Sachverhaltsfeststellung möglich, da nicht feststellbar sei, durch welche Handlungsalternative der Mindestvorwurf erfüllt werde.[251] Zwar ist diese Feststellung grundsätzlich zutreffend. Jedoch liegt in diesen Fällen lediglich eine alternative Tatsachenbasis vor, die nicht mehr zur Gesetzesalternativität führt. Eine eindeutige Verurteilung ist daher nach allgemeiner Meinung zulässig.[252] Allerdings ist gerade der Ausgangsfall, den Mayer wählt, nicht ganz unproblematisch. Will man § 246 StGB sozusagen in § 242 StB und § 259 StGB "hineinlesen", muß man sich damit zufriedengeben, daß Gewahrsamserlangung und Zueignung zusammenfallen. Andere Auslegungsmethoden kämen zu einer Ablehnung von § 246 StGB.[253]

Diese Einschränkung versucht Legien mit seinem Ansatz zu überwinden. Zunächst untersucht er, ob zwischen den Alternativen ein Subsidiaritätsverhältnis in

---

249 Mayer, § 53 II 2, zust: Wolter, Alternative, S. 123ff; von Hippel, R. S. 61; Oetker, S. 415; kritisch: Deubner, Grenzen, S. 24 FN 36; Legien, S. 116ff; Montenbruck, S. 65ff; jetzt auch Wolter, Grundfälle S. 530, 603, der die Nachtatstrafe nur verwenden will, wenn ansonsten Freispruch "droht".

250 Nowakowski, S. 384 FN 25a; Montenbruck, Wahlfeststellung, S. 68ff mit Beispielen; Tröndle in LK 42, RN 105, Anh. § 1.

251 So aber Deubner, Grenzen, S. 24 FN 26.

252 Wobei allerdings die prozessualen Voraussetzungen der Wahlfeststellung zum Schutze des Angeklagten beachtet werden müssen, vgl. nur Eser in Sch Sch RN 61, 104, Anh. § 1; s. oben Kap. 3.6.1.3.

253 kritisch daher Legien, S. 118.

der Form besteht, daß der eine Tatbestand im anderen enthalten sei. Ist dies der Fall, stünde einer Verurteilung wegen dieses Delikts nichts im Weg. Ist dies nicht der Fall, so prüft er eine Verurteilungsmöglichkeit aus einer Nachtat.[254] Eine solche ist zwar grundsätzlich aus Konkurrenzgesichtspunkten her nicht bestrafbar. Da aber Legien die Wahlfeststellung ablehnt und die Vortat nur wahldeutig feststeht, ist die Vortat nach seinem Konzept straflos. Diese Straflosigkeit führt nach Legiens Lösung dazu, daß die verdrängende Wirkung der Vortat entfällt und die Nachtat selbständig strafbar ist.[255]

Dagegen wird eingewendet, daß gerade das Hauptbeispiel Legiens, § 246 StGB durch Nachtatverhalten, problematisch ist. Nach Ansicht der Rechtsprechung liegt eine den Tatbestand des § 246 StGB ausfüllende Zueignung nur dann vor, wenn es sich um die erste Zueignung handelt. Weiteren zusätzlichen Handlungen des Täters wird die Zueignungsqualität abgesprochen.[256] Daher geht Günther davon aus, daß das Legien'sche Konzept mit der Rechtsprechung des Bundesgerichtshofs unvereinbar ist.[257] Zuzugeben ist Günther, daß in diesen Fällen davon ausgegangen werden muß, daß es eine vorangegangene Zueignung gegeben hat. Diese steht zwar nur wahldeutig fest. Aber jede der möglichen Vortatalternativen beinhaltet eine Zueignung. Die Unvereinbarkeitsthese von Günther ist trotzdem umstritten. Sie wird beispielsweise von Wolter abgelehnt. Nach seiner Auffassung schließe der Bundesgerichtshof die Tatbestandsmäßigkeit einer Zweitzueignung nur dann aus, wenn die Erstzueignung bereits schuldhaft und strafbar sei. Diese Voraussetzung sei gerade nicht erfüllt, wenn, wie Legien es vorsieht, Wahldeutigkeit zur Straflosigkeit führt.[258] Diese Lösung verträgt sich auf den ersten Blick mit der Rechtsprechung, die von

---

254 Legien, S. 114ff; S. 120ff; Jescheck, S. 115 gelangt über in dubio pro reo zur Verurteilung aus der Anschlußtat.

255 Legien, S. 114ff; S. 120ff.

256 St.Rspr., seit BGHSt 14, S. 38ff (S. 43); Maiwald S. 261.

257 Günther, Verurteilungen, S. 197.

258 Wolter, Tatsachengrundlage, S. 125; ders. Verurteilungen, S. 164; ebenso Rudolphi in SK, RN 25, Anh. zu § 55.

Zueignung als strafbarer Begründung von Eigenbesitz unter Ausschluß des Berechtigten spricht.[259] Die Bedeutung des Zusatzes "strafbar" ist dabei nicht eindeutig. Daß der Bundesgerichtshof damit nicht eine lediglich wahldeutig feststehende Vortat meinte, räumt Wolter selbst ein.[260] Es genügt aber in diesem Zusammenhang festzustellen, daß es vertretbare Ansätze gibt, die das Konzept Legiens auch unter Bejahung der Rechtsprechungsmeinung für anwendbar erklären. Gemäß Legiens Auffassung ist also davon auszugehen, daß § 246 StGB als Nachtat mangels Strafbarkeit der Vortat selbständig strafbar ist. Als Handlungen, die eine solche Nachtat ausmachen, nennt er beispielhaft das Verbrauchen, Verzehren, Verschenken, Verkaufen oder Verarbeiten der Sache.[261] Allerdings erkennt Legien selbst, daß es trotz seiner umfangreichen Beispielsliste zahlreiche Fälle geben wird, in denen eine solche Nachtat nicht feststellbar ist.[262] Insofern trifft ihn die gleiche Kritik, die schon gegenüber der Lösung von Mayer vorgebracht wurde.

Ein anderes Problem seiner Lösung hat Legien nicht erkannt. Es sind Fälle denkbar, bei denen die Nachtatstrafe höher ist als die der Vortat.[263] Ist es in dieser Situation vertretbar, die höhere Nachtatstrafe zu verhängen, obwohl die Vortat zumindestens wahldeutig feststeht? Muß nicht, selbst wenn man eine Wahlfeststellung ablehnt, die Vortat zum Schutz des Angeklagten beachtet werden? Praktisch gelöst ist dieses Problem schnell, indem man den Strafrahmen der Vortat auf die Nachtat transferiert. Bei verschiedenen Vortatstrafrahmen den niedrigeren. Diese Strafrahmenübertragung läßt sich mit in dubio pro reo begründen. Der verbleibende Zweifel an der Vortat muß zugunsten des Angeklagten wirken.[264] Dieser Zweifel bleibt auch bestehen, wenn man eine Wahlfeststellung ablehnt. Denn schließlich weiß

---

259 BGHSt 14, S. 38ff (S. 43).

260 Wolter, Tatsachengrundlage, S. 125f.

261 Legien, S. 124f.

262 Legien, S. 127; Lochmüller, S. 116; Endruweit, S. 322; Häusel, S. 56.

263 Beispiele bei Günther, Verurteilungen, S. 210ff.

264 Joerden, Postpendenz, S. 849 FN 21 zum parallelen Problem bei Postpendenzsituationen.

man, daß es für das Vortatgeschehen zwei mögliche Abläufe gab. Selbst wenn man eine wahldeutige Verurteilung ablehnt, bleiben diese Feststellungen davon unberührt. Aber selbst die Verhinderung einer zu hohen Bestrafung befriedigt nicht völlig. Es bleibt das Problem einer möglichen ungerechten Bemakelung des Angeklagten durch den Urteilsspruch. Diese Gefahr ist um so gravierender, als es wegen der eindeutigen Feststellung der Nachtat keine Gleichwertigskeitsprüfung mit der Vortat gibt.

Legien erkennt auch § 263 StGB als Nachtat im Sinne seines Konzepts an.[265] Dieser Schritt ist bedenklich. § 263 StGB setzt voraus, daß neben dem durch die wahldeutige Vortat Geschädigten ein Dritter, beispielsweise ein Käufer geschädigt wird. Damit setzt die Anwendbarkeit von § 263 StGB die Verletzung eines anderen Rechtsgutinhabers voraus. Dieses neue zusätzliche Unrecht ist gerade keine bloße Fortführung des alten Delikts. Seine Bestrafung kann daher nicht dessen Begehung mitabgelten.

Die materiellrechtlichen Lösungsversuche zur Vermeidung der Wahlfeststellung wurden mehrheitlich abgelehnt.[266] Tatsächlich sind die nach diesen Theorien allein strafbaren Mindestvorwürfe oder Nachtaten farblos im Vergleich zu wahldeutigen Verurteilungen. Auf sie gestützte Urteile würden der Einzelfallgerechtigkeit nur mangelhaft Rechnung tragen.[267] Ein maßgeblicher Grund für ihre Nichtbeachtung bzw. Ablehnung ist wohl auch die Haltung der Rechtsprechung. Da diese ohne eine zumindest beschränkte Zulassung der Wahlfeststellung nicht auszukommen glaubt, haben ablehnende Stimmen das Problem, daß sie völlig an der Praxis vorbeischreiben, die auf einem anderen Weg ist.

Auch die extreme Gegenauffassung wird in der Literatur vertreten. Sie geht davon aus, daß wahldeutige Verurteilungen unbeschränkt, d.h. zwischen allen Tat-

---

265 Legien, S. 125.

266 Endruweit, S. 321; Deubner, Grenzen, S. 24 FN 36; Montenbruck, S. 65ff; Tröndle in LK, RN 105, Anh. § 1; Eser in Sch Sch, RN 66, Anh. § 1.

267 Zusammenfassend Wolter, Grundfälle, S. 530.

beständen zulässig sein sollen.[268] Die Anhänger dieser These bringen vor allen Dingen folgende Argumente vor. Dem Täter geschehe kein Unrecht. Er habe schließlich eine der beiden Tatalternativen verwirktlicht und käme sozusagen gut davon, wenn man ihn nur wegen der leichteren Variante bestraft.[269] Außerdem sei jeder Versuch einer Grenzziehung zwischen wahlfeststellungsfähigen Delikten und anderen willkürlich.[270] Zudem werde das Kriterium der psychologischen und rechtsethischen Gleichwertigkeit noch nicht einmal von der Rechtsprechung selbst ernst genommen. Schließlich habe sie sich zahlreiche Hilfskonstruktionen nur zu dem Zweck seiner Umgehung gebaut.[271] Daher sei eine grenzenlose Zulassung ehrlicher.

Diese Auffassung hat sich nicht durchsetzen können und wurde heftig kritisiert.[272] Dies geschah auch völlig zu Recht. Eine grenzenlose Zulassung der Wahlfeststellung würde das Schuldprinzip und den Grundsatz nulla poena verletzen. Auch würde die Verrufswirkung eines solchen Urteils den Angeklagten über Gebühr belasten.[273] Zusammenfassend kann man sagen, daß diese Auffassung einen Verstoß gegen elementare Rechtsstaatsprinzipien darstellt.[274]

Insbesondere die Argumente um die Fragwürdigkeit einer Grenzziehung geben aber zu denken. Zwar läßt sich nicht mit dem Hinweis auf Schwierigkeiten und

---

268 Dörr, S.127; Kugelmeier, S.100; Hippel, Eike von S.1534f; Nüse, S. 38ff; Schulze, S.51ff; Schwabe, S.45, S.86f; Wickede, S.29; zusammenfassend Günther, Verurteilungen S. 179ff; Wolter, Tatsachengrundlage, S. 46ff; Ancker, S. 47; Rubo, S. 377ff; Dassel, S. 5, S. 7.

269 Hippel, Eike von S. 1535.

270 Kugelmeier, S. 100.

271 Hippel, Eike von S. 1534.

272 Rudolphi in SK, RN 5, Anh. § 55; Eser in Sch Sch, RN 67 Anh. § 1; Paulus in KMR, RN 42 zu § 260; Wied, S. 47ff.

273 Günther, Verurteilungen, S. 185.

274 Eser in Sch Sch, RN 67f Anh. § 1.

Ungereimtheiten einer Abgrenzung deren Notwendigkeit bestreiten.[275] Aber der Vorwurf, die Rechtsprechung entwerte ihre eigene Abgrenzungsdefinition durch Erweiterungen und Umgehungen und werde damit letztlich unaufrichtig, wiegt schwer.[276] Die Folgerung, auf eine Abgrenzung ganz zu verzichten, geht zwar zu weit. Aber man sollte daraus folgern, daß man eigene, selbst gesetzte Maßstäbe nicht vorschnell, auch nicht aus Gründen der Einzelfallgerechtigkeit, aushöhlen darf.

Mehrheitlich wird derzeit in der Literatur akzeptiert, daß es eine Wahlfeststellung in beschränkter Form gibt. Diese vermittelnde Position scheint am ehesten eine Verbindung von Einzelfallgerechtigkeit und Rechtssicherheit zu erzielen. Dieser Ausgleich wurde in Anlehnung an die Begrifflichkeit bei Grundrechtskollisionen treffend als der Versuch der Erzielung praktischer Konkordanz bezeichnet.[277] Schon relativ früh wurde zur Begrenzung der Zulässigkeit der Wahlfeststellung ein rechtsgutorientierter Lösungsansatz vorgeschlagen. Eine Wahlfeststellung sei stets dann zulässig, wenn die alternativen Tatbestände das gleiche Rechtsgut schützten.[278] Dieses Konzept ermöglicht vorhersehbare Ergebnisse, die aber nicht immer befriedigen. Es wird als teilweise zu eng und teilweise zu weit empfunden. Schon bei der Alternativität zwischen § 259 StGB und § 242 StGB ist nicht nur das gleiche Rechtsgut verletzt,[279] so daß eine Verurteilung nicht möglich ist. Andererseits ist dieser Ansatz zu weit, da er die möglicherweise völlig verschiedene Handlungsweise des Täters aus der Bewertung ausblendet.

Heute wird in der Literatur vielfach die Ansicht vertreten, eine Wahlfeststellung sei zulässig, wenn der Unrechtskern der Alternativen identisch sei.[280] Was

---

275 So aber Hippel, Eike von S. 1534.

276 Hippel, Eike von S. 1534; ähnlich Hruschka, Alternativfeststellung, S. 180.

277 Eser in Sch Sch, RN 68 Anh. § 1; Löhr, S. 719; Maurach § 10 III, RN 26.

278 Gerig, S. 50.

279 a.A. Rudolphi in SK, RN 39, Anh. § 55.

280 Jescheck, § 16, III, 3; Deubner, Grenzen, S. 23; Tröndle in LK, RN 103f, Anh. § 1; Otto Grundkurs, S. 314; Küper, Probleme, S. 68.

die Voraussetzungen einer Bejahung dieses Konzepts sind, wird nicht einheitlich beantwortet.[281] Teilweise wird lediglich auf die Gleichheit oder Gleichwertigkeit der Rechtsgutverletzung abgestellt.[282] Wegen der dabei vorgenommenen Ausblendung des Handlungsunrechts erzielt diese Auffassung nicht immer angemessene Ergebnisse.[283] Daher verlangt eine modifizierte Auffassung, daß zusätzlich der vom Täter jeweils verwirklichte Handlungsunwert einbezogen werden muß. Der Umfang der Berücksichtigung des Handlungsunwerts ist dabei heftig umstritten.[284]

Zusammenfassend kann gesagt werden, daß in der Literatur eine Vielzahl von vermittelnden Lösungsansätzen vorhanden ist. Dabei gibt es von den Ergebnissen her keine nennenswerte Abgrenzung von der Rechtsprechung, deren Resultate überwiegend als befriedigend empfunden werden.[285] Auch muß man sagen, daß diese Auffassungen an Klarheit, Vorhersehbarkeit von Entscheidungen und Einzelfallgerechtigkeit keine Vorteile gegenüber der Ansicht der Rechtsprechung haben.[286]

Es hat sich gezeigt, daß der Hintergrund der Postpendenzfeststellung, der weite Bereich der Wahlfeststellung, von unklaren Begriffen,[287] dogmatisch fragwürdigen Konstruktionen und einer an Einzelfallgerechtigkeit interessierten Rechtsprechung geprägt ist.

---

281 Gollwitzer in LR, RN 146 zu § 261; Rudolphi in SK, RN 38, Anh. § 55; Fleck, S. 335; Montenbruck, Ende, S. 334.

282 Deubner, Grenzen, S. 23; Rudolphi in SK, RN 39, Anh. § 55.

283 Rudolphi in SK, RN 40, Anh. § 55.

284 Näher Rudolphi in SK, RN 41f, Anh. § 55.

285 Eser in Sch Sch, RN 76 Anh. § 1.

286 Eser in Sch Sch, RN 80, Anh. § 1; Küper, Probleme, S. 68.

287 Grundsätzlich kritisch gegen mangelnde Eindeutigkeit verwendeter Begriffe Hruschka, Strafrecht, S. 242.

4. Kapitel:

Die Postpendenzfeststellung

4.1 Dogmengeschichte

Die Konstellation, daß Tatbestände in der Form aufeinandertreffen, wie sie eine Postpendenzsituation ausmacht, ist im Zweifel so alt wie die mitwirkenden Tatbestände. Trotzdem wurde diese Struktur lange nicht als selbständiger Problembereich mit möglicherweise spezifischen Lösungen erkannt. Dies wird deutlich, wenn man sich Versuche ansieht, die Struktur von Alternativfeststellungen zu systematisieren. Die spezifische Struktur der Postpendenz wird dabei nicht erkannt.[288]

Erstmals wurde die Postpendenzfeststellung als begrifflich strukturiertes Konzept 1970 von Hruschka in die strafrechtliche Diskussion eingeführt.[289] Grundlage der von Hruschka verwendeten Begrifflichkeit ist die Wahrheitswertetafel von Wittgenstein[290] unter der Verwendung des logistischen Sprachgebrauchs.[291] Hruschka transferierte diese Terminologie in den strafrechtlichen Kontext. Dort wurde sie von der Wissenschaft kontrovers diskutiert. Auch die Rechtsprechung hat sich des Problems angenommen und die Postpendenz als eigenständigen Lösungsweg anerkannt.

---

288 Kugelmeier, S. 4ff; Lazi, S. 2ff; Häusel, S. 2ff, 11ff, 82ff; Hruschka, Wahlfeststellung, S. 1393; ders. Logik, S. 638 FN 3 mit Beispielen aus der Rechtsprechung; Becker, S. 12ff; Christians, S. 12ff; Egle, S. 36ff; Erhardt, S. 2ff; Fox, S. 9ff; Kirchner, S. 1ff; Mell, S. 19ff; Schack, S. 2ff; Schwabe, S. 13ff; Weber, S. 46ff; Zaum, S. 3ff.

289 Hruschka, Logik S. 649.

290 Wittgenstein, Tractatus logico-philosophicus Nr. 5. 101.

291 Bochénski-Menne, S. 29, S. 35; Küper, Probleme, S. 69; Richter, S. 131; Joerden, Fallsysteme, S. 109 FN2.

1987 hat der zweite Strafsenat des Bundesgerichtshofs entschieden, daß eine wahldeutige Entscheidung ausscheidet, wo sich eine Postpendenzfeststellung treffen läßt. Dies betraf den Fall, daß zweifelhaft blieb, ob Mittäterschaft hinsichtlich einer schweren räuberischen Erpressung vorlag. Es stand jedoch fest, daß ein Beuteerwerb in Vortatkenntnis vorgenommen worden war.[292] 1989 hat der vierte Strafsenat des Bundesgerichtshofs diese Rechtsprechung für die Konstellation Betrug - Hehlerei[293] und Diebstahl - Hehlerei[294] fortgeführt. Jeweils blieb mittäterschaftliche Vortatbegehung fraglich. Festgestellt war dagegen Beuteerwerb in Kenntnis der Vortat. Die neueste Entscheidung des Bundesgerichtshofs betraf die Geldwäsche. Die mittäterschaftliche Vortatbeteiligung des Angeklagten blieb zweifelhaft. Jedenfalls hatte er in Vortatkenntnis Geld aus dieser Vortat gewechselt. Er wurde aus Postpendenzaspekten heraus wegen Geldwäsche verurteilt.[295]

4.2 Der Begriff "Postpendenz"

Der Begriff Postpendenz soll eine bestimmte Fallgruppe aus dem Umfeld der Wahlfeststellung trennscharf bezeichnen. Hruschka, der diesen Begriff zuerst verwendete,[296] deutete ihn als eine durch Einfluß des Zeitfaktors spezifisch geprägte Beweissituation. Er geht von zwei Sachverhalten X und Y aus. Sachverhalt Y, der zeitlich Sachverhalt X nachfolgt, bildet dabei den Schwerpunkt. "Wie es auch immer mit dem Sachverhalt X sein mag, der Sachverhalt Y trifft zu."[297]

Die logische Umkehrung dieser Struktur, der Schwerpunkt liegt auf dem

---

292 BGHSt 35, S. 86; Goydke, S. 257.

293 NSTZ 1989, S. 266.

294 NSTZ 1989, S. 574.

295 NSTZ 1995, S. 500.

296 Hruschka, Logik, S. 649.

297 Hruschka, Logik, S. 640; Maurach § 10 III RN 33a.

sicher festgestellten zeitlich früheren Sachverhalt, heißt entsprechend Präpendenz.[298] Hier wird der zeitlich frühere Sachverhalt feststellt, der spätere bleibt zweifelhaft. Als Beispiel mag folgender Fall dienen: Es steht fest, daß der Angeklagte an einer Verbrechensverabredung beteiligt war. Fraglich bleibt, ob er auch an dem Verbrechen selbst teilgenommen hat.[299] Es handelt sich um die gleiche Grundstruktur, Prä- und Postpendenzsituationen lassen sich durch das zeitliche Verschieben der Sachverhalte ineinander überführen.[300] Schon hier drängt sich der Verdacht auf, daß das zeitliche Element nicht den grundlegenden Stellenwert haben kann, den Hruschka ihm zumißt. Auch gleichzeitig ablaufende Sachverhalte können so gelagert sein, daß einer von ihnen feststeht und der andere fraglich bleibt. Auch eine solche Struktur müßte in diesem Rahmen behandelt werden. Davon geht auch Küper aus. Er deutet den Begriff der Postpendenz logisch und nicht chronologisch.[301] Damit mag als erster Versuch einer inhaltlichen Annäherung festgehalten werden: Postpendenzsituationen sind Beweislagen, bei denen über einen Sachverhalt keine definitiven Aussagen gemacht werden können, ein anderer Sachverhalt aber feststeht.[302]

In einer ersten Abgrenzung zu anderen Zweifelssituationen muß betont werden, daß von einer Postpendenzsituation nicht gesprochen werden kann, wenn beide Sachverhalte fraglich bleiben.[303] Als "Mindestinhalt" bedarf es eines festgestellten Sachverhalts, um sinnvoll von einer Postpendenz sprechen zu können. Der Begriff Postpendenz selbst gibt keine Aussage darüber ab, wie sich beide Sachverhalte beeinflussen. Insbesondere setzt er nicht voraus, daß eine solche Beeinflussung überhaupt vorliegt. Es muß nicht so sein, daß die strafrechtliche Bewertung des festgestellten Sachverhalts überhaupt von dem fraglich bleibenden Teil

---

298 Hruschka, Logik, S. 640.

299 s. Joerden, Postpendenz S. 847ff (S. 852).

300 Joerden, Fallsysteme, S. 121.

301 Küper, Hehlerei, S. 19 FN 39; Joerden, Postpendenz, S. 847 FN 3.

302 Joerden, Verdoppelung, S. 252 FN 20.

303 Hruschka, Wahlfeststellung, S. 1393.

abhängt.[304] Allerdings wirft die Lösung dieser Konstellation keine Probleme auf. Bleibt ein Sachverhalt fraglich, so kann er gemäß in dubio pro reo nicht zur Verurteilung führen. Beispielsweise mag der Angeklagte jemanden betrogen haben, den er möglicherweise am Tag vorher mißhandelt hat. Gemäß in dubio pro reo wird die fragliche Körperverletzung ausgeschieden. Da keine strafrechtlich relevante Beeinflussung des Betruges durch die Körperverletzung vorliegt, steht einer Betrugsverurteilung nichts im Wege. Nur weil diese Fälle problemlos lösbar sind, erscheint es nicht sinnvoll, sie von logisch grundsätzlich gleichstrukturierten Problemfällen abzugrenzen. Trotzdem werden im Folgenden die anderen Fälle der Postpendenz im Mittelpunkt stehen: Solche, bei denen sich der fraglich bleibende Teil auf die Beurteilung des feststehenden in irgendeiner Form auswirkt.

4.3 Prozessuale Voraussetzungen der Postpendenzfeststellung

Bei der Postpendenz ist genau wie bei der Wahlfeststellung eine eindeutige Schwerpunktsetzung zu verzeichnen. Während die Aussagen zu materiellrechtlichen Aspekten häufig sind und kontrovers diskutiert werden, werden prozessuale Fragen allenfalls am Rande gestreift. Die Grundfrage ist, wie weit für Postpendenzfeststellungen die gleichen Voraussetzungen wie für wahldeutige Entscheidungen gelten sollen. Dies muß aus der spezifischen Prozeßsituation heraus beantwortet werden.

Bei der Wahlfeststellung sieht sich der Angeklagte einer für ihn im Vergleich mit "normalen" Prozeßsituationen riskanteren Lage ausgesetzt. Durch die Alternativität der erhobenen Vorwürfe wird seine Verteidigung schwieriger. Zusätzlich steigt wegen der zunehmenden Komplexität der Urteilsgrundlage das Risiko einer Fehlentscheidung. Die prozessualen Voraussetzungen der Wahlfeststellung sollen diese Risiken reduzieren. Sei es, daß sie durch Anforderungen an die Tatidentität die Verteidigung des Angeklagten sichern, oder durch hohe Anforderungen an die

---

304 a.A. Geppert, Begünstigung, S. 446; wie hier: Hruschka, Wahlfeststellung, S. 1393; ders. Logik, S. 640; Joerden, Postpendenz, S. 848.

Sachaufklärung und Sachdarstellung im Urteil die Gefahr von Fehlentscheidungen verringern wollen. Ihre Anforderungen stellen spezifische Antworten auf die besonderen prozessualen Risiken der Wahlfeststellung dar.
Ein Transfer auf Postpendenzsituationen setzt daher voraus, daß diese Situation für den Angeklagten ebenso prekär ist wie die der Wahlfeststellung. Auf den ersten Blick ist dies nicht der Fall. Dies ergibt sich daraus, daß von den Stimmen, die die Postpendenzsituation als eigenständige Sruktur anerkennen, die absolute Mehrheit für eine eindeutige Verurteilung votiert.[305] Ohne das Risiko einer alternativen Verurteilung scheint sich der Angeklagte aber nicht in einer der Wahlfeststellung vergleichbaren riskanten und doppelbödigen Situation zu befinden. Doch diese Sicht der Dinge täuscht. Zwar ist der Urteilsspruch, auch nach der Rechtsprechung des Bundesgerichtshofs, eindeutig zu fassen. Aber diese eindeutige Verurteilung wegen der möglicherweise zeitlich nachfolgenden, jedenfalls aber sicher festgestellten Tat kann nicht isoliert betrachtet werden. Die zweifelhaft bleibende Tat wird ebenfalls Grundlage des Urteils. Und dies nicht obwohl, sondern gerade weil sie zweifelhaft bleibt. Denn daher kann man in bezug auf sie keine erleichternde eindeutige Entscheidung treffen. Vielmehr muß der verbleibende Zweifel strafrechtlich verarbeitet werden. Wenn nun aber die Nachtatverurteilung nicht ohne Berücksichtigung der Vortat erfolgen kann, da diese als möglicher Geschehensablauf im Raum steht, ist die Situation des Angeklagten deutlich unklarer als in einem normalen Verfahren mit eindeutigen Vorwürfen. Er befindet sich in einer Lage, die sich sozusagen zwischen der einen eindeutigen und einer wahldeutigen Entscheidung befindet. In bezug auf den festgestellten Teil wie in einem normalen Verfahren, in bezug auf den fraglichen wegen dessen Beeinflussung des anderen Teils wie bei einer Wahlfeststellung. Insofern trifft den Angeklagten ein durchaus der wahldeutigen Prozeßsituation vergleichbares Risiko durch die schwindende Bestimmtheit des Verfahrensstoffes. Daher ist es der Postpendenzsituation angemessen, zum Schutze des Angeklagten die gleichen prozessualen Voraussetzungen, sprich Absicherungen zu fordern, wie bei

305 Joerden, Reichweite S. 640; Richter, S. 135; Lackner RN 11 zu § 1; Geppert, Begünstigung, S. 446; Vogler / Kaddel, S. 247; einschränkend Günther, Wahlfeststellung, S. 666; a.A. Wolter, Grundfälle, S. 604.

wahldeutigen Verurteilungen.[306] Dieser Argumentation könnte bezüglich der Anforderungen an die prozessuale Tat und ihre Einführung in den Prozeß dann widersprochen werden, wenn bezüglich der Frage der Tatidentität das Vorliegen einer Postpendenzsituation relevant wäre, sprich, wenn Vor- und Nachtat allein durch ihre Eigenschaft als solche zu einer prozessualen Einheit verbunden wären. Der entsprechend für wahldeutige Situationen vorgebrachten Meinung wurde - zu Recht - heftig widersprochen.[307] Trotzdem hat sich eine solche Meinung, wenn auch bisher alleinstehend, auch zur Postpendenz gebildet. Aus rein praktischen Erwägungen heraus wird gefordert, daß bestimmte Verbindungen von Tatbeständen automatisch zu prozessualer Tatidentität führen sollen.[308] Eine solche Verbindung sei beispielsweise zwischen Vor- und Nachtaten gegeben. Nur so sei dem Gericht ein flexibler Übergang zwischen den Vorwürfen möglich.[309]

Es bedarf nicht vieler Worte, um diese Auffassung zu widerlegen. Allein die Tatsache, daß ein Delikt die Nachtat zu einem anderen bildet, bedeutet nicht, daß die beiden nicht räumlich und zeitlich weit voneinander entfernt abgelaufen sein können. Dieser Ansatz widerspricht daher den Konturen des jetzigen Tatbegriffs völlig. Zudem ist die innere Verbindung der Delikte nicht so prägend, daß eine völlige Überwindung aller anderen Kriterien der Tatidentität geboten wäre. Gerade auch das Argument des möglichen flexiblen Übergangs zwischen den Vorwürfen zeigt, daß bei Befolgung dieser Meinung Verteidigungschancen des Angeklagten in unangemessener Weise verkürzt werden würden.

Fraglich ist, ob es sinnvoll ist, die prozessualen Schutzmechanismen der Wahlfeststellung auf die Postpendenzsituation zu übertragen. Diese Forderung wird bestritten mit dem Hinweis auf den Ausnahmecharakter der Wahlfeststellung, die

---

306 Rudolphi in SK, RN 26, Anh. § 55; Wolter, Anmerkung S. 457; ders. Grundfälle, S. 42; Tröndle in LK, RN 67, Anh. § 1.

307 s. oben, Kap. 3.6.1.1.

308 Bauer, S. 220.

309 Bauer, S. 219.

entgegen dem Grundsatz in dubio pro reo eine Verurteilung ermögliche und daher eng zu begrenzen sei. Diese Begrenzungsnotwendigkeit gäbe es bei der Postpendenz nicht, da sie zu einer eindeutigen Verurteilung führe. Daher müßten beispiels-weise die Anforderungen an die Tatidentität nicht analog angewendet werden.[310]
Ohne diese Auffassung an dieser Stelle schon umfassend würdigen zu wollen, muß ihr Folgendes entgegengehalten werden. Die Eindeutigkeit des Urteilsspruchs läßt nur vordergründig den Schluß auf die Legitimität der Entscheidung und die grundsätzliche Nichtanwendbarkeit von in dubio pro reo in diesem Bereich zu. Allein die Tatsache, daß die prozessuale Situation des Angeklagten auch von dem zweifelhaft bleibenden Teil abhängt, verlangt, daß dieser in einer Art in das Verfahren eingeführt wird, die dem Angeklagten den Bestand seiner Verteidigungsmöglichkeiten garantiert. Daher müssen alle prozessualen Voraussetzungen der Wahlfeststellung, auch und gerade die, die die Tatidentität betreffen, bei Postpendenzentscheidungen beachtet werden.

4.4 Inhaltliche Voraussetzungen und Struktur

Obwohl es sich bei der Postpendenz um eine relativ sehr junge "strafrechtliche Entdeckung" handelt, gehen die Vorstellungen darüber, wie ihre inhaltliche Struktur beschaffen ist, schon sehr weit auseinander. Zum ersten Überblick wird daher nicht der Versuch gemacht, Merkmale, die allen Auffassungen zu eigen sind, zusammenzufassen. Vielmehr werden die Meinungen zunächst einzeln, etwa dem historischen Ablauf entsprechend, dargestellt.

4.4.1 Joachim Hruschka

Joachim Hruschka gelang es, die Struktur richterlichen Zweifels logisch zu gliedern. Dies geschah in seinem Aufsatz "Zur Logik und Dogmatik von Verurteilungen

---

310 Richter, S. 135.

aufgrund mehrdeutiger Beweisergebnisse im Strafprozeß."[311] Ausgangspunkt war ihm das von der Rechtsprechung zur Strukturierung von wahldeutigen Verurteilungen benutzte Kriterium der exclusiven Alternativität. Ausgehend von zwei Beispielen zeigte er auf, daß dieses Kriterium nicht in allen Fällen erfüllt sei, die die Rechtsprechung durch wahldeutige Verurteilungen entscheide. Wenn es zweifelhaft bleibe, ob der Angeklagte Mittäter beim Vortatdiebstahl gewesen sei, jedenfalls aber seine Beteiligung beim Abtransport der Beute feststeht, so sei eine exclusive Alternativität nach der durch die Rechtsprechung befolgten Definition nicht gegeben. Zwar hänge der Zweifel, ob der Angeklagte wegen Begünstigung strafbar sei, von der zweifelhaften Vortatbeteiligung ab. Aber umkehren lasse sich dieses Verhältnis nicht. Die Zweifel an der Vortatbegehung seien unabhängig von der Nachtat.[312]

Ebenso liege der Fall in folgender Konstellation. Der Angeklagte erwirbt unter Eigentumsvorbehalt eine Sache, die er später an einen gutgläubigen Dritten veräußert. Zweifelhaft blieb der Zeitpunkt der Zueignungsabsicht. Entweder er hatte sie von Anfang an. Dann läge neben dem anfänglichen Betrug, wenn man der Rechtsprechung zur Tatbestandslosigkeit einer zweiten Zueignungshandlung folge, keine weitere Straftat vor. Hätte er die Zueignungsabsicht aber zu einem späteren Zeitpunkt gefaßt, läge lediglich eine Unterschlagung durch die Veräußerung vor.[313] Auch hier beruhe der Zweifel an der Wertung der zweiten Tat auf der Unsicherheit über die erste, ohne daß sich dieses Verhältnis umkehren lasse. Es liege demnach keine Wechselbezüglichkeit des Zweifels vor, wie es die exclusive Alternativität verlange. Vielmehr liege das beweismäßige Schwergewicht auf dem zeitlich späteren, vom tatsächlichen Verlauf her sicher festgestellten zweiten Sachverhalt. Diese Struktur benennt Hruschka "Postpendenz".[314] Damit erfolgte die Einführung dieses Begriffs in den strafrechtlichen Kontext. Durch Vertauschen des zeitlichen Ablaufs der Gescheh-

---

311 JZ 1970, S. 673ff.

312 Hruschka, Logik, S. 638.

313 Hruschka, Logik, S. 638.

314 Hruschka, Logik, S. 640.

nisse erzielt er die logisch gleichstrukturierte "Präpendenz."[315]

Hruschka geht zunächst davon aus, daß es Postpendenzsituationen gäbe, bei denen sich die zweifelhafte Vortat nicht auf die Nachtat auswirke. In diesen Fällen könne unproblematisch wegen des zweiten Sachverhalts verurteilt werden.[316] Schwieriger seien die Fälle, bei denen der fragliche Sachverhalt den festgestellten Sachverhalt strafrechtlich beeinflußt. Hier müsse zwischen zwei Varianten unterschieden werden. Der zweite Sachverhalt kann auf Tatbestands- oder auf Konkurrenzebene durch den ersten tangiert werden.[317] Die lediglich konkurrenzrelevante Postpendenz mache keine Probleme. Da die Vortat zweifelhaft bleibe und daher nicht bestraft werden könne, sei die Nachtat strafbar.[318]

Anders liege der Fall bei der bereits tatbestandsrelevanten Postpendenz. Diese weise Probleme auf. Der Lösungsweg der Rechtsprechung sei eine wahldeutige Verurteilung unter Verkennung des Nichtvorliegens eines exclusiv alternativen Verhältnisses. Hruschka moniert, daß damit eine Verdeckung der eigentlichen Problemstruktur erfolge. Seiner Meinung nach kann und muß eine Verurteilung einzig auf den feststehenden Sachverhalt gestützt werden. Diese Forderung hat weitreichende Konsequenzen. Das Nichtvorliegen des ersten Tatbestands als Tatbestandsmerkmal des zweiten Tatbestands kann, dies ergibt sich zwingend aus der Struktur der Postpendenz, nicht bewiesen werden. Damit eröffnet lediglich der Verzicht auf diesen Nachweis die Verurteilungsmöglichkeit. Dies legitimiert Hruschka wie folgt: Ein Tatbestand könne neben positiven auch negative Voraussetzungen enthalten. Während erstere vollständig bewiesen sein müßten, könnte auf den Nachweis letzterer teilweise verzichtet werden.[319] Ihr Charakter als negative Voraussetzungen recht-

---

315 Hruschka, Logik, S. 640.

316 Hruschka, Wahlfeststellung, S. 1393.

317 Hruschka, Logik, S. 640.

318 Hruschka, Logik, S. 641.

319 Hruschka, Logik, S. 638 FN 3, S. 641; grundlegend Larenz, S. 259f.

fertige den Beweisverzicht.[320] Die besondere Struktur der Fälle sei Grund genug, die Verurteilung nicht mehr auf den vollen Nachweis der Tatbestandsmäßigkeit, sondern auf verminderte Voraussetzungen zu stützen.[321] Dieses Konzept hat Hruschka später vertieft, ohne inhaltliche Veränderungen vorzunehmen.[322] Allein der zweite festgestellte Sachverhalt dürfe Urteilsgrundlage sein. Da aber eine wahldeutige Verurteilung beide Alternativen zur Urteilsgrundlage erhebe, müsse eine solche Lösung ausscheiden.[323] Eine Wahlfeststellung verlange wegen der logischen Abhängigkeit der Alternativen voneinander (entweder - oder) die Begründung der Verurteilung durch beide. Dieses "beweislogische Gleichgewicht" sei Strukturelement der Wahlfeststellung und begründe gleichzeitig die Begrenzung wahldeutiger Verurteilungen durch eine Gleichwertigkeitsprüfung der Alternativen. Gleiches gelte nicht für Postpendenzsituationen. Die Möglichkeit einer Verurteilung beruhe hier allein auf dem sicher festgestellten zweiten Sachverhalt.[324] Die Eröffnung dieser Möglichkeit liege dabei in dem Verzicht auf den Beweis des Nichtvorliegends des ersten Sachverhalts. Die Zulässigkeit eines solchen Verzichts begründet Hruschka wie folgt. Zunächst erscheine eine Bestrafung des Angeklagten wegen des im Vergleich zur Wahlfeststellung bestehenden "Mehr" an festgestellter Beweisgrundlage noch legitimer als bei wahldeutigen Verurteilungen. Zum anderen, und dies sei das schwerwiegendere Argument, sei eine Verurteilung für den Täter in keiner Weise ungerecht. Er werde jedenfalls wegen einer Tat bestraft, die er begangen habe. Nur die zweifelhaft gebliebene Vortat bleibe außer Betracht.[325] Zudem seien die Fälle tatbestandsrelevante Postpendenz, mit denen bloßer Konkurrenzrelevanz näher verwandt und daher einer gleichen Entscheidung eher zuzuführen, als dies im Verhältnis zur Wahlfeststellung der Fall sei. Konkurrenzrelevante Postpendenzsituationen werden aber auch

---

320 Hruschka, Logik, S. 641 FN 26.

321 Hruschka, Logik, S. 641.

322 Hruschka, Wahlfeststellung, S. 1392ff.

323 Hruschka, Wahlfeststellung, S. 1393.

324 Hruschka, Wahlfeststellung, S. 1393.

325 Hruschka, Wahlfeststellung, S. 1394.

von der Rechtsprechung eindeutigen Nachtatverurteilungen zugeführt. Daher sei diese Lösung auch für tatbestandsrelevante Fälle angemessen.[326]

Zusammenfassend bleibt festzuhalten: Hruschka strukturiert als erster klar und umfassend den richterlichen Zweifel. Er propagiert Postpendenz als selbständige, von anderen Alternativfällen logisch abgrenzbare Struktur, für die nur spezifische Lösungen angemessen sind. Er unterteilt die problematischen Postpendenzfälle in die Gruppe der bereits tatbestandsrelevanten und in die der konkurrenzrelevanten Postpendenz.

4.4.2 Wilfried Küper

In Weiterführung des Konzepts von Hruschka hat Küper eine eigene Auffassung von der Grundstruktur der Postpendenz entwickelt.[327] Ausgangspunkt ist auch bei ihm die Erkenntnis, daß es Situationen gibt, bei denen die strafrechtliche Bewertung eines bewiesenen Nachtatgeschehens von der unmöglichen Klärung eines zweifelhaften Vortatgeschehens abhängt.[328] Da die Nachtat, zumindest was ihren faktischen Ablauf betrifft, feststehe, handele es sich im Prinzip um Fälle einseitiger Sachverhaltsungewißheit, die zu doppelter Rechtsnormenungewißheit führe.[329] Durch die bloß einseitige Sachverhaltsungewißheit unterschieden sich diese Fälle von der Wahlfeststellung. Durchleuchte man die Struktur dieser Fälle, so fände man im Rechtsnormenbereich ein Tatbestandsverhältnis der Alternativität. Auf Sachverhaltsebene gäbe es zwei Möglichkeiten. Beide Vorgänge könnten im Verhältnis der Kontravalenz oder der Konjunktion stehen.[330] Dies bedeutet, daß entweder einer von beiden oder

326 Hruschka, Wahlfeststellung, S. 1394.

327 Küper, Hehlerei, S. 34.

328 Küper, Probleme, S. 70; ders. Hehlerei, S. 18ff.

329 Küper, Probleme, S. 73; ders. Hehlerei, S. 19.

330 Küper, Probleme, S. 88.

beide, jedenfalls aber einer von beiden vorgelegen haben können. Letztere Konstellation wird in dieser Arbeit Disjunktion (und - oder) genannt. Zusätzlich gäbe es einen Sonderfall im Rahmen der Postpendenz. Küper benennt ihn "tatsachenalternative Postpendenz."[331] Diese ergebe sich daraus, daß die Nachtat zwar den beweismäßigen Schwerpunkt bilden müsse. Dies bedeute aber nicht, daß diesbezüglich eine eindeutige Feststellung erforderlich sei. Vielmehr reiche es aus, wenn zu einer zweifelhaften Vortat eine lediglich wahldeutig festgestellte Nachtat träte.[332] Diese Wahldeutigkeit sei als bloße Tatsachenalternativität, also als sogenannte unechte Wahlfeststellung, oder als echte Wahlfeststellung, also mit Rechtsnormenalternativität denkbar. Maßgebliches Kriterium für eine Postpendenz sei daher die Beeinflussung der rechtlichen Bewertung der Nachtat durch die zweifelhafte Vortat. Die Einbeziehung lediglich wahldeutig festgestellter Nachtaten sei dabei durch ihren im Vergleich zu "normalen" Postpendenzsituationen höheren Gewißheitsanteil gerechtfertigt. Schließlich beträfe die Verdrängungswirkung der Vortat oft nur eine der Nachtatalternativen.[333]

Im Ansatz unterscheidet Küper wie Hruschka zwischen tatbestands- und konkurrenzrelevanter Postpendenz.[334] Dabei geht er davon aus, daß diese Abgrenzung auf dem Grund der Nachtatstraflosigkeit bei Vortatbejahung basiert. Wird bereits das Vorliegen des Tatbestands verneint, handelt es sich um einen Fall tatbestandsrelevanter Postpendenz. Wirkt sich die Vortat dagegen erst auf der Ebene der Konkurrenzen aus, handele es sich um konkurrenzrelevante Postpendenz.[335] Bei der konkurrenzrelevanten Postpendenz seien Tatbestand, Rechtswidrigkeit und Schuld der Nachtat sicher festgestellt. Offen bleibe einzig die Frage, ob die Strafbarkeit unter Kon-

---

331 Küper, Hehlerei, S. 21.

332 Küper, Hehlerei, S. 21, S. 27.

333 Küper, Hehlerei, S. 27.

334 Küper, Probleme, S. 74.

335 Küper, Hehlerei, S. 25.

kurrenzgesichtspunkten zu bejahen sei.[336] Die Lösung dieser Konstellation sei relativ einfach. Es müßten lediglich die Mechanismen der Gesetzeskonkurrenz der spezifischen Situation der Postpendenz angepaßt werden. Grundsätzlich läge in diesen Fällen eine Bewertungseinheit zwischen Vor- und Nachtat vor, wobei die Vortat die maßgebliche Entscheidungsbasis bilde. Der Funktionszusammenhang dieser Bewertungseinheit werde gestört, wenn eine Bestrafung der Vortat nicht erfolge. Allerdings führe nicht jede Straflosigkeit der Vortat zu einer solchen Störung. Ob eine solche vorliegt, müsse aus dem Sinn der Bewertungseinheit heraus ermittelt werden.[337] Sei beispielsweise die Strafbarkeit der Vortat wegen Verjährung oder mangelndem Strafantrag nicht realisierbar, so sei die Straflosigkeit beider Taten angemessen. Eine Nachtatbestrafung liefe dem Sinn der Bewertungseinheit zuwider.

Transferiert man diese Resultate auf die Postpendenzsituation, so ergäbe sich zwingend, daß dem Angeklagten aus der Unbeweisbarkeit der Vortat keine Nachteile erwachsen dürfen, die ihn bei voller Sachverhaltsaufklärung nicht auch träfen. Mit anderen Worten sei eine Nachtatverurteilung nur zulässig, wenn der vortatbezogene Beweismangel einziges Hindernis der Bestrafung der Anschlußtat sei. Die Lösung der Fälle konkurrenzrelevanter Postpendenz erfolgt nach Küper durch eine eindeutige Verurteilung bezüglich der Nachtat, deren gesamter Voraussetzungskomplex feststehe. Da alle Momente, die den Deliktstyp der Nachtat konstituieren, bewiesen seien, sei eine eindeutige Verurteilung das richtige Ergebnis.[338] Dieses Ergebnis stellt nach Küper weder einen Verstoß gegen noch eine Einschränkung von in dubio pro reo dar. Vielmehr handele es sich um einen Anwendungsfall dieses Grundsatzes. Dies ergäbe sich daraus, daß Strafgrund der Nachtat nicht eine dem Täter insofern ungünstige Unterstellung, er habe die Vortat nicht begangen, sei. Vielmehr ließen die Zweifel an der Vortat, die zu deren Straflosigkeit führen, die ansonsten vorhandene Konkurrenzwirkung entfallen und ermöglichten so den Rückgriff auf die Nachtat.

---

336 Küper, Probleme, S. 75.

337 Küper, Probleme, S. 76.

338 Küper, Probleme, S. 77; ders. Hehlerei, S. 26.

Aus dieser Vorgehensweise erwüchsen dem Angeklagten keine Nachteile.[339]

Betrifft die Wirkung der Vortat schon den Tatbestand der Anschlußtat, so liegt auch nach Küper ein Fall tatbestandsrelevanter Postpendenz vor. Diese Klassifizierung hat aber für ihn keine maßgebliche Bedeutung, da er die Homogenität dieser Gruppe bestreitet und eine weitere Differenzierung vornimmt, die zu verschiedenen Lösungen führt.[340] Im Rückgriff auf die Fälle konkurrenzrelevanter Postpendenz stellt er deren spezifisches Charakterisitikum heraus: Die "ungewißheitsneutrale Konstanz" des Nachtatverhaltens.[341] An der Gewißheit über die Voraussetzungen der Anschlußtat ändere der Vortatsachverhalt nichts.[342] Diese Konstellation bezeichnet Küper als "implikative" oder "echte" Postpendenz.[343] Fälle implikativer Postpendenz sind zunächst alle konkurrenzrelevanten Postpendenzsituationen. Aber laut Küper gibt es auch Fälle, bei denen Merkmale, die "an sich" in den konkurrenzregulierenden Bereich gehörten, vertatbestandlicht wurden.[344] Trotz bestehender Zweifel bezüglich solcher Tatbestandsmerkmale seien alle vom Gesetz verlangten Voraussetzungen der Anschlußtat erfüllt. Das verbleibende Beweismanko beträfe lediglich negativ einschränkende Elemente, welche nur "materiell konkurrenzregulierend" und nicht "unrechts- oder schuldtypisierenden" Charakter hätten.[345] Die enge strukturelle Affinität dieser Fälle zu den Situationen konkurrenzrelevanter Postpendenz führe dazu, daß im Ergebnis die gleiche Entscheidung zu treffen sei.[346] Jedenfalls sei eine

---

339 Küper, Probleme, S. 77.

340 Küper, Probleme, S. 75.

341 Küper, Probleme, S. 78.

342 Küper, Hehlerei, S. 36.

343 Küper, Probleme, S. 78.

344 Küper, Probleme, S. 78.

345 Küper, Probleme, S. 79.

346 Küper, Probleme, S. 93.

wahldeutige Lösung nicht angemessen.[347] Dies ergäbe sich schon daraus, daß alle deliktstypischen Merkmale der Anschlußtat festünden. Daher sei eine limitierende Gleichwertigkeitsprüfung, wie sie bei der Wahlfeststellung zu erfolgen habe, unangebracht.[348]

In der dogmatischen Begründung dieses Ergebnisses weicht Küper stark von Hruschka ab. Wie dieser stellt er zunächst fest, daß das Nichtvorliegen des einschränkenden Tatbestandsmerkmals nicht bewiesen werden kann. Hruschka hält in dieser Situation einen Beweisverzicht für zulässig, da dieser nur negative Voraussetzungen beträfe.[349] Laut Küper ist es nicht einzusehen, warum an den Nachweis negativer Voraussetzungen geringere Anforderungen als sonst üblich gestellt weden sollten.[350] Auch negative Voraussetzungen bildeten vollwertige Tatbestandsmerkmale. Sie seien daher beweisrechtlich wie positive Tatbestandsmerkmale zu behandeln.[351] Die Lösung der Fälle tatbestandsrelevanter implikativer Postpendenz müsse daher anders begründet werden. Ausgangspunkt müsse die bloß konkurrenzregulierende Funktion der zweifelhaften Tatbestandsmerkmale sein. Diese Funktion könne nur vor dem Hintergrund der Bewertungseinheit zwischen Vor- und Nachtat verstanden werden. Die Vortat entfalle mangels Beweisbarkeit als Bewertungsgrundlage. Die hier relevanten Nachtatbestandsmerkmale seien nur geschaffen worden, um ein Konkurrenzproblem zu lösen. Wegen des Beweismangels trete ein solches nicht auf. Daher sei die Einschränkung des Tatbestands gegenstandslos: sie entfalle.[352] Diese Argumentation entspricht der für die Fälle konkurrenzrelevanten Postpendenz. Damit werden laut Küper auch die Fälle tatbestandsrelevanter im-

---

347 Küper, Probleme, S. 85.

348 Küper, Probleme, S. 93.

349 Hruschka, Logik, S. 641 FN 26.

350 Küper, Probleme, S. 93.

351 Küper, Probleme, S. 95.

352 Küper, Probleme, S. 95; ders. Hehlerei, S. 37.

plikativer Postpendenz einer eindeutigen Nachtatverurteilung zugänglich.[353]

Von dieser Form tatbestandlicher Postpendenz sei die von Küper so benannte "exclusive" oder "unechte" Postpendenz zu unterscheiden. Ihr spezifisches Merkmal sei die Unverträglichkeit von Vor- und Nachtat, die dazu führt, daß in Wahrheit das Vorliegen beider Delikte nicht geklärt sei. Die durch die unaufgeklärte Vortat bestehenden Zweifel beträfen in diesen Fällen den Deliktstyp der Nachtat. Obwohl die Nachtat faktisch festgestellt sei, verbleibe dieses Beweismanko.[354] Wegen der Unverträglichkeit beider Delikte läge in diesem Fall eine zweiseitige Sachverhaltsungewißheit vor, die zu doppelter Rechtsnormenungewißheit führe. Beide Delikte stünden im Verhältnis der Kontravalenz.[355]

Damit stellt sich die Frage, ob diese Einordnung nicht zwangsläufig zur Bejahung einer Wahlfeststellung, die sich durch die gleiche logische Struktur auszeichnet, führt. Anders als Hruschka sieht Küper die Struktur der Kontravalenz zwar als notwendiges, nicht aber als hinreichendes Kriterium der Bejahung der Wahlfeststellung. Kennzeichnend und hinreichend für die Situation der Wahlfeststellung sei vielmehr ein spezifisches beweislogisches Verhältnis der alternativen Sachverhalte. Sie stünden zueinander in einer Beziehung "psychologischer Alternativität"; da die gedankliche Eliminierung des einen Sachverhalts zur Bejahung des anderen führe.[356] Da aber auch bei Fällen exclusiver Postpendenz die Zweifel an der Vortat von der Nachtat unabhängig seien, deren gedankliche Eliminierung mithin nicht zur Vortatbejahung führe, läge keine psychologische Alternatvität vor.
Nunmehr stellt sich für den Autor die nächste Frage, ob das Fehlen psychologischer Alternativität hinreichendes Kriterium zur Verneinung der Wahlfeststellung in diesen Fällen ist. Dagegen spräche die Erwägung, daß in Fällen exclusiver Postpendenz

---

353 Küper, Hehlerei, S. 37.

354 Küper, Probleme, S. 80.

355 Küper, Probleme, S. 86.

356 Küper, Probleme, S. 86f.

jedenfalls das "ob", wenn auch nicht das "wie", der Strafbarkeit feststünde.[357] Zwar sei eine wahldeutige Entscheidung wegen der logischen Struktur möglich. Fraglich sei aber, ob dies sinnvoll sei. Dagegen spräche zunächst die dann vorzunehmende Gleichwertigkeitsprüfung. Je schwerer die Nachtat wiege, desto größer sei die Gefahr der Ungleichwertigkeit von Vor- und Nachtat. Da dies zu ungerechten Ergebnissen führe, müsse man erwägen, eine solche Gleichwertigkeitsprüfung durch eine eindeutige Verurteilung zu umgehen.[358] Dies würde auch nicht zu einer unangemessenen Benachteiligung des Angeklagten führen, da der Zweifel am Vorliegen der Nachtat einzig auf der möglicherweise zusätzlich begangenen Vortat beruhe.[359] Für eine eindeutige Nachtatverurteilung spreche auch der Gedanke, daß bei einer wahldeutigen Entscheidung auch die Vortat Urteilsgrundlage werde. Dies sei aber eine Belastung mit einem möglicherweise unzutreffenden Verdacht, deren Zulässigkeit fragwürdig sei, da die Zweifel an der Vortat von der Nachtatbejahung unabhängig bestünden.[360]

Trotz dieser schwerwiegenden Argumente zugunsten einer eindeutigen Entscheidung und damit zur Bejahung der Gleichbehandlung exclusiver und implikativer Postpendenz entscheidet sich der Autor anders. Die Fälle exclusiver Postpendenz müßten einer wahldeutigen Entscheidung zugeführt werden. Das Urteil könne und müsse auf beiden Taten aufgebaut werden, da wegen der Unverträglichkeit beider Delikte andernfalls keine Überzeugung von der Strafbarkeit des Täterverhaltens vorläge.[361] Ein Beweisverzicht in bezug auf die fraglich bleibenden Elemente der Nachtat sei illegitim, da zwingende Voraussetzungen tatbestandsmäßigen Verhaltens betroffen seien.[362] Gegen eine wahldeutige Verurteilung spräche auch nicht der

---

357 Küper, Probleme, S. 88.

358 Küper, Probleme, S. 90.

359 Küper, Probleme, S. 90.

360 Küper, Probleme, S. 90.

361 Küper, Probleme, S. 91; ders. Hehlerei, S. 35.

362 Küper, Hehlerei, S. 35.

Gedanke, daß der zweifelhaft bleibende erste Vorwurf durch das Nachtatgeschehen doch zur Urteilsgrundlage werde. Diese bestehe zwar aus beiden Elementen, trotzdem sei es nicht so, daß ein zweifelhaftes Vortatgeschehen, welches selbst das Urteil nicht tragen könne, nun durch die Begehung der späteren Handlung sozusagen wieder auflebe. Schließlich bedinge die für den zweiten Teil bestehende Sachverhaltsungewißheit - die allein durch die Aufklärung des ersten Vorwurfs behebbar wäre - zwangsläufig den Rückgriff auf das erste Geschehen und seine Einbeziehung ins Urteil.[363] Diese Form der Erweiterung der Urteilsgrundlage sei bei wahldeutigen Entscheidungen nichts Ungewöhnliches.[364]

Auch das Argument, eine eindeutige Nachtatverurteilung des Täters sei diesem gegenüber nicht ungerecht, überzeuge nicht. Es sei vielmehr eine "gefährliche Fiktion", die zu Lasten des Täters die Schutzmechanismen der Wahlfeststellung unterlaufe.[365] Fälle tatbestandsrelevanter exclusiver Postpendenz müßten daher dem Bereich der Wahlfeststellung zugeordnet und wahldeutig entscheiden werden.

Im Ergebnis kommt Küper zu folgender Einteilung. Neben die Klassifizierung als tatbestands- oder konkurrenzrelevante Postpendenz tritt die als exclusive oder implikative Postpendenz. Dabei sind alle Fälle konkurrenzrelevanter Postpendenz implikativ, während es bei der tatbestandsrelevanten Postpendenz implikative und exclusive Konstellationen gibt. Implikative Postpendenz soll nach Küper zu einer eindeutigen Nachtatverurteilung führen, während Fälle exclusiver Postpendenz wahldeutig gelöst werden sollen.

4.4.3 Jürgen Wolter

Auch Jürgen Wolter hat in seinen zahlreichen Schriften zum Thema Wahlfeststellung

---

363 Küper, Probleme, S. 92.

364 Küper, Probleme, S. 92.

365 Küper, Probleme, S. 94.

das Problem der Postpendenz gestreift. Seine Ausführungen beruhen auf der von Hruschka erarbeiteten Einteilung der Postpendenz in tatbestands- und konkurrenzrelevante Fälle.[366] Die von Küper vorgenommene weitere Differenzierung kommentiert Wolter nicht. Das grundlegende Charakteristikum der Postpendenz sieht er wie Hruschka im Zeitelement: Ein beweismäßiger Schwerpunkt liegt auf einem zeitlich einer anderen Tat nachfolgenden Geschehen.[367] Inhaltlich sieht er Postpendenz als eine Situation einseitiger Sachverhaltsungewißheit bei doppelter Rechtsnormenungewißheit, also als Fall einer Straftatbestandsalternativität ohne zugrundeliegende exclusive Alternativität der Sachverhalte.[368] Wolter schlägt für alle Fälle der Postpendenz eine einheitliche Lösung vor. Zunächst sei die Möglichkeit einer wahldeutigen Verurteilung zwischen Vor- und Nachtat zu prüfen. Eine solche habe Vorrang vor allen anderen Entscheidungsmöglichkeiten. Dies ergebe sich daraus, daß die Postpendenz ein Problem der Wahlfeststellung sei, da die Gleichwertigkeit der Alternativen insbesondere bei er tatbestandsrelevanten Postpendenz geprüft werden müsse.[369] Diese Einordnung rechtfertige den Vorrang wahldeutiger Verurteilungen. Sollte eine wahldeutige Verurteilung beispielsweise mangels Gleichwertigkeit der Alternativen nicht möglich sein, soll eine eindeutige Verurteilung aus der Nachtat erfolgen.[370] Erst wenn auch eine solche nicht möglich sei, müsse der Angeklagte freigesprochen werden. Ein solcher Freispruch habe dabei sehr enge Voraussetzungen. Eine eindeutige Verurteilung aus der Nachtat ist nach Wolter nämlich lediglich dann ausgeschlossen, wenn der Nachtattäter möglicherweise Alleintäter der Vortat war und in der Anschlußhandlung keine Manifestation des Zueignungswillens gesehen werden

---

366 Wolter, Grundfälle, S. 604.

367 Wolter, Grundfälle, S. 603.

368 Wolter, Wahlfeststellung, S. 38; ders. Grundfälle, S. 603.

369 Wolter, Grundfälle, S. 604; kritisch Schmoller, S. 174 FN 52, da nach seiner Vorstellung wahldeutige Verurteilungen in diesen Fällen mangels sozialer Sinngleichheit unzulässig sind.

370 Wolter, Grundfälle, S. 605; ders. Verurteilung, S. 165ff; ders. Wahlfeststellung, S. 41f; ders. Anmerkung, S. 456.

kann.[371] In diesen seltenen Fällen sei ein Freispruch im Vergleich zu einer Überdehnung der Grenzen der Wahlfeststellung oder dem Verzicht auf den Nachweis negativer Strafbarkeitsmerkmale die bessere Lösung.[372]

4.4.4 Hans-Ludwig Günther

Günther akzeptiert die Postpendenz als eigenständige Problemstruktur.[373] Bei der Lösung lehnt er allerdings die Ansätze von Hruschka[374] und Küper[375] strikt ab. Seiner Meinung nach ist in Fällen bloß konkurrenzrelevanter Postpendenz eine eindeutige Verurteilung aus der Nachtat unproblematisch möglich.[376] Zur Lösung von Fällen tatbestandsrelevanter Postpendenz geht er davon aus, daß zur Feststellung eines bestimmten Tatbestands alle Tatbestandsmerkmale bewiesen sein müssen. Dies gelte - im Gegensatz zur Auffassung Hruschkas und Küpers - ohne Ausnahme, das bedeutet auch bezüglich negativer Voraussetzungen der Strafbarkeit.[377] Wegen der verbleibenden Zweifel trage daher bei tatbestandsrelevanter Postpendenz der "festgestellte" Nachtatsachverhalt die Verurteilung nicht. Erst die Zusammenschau von beiden Sachverhalten bilde eine ausreichende Urteilsgrundlage.[378] Zusätzlich geböten andere Gründe, beide Sachverhalten zur Urteilsgrundlage zu machen. Andernfalls drohten ungerechte Ergebnisse in den Fällen, in denen für den Angeklagten das Vorliegen des zweifelhaften Vortatsachverhalts zu einer milderen Bestrafung geführt

---

371 Wolter, Verurteilung, S. 175; Beispiel in Verurteilung, S. 169; Röhmel, S. 378.

372 Wolter, Verurteilung, S. 175.

373 Günther, Verurteilungen, S. 43ff; S. 56; ders. Wahlfeststellung, S. 666.

374 Günther, Verurteilungen, S. 210ff.

375 Günther, Wahlfeststellung, S. 666 FN 23 a.

376 Günther, Verurteilungen, S. 219; ders. Wahlfeststellung, S. 666.

377 Günther, Verurteilungen, S. 211.

378 Günther, Wahlfeststellung, S. 667; ders. Verurteilungen, S. 211;

hätte.[379]

Demnach sind laut Günther die Fälle tatbestandsrelevanter Prä- und Postpendenz, Disjunktion und Alternative (in dieser Arbeit Kontravalenz genannt) einer einheitlichen Lösung zuzuführen. Das Urteil muß dabei jeweils auf beide Sachverhalte gestützt werden. Zur Begrenzung der Zulässigkeit einer solchen Entscheidung führt Günther das Kriterium der "graduellen Unwertverschiedenheit" ein. Eine Verurteilung soll demnach zulässig sein, wenn die Delikte keinen Unterschied bezüglich des verwirklichten Unwerts aufweisen. Eine Verschiedenheit bezüglich des Grades des Verstoßes gegen das Rechtsgut beeinträchtige die Zulässigkeit dagegen nicht.[380]

4.4.5 Hans-Joachim Rudolphi

Rudolphi erkennt die Differenzierung zwischen tatbestands- und konkurrenzrelevanter Postpendenz grundsätzlich an, ohne ihr im Ergebnis große Bedeutung zuzumessen. In Fällen konkurrenzrelevanter Postpendenz sei eine Verurteilung problemlos möglich. Schließlich entfalle eine Strafbarkeit aus Konkurrenzgründen nur dann, wenn die Vortat auch bewiesen sei. Dies sei aber in der Situation der konkurrenzrelevanten Postpendenz gerade nicht der Fall.[381] Das gleich gelte bei Tatbestandseinschränkungen, also in Fällen tatbestandsrelevanter Postpendenz. Auch hier sei im Grundsatz eine eindeutige Verurteilung vorzunehmen. Allerdings erfahre dieses Prinzip deliktsspezifische Einschränkungen. So sei eine eindeutige Verurteilung nicht möglich bei einer zweifelhaften Alleintätervortattäterschaft mit nachfolgender Begünstigungshandlung.[382]

---

379 Günther, Verurteilungen, S. 211.

380 Günther, Verurteilungen, S. 219, S. 231ff; S. 248.

381 Rudolphi in SK, RN 25 Anh. zu § 55.

382 Rudolphi in SK, RN 25 Anh. zu § 55.

4.4.6 *Albin Eser*

Eser geht davon aus, daß die von Hruschka vorgenommene Interpretation der exclusiven Alternativität, wie sie die Rechtsprechung als Kriterium der Wahlfeststellung sieht, eine Fehlinterpretation sei. Nur aufgrund dieser Fehlinterpretation führe dieses Kriterium zu einer Abgrenzung zwischen Postpendenz und Wahlfeststellung. Die exclusive Alternativität sei nicht strukturgebend, sondern nur als Mindestvoraussetzung für den Fall beidseitiger Sachverhaltsungewißheit zu verstehen. Auch bei Postpendenzsituationen sei daher grundsätzlich eine wahldeutige Lösung möglich.[383] Allerdings sei bezüglich konkurrenzrelevanter Postpendenzfälle eine eindeutige Nachtatverurteilung angemessen. Dies begründe sich damit, daß eine aus Konkurrenzgründen straflose Nachtat regelmäßig dann voll strafbar sei, wenn die Haupttat mangels Beweises nicht verurteilt werden kann.[384] Dagegen seien tatbestandsrelevante Postpendenzfälle durch alternative Verurteilung auf wahldeutiger Grundlage zu entscheiden.[385]

4.4.7 *Herbert Tröndle*

Tröndle erkennt den strukturellen Unterschied zwischen tatbestands- und konkurrenzrelevanter Postpendenz an, ohne ihm im Ergebnis Bedeutung zuzumessen. Er will alle Postpendenzfälle einheitlich einer wahldeutigen Lösung zuführen. Dies begründet er damit, daß die Zulässigkeitsgrenzen einer eindeutigen Verurteilung - so man sie in manchen Postpendenzfällen zuließe - willkürlich verliefen. So hänge die Frage, ob überhaupt und wenn ob eindeutig verurteilt werden könne von der Natur der

---

383 Eser in Sch Sch, RN 96 Anh. § 1.

384 Eser, in Sch Sch, RN 98 Anh. § 1; zust. Geppert, Begünstigung, S. 446.

385 Eser in Sch Sch, RN 98 Anh. § 1; s. auch Wolter, Grundfälle, S. 604; Maurach, § 10 III, RN 33a.

zweifelhaften Vortatbeteiligung (Allein / Mittäterschaft) ab.[386] Dieses Abgrenzungskriterium sei nicht angemessen.[387] Zudem führe bei Postpendenzsituationen die lediglich einseitige Sachverhaltsungewißheit zu einer Gesetzesalternativität, wie sie auch die Konsequenz wahldeutiger Fälle sei. Diese übereinstimmende Gesetzesalternativität sei das maßgebliche Entscheidungskriterium. Die Frage nach der Natur der Tatsachenbasis sei dagegen nicht ausschlaggebend.[388]

4.4.8 Jan C. Joerden

Ausgangspunkt für Joerden ist die grundsätzliche Definition von Postpendenz: Sie läge vor, wenn von zwei Sachverhalten der zeitlich spätere sicher festgestellt sei, der zeitlich frühere dagegen ungewiß bleibe.[389] Dabei ist das zeitliche Element für Joerden nicht konstitutiv, sondern im strafrechtlichen Bezugsrahmen "nützlich".[390] Da keine Verurteilung wegen der zweifelhaft bleibenden Tat erfolgen könne, könne die jeweilige Nach- bzw. bei Präpendenz-Vortat nicht als mitbestraft gelten.[391] Da aber ihre Tatsachengrundlage ausreichend bewiesen sei, könne eine Verurteilung eindeutig auf der Basis der festgestellten Tat erfolgen. Nach Joerden muß aber ein Sonderfall Beachtung finden. Ist es so, daß für den Täter das Vorliegen beider Sachverhalten günstiger wäre, da die Haupttat weniger schwer bestraft werden würde, so muß der Strafrahmen der Haupttat entnommen und der Tenor entsprechend gefaßt werden.[392]

---

386 als Beispiel s. Geppert, Hehlerei, S. 105f.

387 Tröndle in LK, RN 67 Anh. § 1.

388 Tröndle in LK, RN 67 Anh. § 1; zust. Blei § 11 III; Wolter, Grundfälle, S. 604; ders. Wahlfeststellung, S. 40; kritisch Günther, Wahlfeststellung, S. 666.

389 Joerden, Postpendenz, S. 853; ders. Reichweite, S. 640.

390 Joerden, Fallsysteme, S. 120f; ders. Postpendenz, S. 847, FN 5.

391 Joerden, Postpendenz, S. 848; Reichweite, S. 641.

392 Joerden, Fallsysteme, S. 124; s. schon oben, Kap. 4.4.4.

Dieses auf den ersten Blick sehr einfach anmutende Postpendenzmodell kann nur vor dem Hintergrund dessen gesehen werden, was Joerden unter einem strafrechtlich relevanten Sachverhalt versteht. Als Ausgangspunkt gilt für ihn, daß ein solcher Sachverhalt alle positiven und negativen Umstände umfaßt, die für den jeweiligen Deliktstatbestand notwendig sind. Andernfalls kann nach Joerden nicht von einem strafrechtlich relevanten Sachverhalt gesprochen werden.[393] Dieser Begriff ist damit weitaus enger gefaßt als der, den Hruschka seinen Überlegungen zugrundelegt. Dieser sieht einen Sachverhalt als die Beschreibung einer strafbaren Handlung an, die auch dann vorliegt, wenn nicht alle für den Tatbestand notwendigen Voraussetzungen geklärt sind.[394] Nur aus diesem Hintergrund läßt sich sein Konzept des Beweisverzichts verstehen. Auch Küper konstruiert seine Lösung auf der Basis des Sachverhaltsbegriffs Hruschkas. Dies wird daran deutlich, daß es die von ihm sogenannten Fälle exclusiver Postpendenz überhaupt gibt. Hat man beispielsweise den Nachweis einer Handlung geführt, die grundsätzlich alle Anforderungen von § 246 StGB erfüllt, bleibt aber die Frage offen, ob vorher bereits eine Zueignung stattgefunden hat, so führt diese Konstellation zu verschiedenen Resultaten. Nach Küper läge - je nach Auffassung über den Charakter von Zweitzueignungen, ein Fall implikativer oder exclusiver Postpendenz vor. Joerden dagegen würde, falls er sich der Rechtsprechungsmeinung anschlösse, schon den Ausgangspunkt anders sehen. Für ihn läge in diesem Fall kein festgestellter strafrechtlich relevanter Sachverhalt in bezug auf die Anschlußtat vor.

Damit fallen diese Konstellationen aus der Struktur der Postpendenz heraus.[395] Alle Fälle exclusiver Postpendenz sind nach Joerdens Auffassung Fälle der Kontravalenz.[396] Allerdings gelangt Joerden im Ergebnis zu den gleichen Resultaten wie Küper, da beide diese Fälle wahldeutig lösen wollen.

---

393 Joerden, Fallsysteme, S. 135f.

394 Hruschka, Logik, S. 639.

395 Joerden, Fallsysteme, S. 139.

396 Joerden, Fallsysteme, S. 139.

Als Zwischenergebnis soll festgehalten werden, daß Joerden den Bereich der Postpendenz auf die Fälle implikativer Postpendenz beschränkt. Auch dieses Ergebnis wird von ihm noch weiter differenziert. Wie schon Küper unterscheidet Joerden in bezug auf die implikative Postpendenz zwischen der konkurrenz- und der tatbestandsrelevanten implikativen Postpendenz. Auch Joerden bekannt sich zu dem Ansatz, daß es Tatbestandsmerkmale gibt, die lediglich konkurrenzregulierende Funktion haben. Solche Merkmale tangieren nach Joerden nicht die Frage, ob ein strafrechtlich relevanter Sachverhalt vorliegt. Genauer gesagt umfaßt ein Sachverhalt daher alle positiven und negativen Voraussetzungen der Tatbestandserfüllung bis auf jene, die bloß konkurrenzregulierenden Charakter haben. Dabei soll es keine Rolle spielen, ob diese im Tatbestand oder auf Konkurrenzebene vorkommen.[397]

Im Ergebnis gibt es bei Joerden keine exclusive Postpendenz, da es sich hierbei mangels festgestelltem strafrechtlich relevanten Sachverhalts um Fälle der Kontravalenz handelt. Es bleiben die Fälle implikativer Postpendenz, die für Joerden alle konkurrenzregulierenden Charakter haben, da andernfalls kein Sachverhalt in seinem Sinne festgestellt wird. Konsequenterweise gibt es für Joerden keine Fälle eigentlich tatbestandsrelevanter Postpendenz.[398]

Auch für Joerden stellt sich die Frage, welche Tatbestandsmerkmale lediglich konkurrenzregulierende Funktion haben. Maßstab ist für ihn die Auslegung. Alles, was den Handlungs- oder den Erfolgsunwert konstituiert, hat deliktstypisierenden und damit nicht nur konkurrenzregulierenden Charakter.[399] Alle die Tathandlung beschreibenden Tatbestandsmerkmale fallen in diese Kategorie. Es bleibt insbesondere der Bereich der täterqualifizierenden Merkmale, die einer differenzierenden Betrachtung zugänglich sei. Als Ansatz für die Auslegung soll nach Joerden eine Betrachtung der den Täter betreffenden Pflichten dienen. Will das betreffende Merkmal

---

397 Joerden, Postpendenz, S. 850.

398 Joerden, Fallsysteme, S. 140.

399 Joerden, Postpendenz, S. 851.

verhindern, daß für den nicht qualifizierten Täter eine Pflicht entsteht, sei es unrechtskonstitutiv. Soll dagegen erreicht werden, daß wegen der Pflichtverletzung nicht zusätzlich gestraft werden kann, handele es sich um ein konkurrenzregulierendes Merkmal.[400] Dabei bleibt der Autor erläuternde Beispiele für diese Konzeption schuldig.

4.4.9 Kurt Schmoller

Ausgangspunkt ist für Schmoller die Unterteilung von Postpendenzfällen in tatbestands- und konkurrenzrelevante Postpendenz. Bei lediglich konkurrenzrelevanter Postpendenz will er in jedem Fall zu einer Verurteilung aus der Nachtat gelangen, da diese strafbar sei, wenn die Vortat fraglich bleibe.[401] Bei der tatbestandsrelevanten Postpendenz sieht er dagegen Anlaß zu einer Differenzierung. Als Ergebnis schlägt er entweder eine eindeutige Verurteilung aus der Nachtat oder - da es an dem nach seiner Auffassung maßgeblichen gleichen sozialen Sinngehalt bei Vor- und Nachtat immer fehlt und damit eine wahldeutige Lösung für ihn ausscheidet - einen Freispruch vor.[402]

Wann welche Lösung angemessen ist, hängt nach Schmoller von der Natur des zweifelhaft bleibenden Tatbestandsmerkmals ab. Er propagiert die Existenz von ihm sogenannter "Abgrenzungsmerkmale". Sie seien von beweisbedürftigen Tatbestandsmerkmalen zu unterscheiden. Wesentlich sei, daß solche Abgrenzungsmerkmale nicht konstitutive Bestandteile des Tatbestands seien, sondern nur der Abgrenzung zu einem anderen Tatbestand dienten. Sie seien Ausdruck eines vertatbestandlichten Verdrängungsverhältnisses zweier Tatbestände.[403] Die Verwirklichung

---

400 Joerden, Postpendenz, S. 851, FN 38.

401 Schmoller, S. 173.

402 Schmoller, S. 174.

403 Schmoller, S. 174; S. 176.

solcher Merkmale müsse nicht unbedingt nachgewiesen werden. Eine Verurteilung sei viel mehr schon dann zulässig, wenn alle sonstigen Tatbestandsmerkmale bewiesen sind und zusätzlich nicht alle Merkmale des anderen Tatbestands bewiesen sind, demgegenüber die Abgrenzung hätte erfolgen sollen.[404]

Erklärtes Ziel dieser Ausführungen ist es, durch die Propagierung bloßer Abgrenzungsmerkmale die Anzahl von Stufenverhältnissen zwischen den Tatbeständen zu erhöhen.[405] Dadurch erzielt Schmoller im Endeffekt eine Vielzahl von eindeutigen Verurteilungsmöglichkeiten aus dem jeweils "leichteren" Tatbestand.[406] So können nach seiner Meinung kriminalpolitisch wünschenswerte Ergebnisse erzielt werden.[407] Inhaltlich lehnt Schmoller sich an die Ansätze Hruschkas an. Allerdings moniert er, daß dessen Begriff der "negativen Voraussetzungen der Strafbarkeit" nicht glücklich gewählt sei, da es sich durchaus nicht immer um negativ gefaßte Merkmale handele und so Mißverständnisse entstehen könnten.[408] Zudem sei es nicht angemessen, diesen Begründungsansatz auf Postpendenzsituationen zu beschränken.[409] Außerdem gebe Hruschka keine exakten Abgrenzungskriterien an.[410] Auch an der Auffassung Küpers moniert er deren mangelnde Reichweite. Zum einen wolle Küper sein Konzept der lediglich konkurrenzrelevanten Tatbestandsmerkmale auf ungeschriebene Merkmale beschränken und zusätzlich dieses Konzept nur für Postpendenzsituationen fruchtbar machen.[411] Schmoller rechtfertigt sein Konzept der Abgrenzungsmerkmale. Es läge insbesondere kein Verstoß gegen in dubio pro reo

---

404 Schmoller, S. 176.

405 Schmoller, S. 176.

406 Beispiele bei Schmoller, S. 185ff.

407 Schmoller, S. 180.

408 Schmoller, S. 179.

409 Schmoller, S. 180.

410 Schmoller, S. 180.

411 Schmoller, S. 180.

vor, da aus diesem Grundsatz eine Nachweispflicht nur für solche Merkmale abgeleitet werden könne, die den tatbestandlichen Unwert begründen. Da dies bei bloßen Abgrenzungsmerkmalen nicht der Fall sei, sei ein auf sie beschränkter Beweisverzicht unbedenklich.[412] Diese Vorgehensweise sei vergleichbar mit der von der herrschenden Meinung angewendeten Methode bei zweifelhaft bleibenden privilegierenden Merkmalen. Da sei es anerkannt, daß trotz dieser Zweifel eine Verurteilung aus dem privilegierenden Tatbestand erfolgen muß.[413] Allerdings begrenzten in dubio pro reo und die Unschuldsvermutung diese Vorgehensweise auf Abgrenzungsmerkmale. Unwertbegründende Faktoren müßten bewiesen werden.[414] Die Abgrenzung zwischen bloßen Abgrenzungsmerkmalen und unwertbegründenden Faktoren müsse durch systematische und teleologische Auslegung erarbeitet werden. Dabei räumt der Autor ein, daß eine solche Auslegung in Grenzfällen zweifelhaft sein könne. Ursache für verschiedene Ergebnisse könnten dabei insbesondere abweichende Meinungen darüber sein, worin der Unwert des betreffenden Delikts liege.[415]

4.5 Zusammenfassung und Kritik

Diese kurze Darstellung der zur Postpendenz vertretenen Ansichten hat deren Vielfältigkeit gezeigt. Lediglich der Ausgangspunkt - die Unterscheidung zwischen tatbestands- und konkurrenzrelevanter Postpendenz - ist allgemein anerkannt. Ob eine weitergehende Differenzierung, wie sie beispielsweise Küper vornimmt, angemessen ist, wird bereits unterschiedlich gesehen. Das volle Ausmaß der Differenz zeigt sich allerdings erst im Ergebnis: Die Frage nach der Natur der im Einzelfall zu treffenden Entscheidung. In diesem Punkt findet jedes logisch denkbare Resultat einen Autor, der es vertritt. Dabei kann man die Autoren ergebnisorientiert in Grup-

---

412 Schmoller, S. 183.

413 Schmoller, S. 183.

414 Schmoller, S. 184.

415 Schmoller, S. 184.

pen einteilen.

Zunächst gibt es eine Gruppe von Stimmen, die, ungeachtet der im Grundsatz akzeptierten Unterscheidung zwischen tatbestands- und konkurrenzrelevanten Postpendenz, eine einheitliche Lösung für beide Fallgruppen favorisieren. Diese Gruppe wird im wesentlichen von Hruschka, Wolter, Rudolphi und Tröndle repräsentiert. Während Hruschka und im Prinzip auch Rudolphi einheitlich eine eindeutige Verurteilung anstreben, will Wolter- dem sozusagen vorgeschaltet - zunächst eine Wahlfeststellungslösung prüfen. Erst bei deren Unzulässigkeit soll eine eindeutige Verurteilung aus der Nachtat erfolgen. Sollte auch diese unzulässig sein, ist das Ergebnis ein Freispruch. Im Gegensatz dazu will Tröndle alle Postpendenzfälle einheitlich einer wahldeutigen Lösung zuführen.

Die andere Gruppe dagegen vertritt die Ansicht, daß sich die strukturelle Differenz zwischen tatbestands- und konkurrenzrelevanter Postpendenz auch im Ergebnis widerspiegeln muß. Dabei herrscht in dieser Gruppe eine bemerkenswerte Einheitlichkeit in bezug die Lösung der Fälle der konkurrenzrelevanten Postpendenz. Alle Stimmen verlangen insofern eine eindeutige, allein auf die Nachtat gestützte Entscheidung. Dagegen wird in bezug auf die Fälle tatbestandsrelevanter Postpendenz ein breites Meinungsspektrum vertreten. Während Eser alle Fälle tatbestandsrelevanter Postpendenz einheitlich einer wahldeutigen Entscheidung zuführen möchte, nimmt Küper - und ihm folgend Joerden und Schmoller - eine weitergehende Differenzierung zwischen exclusiver und implikativer Postpendenz vor. Dabei sollen Fälle implikativer Postpendenz durch eindeutige, lediglich auf die Nachtat gestützte Entscheidungen gelöst werden, während exclusive Postpendenzsituationen wahldeutig entscheiden werden sollen. Im folgenden wird ein kurzer Überblick über die von diesen Autoren gegeneinander vorgebrachte Kritik gegeben.

Hruschka, der die Unterteilung der Postpendenzfälle in tatbestands- und konkurrenzrelevant bejaht, dann aber einheitlich eine Lösung über eine eindeutige Nachtatverurteilung propagiert, wird schon bezüglich seines Ausgangspunktes heftig kritisiert. Sein Ausgangspunkt ist die Definition, die die Rechtsprechung der exclusiven Alternativität gibt. Diese verlangt, daß zwei Alternativen so zueinander stehen, daß entweder die eine oder die andere vorgelegen hat. Jede andere Möglichkeit muß ausgeschlossen sein. Daher verneint Hruschka das Vorliegen dieses Kriteriums in Postpendenzfällen, da hier auch beide Sachverhalte zusammen vorgelegen haben können, demnach nicht jede andere Möglichkeit ausgeschlossen sei.[416]

Dagegen wird eingewendet, daß diese Grundlage "brüchig" sei. Hruschka zitiere die Rechtsprechung zusammenhanglos und verfälsche so den erkennbaren Sinn. Der Bundesgerichtshof wolle lediglich die Möglichkeit eines straflosen dritten Hergangs ausschließen, nicht aber die innere Struktur einer Wahlfeststellungssituation vorgeben.[417] Zusätzlich würde Hruschka unzulässigerweise Merkmale aus dem Begünstigungstatbestand "hinauseskamotieren", die die Täterqualität beschreiben.[418]

Dieser Kritik schließt sich, allerdings weniger scharf, Küper an. Auch er ist der Meinung, daß Hruschka eine fehlerhafte Interpretation des Merkmals der exclusiven Alternativität vornehme. Der Bundesgerichtshof habe kein Kriterium der Wechselbezüglichkeit zweier Sachverhalte schaffen wollen. Er wollte lediglich aufzeigen, daß zwei in sich zweifelhaft bleibende Abläufe nicht ausreichen, um eine Verurteilung zu tragen.[419] Damit solle lediglich abgesichert werden, daß durch Ausschluß strafloser Varianten die Gefahr der Verurteilung Unschuldiger gebannt sei. Ein solcher Ausschluß setze tatsächlich eine Wechselbezüglichkeit der verbleibenden strafbaren Alternativen in beweislogischer Hinsicht voraus. Allerdings sei diese Wechselbezüglichkeit nur als eine Art Mindestgarantie zu verstehen. Sie könne durch stärkere Garantien ersetzt werden. Dies entspreche der Situation in Postpendenzfällen. In dieser Fallgestaltung werde der Mangel an Wechselbezüglichkeit durch die die Nachtat betreffende Gewißheit kompensiert.[420] Dabei sei Hruschkas Argument nicht

---

416 Hruschka, Logik, S. 638 mit Rechtsprechungszitaten.

417 Blei, Aufsätze, S. 649.

418 Blei, Aufsätze, S. 649.

419 Küper, Probleme, S. 88.

420 Küper, Hehlerei, S. 30.

ausreichend, um zu belegen, daß wahldeutige Lösungen in Postpendenzsituationen unzulässig seien.

Aber auch die weitergehenden Thesen Hruschkas werden angegriffen. So wird der von ihm bezüglich mancher Tatbestandsmerkmale als zulässig angesehene Beweisverzicht in Frage gestellt. Er führe zu einer Analogie zuungunsten des Täters.[421] Grundsätzlich wird angemahnt, daß bei Zweifeln, die die Subsumtion des späteren Sachverhalts unter den Tatbestand beeinflussen, diesen Tatbestand mangels Erweislichkeit seiner Voraussetzungen ausscheiden müsse. Ein Nachweisverzicht sei nicht zu rechtfertigen. Daher liege bezüglich des späteren Sachverhalts allein kein ausreichender Tatbestandsnachweis vor. Daher müßte eine alternative, auf beide Sachverhalte gestützte Entscheidung getroffen werden. Ansonsten könnten Ungerechtigkeiten für den Angeklagten nicht ausgeschlossen werden. Dies zeige sich zum Beispiel in den Fällen, in denen das Vorliegen des zweifelhaften Sachverhalts für den Angeklagten günstiger sei.[422]

Zudem wird darauf hingewiesen, daß Hruschkas Vorgehensweise mit dem Begriff des Beweisverzichts nicht zutreffend gekennzeichnet sei. Es sei gerade nicht so, daß Hruschka auf den Beweis des Vorliegens eines Tatbestandsmerkmales verzichte, mithin seine Prüfung insofern in der Schwebe lasse. Vielmehr gehe er bei der Prüfung des zweiten Sachverhalts positiv vom Nichtvorliegen des ersten aus. Damit nehme er keinen Beweisverzicht, sondern eine Fiktion des Nichtvorliegends vor, die in bezug auf den Nachtatsachverhalt für den Angeklagten belastend sei.[423]

Weiterführend kritisiert Küper aufgrund seiner eigenen Einteilung tatbestandsrelevanter Postpendenz in exclusive bzw. implikative Postpendenz, daß Hruschka die Klassifizierung des Zweifels nicht genau genug erarbeitet. Diese

---

421 Wolter, Verurteilung, S. 168; Röhmel, S. 378.

422 Günther, Wahlfeststellung, S. 667; ders. Verurteilungen, S. 211.

423 Küper, Hehlerei, S. 31.

Zweifel beträfen - entgegen Hruschkas Ausführungen - nicht nur negative Tatbestandsmerkmale. In den Fällen sogenannter exclusiver Postpendenz seien Umstände betroffen, die zu den gesetzlichen Mindestvoraussetzungen des Folgedelikts gehörten.[424] Bei solchen deliktsgestaltenden Merkmalen sei ein Beweisverzicht unbefriedigend.[425] Zudem sei es unzutreffend, wenn Hruschka sage, daß der erste Sachverhalt als Urteilsgrundlage keine Rolle spiele. Dies sei in Fällen exclusiver Postpendenz gerade nicht der Fall, da keine ungewißheitsunabhängige Feststellung des Nachtatsachverhalts erfolgen könne.[426]

Auch Küper selbst wird in Bezug auf sein Postpendenzmodell kritisiert. Die von ihm sogenannte exclusive Postpendenz habe die logische Struktur der Kontravalenz. Damit gehöre sie in Wahrheit zu den Alternativfällen. Nur Fälle implikativer Postpendenz seien wirkliche Postpendenzsituationen. Daher sei die Unterscheidung unter Beibehaltung der Bezeichnung Postpendenz für beide Gruppen nicht gelungen.[427] Sie führe zu einem Verlust an Konturschärfe des Postpendenzbegriffs, da zwei völlig verschiedene Regelsysteme anzuwenden seien.[428]
Auch die von ihm propagierte weitere Differenzierung tatbestandsrelevanter Postpendenz wird angezweifelt. Nur die Abgrenzung zwischen tatbestands- und konkurrenzrelevanter Postpendenz sei durchführbar. Die weitergehende Differenzierung zwischen exclusiver und implikativer Postpendenz sei zu unsicher und mit der Garantiefunktion des Strafrechts nicht vereinbar.[429] Auch Praktikabilitäts- und Einfachheitsüberlegungen sprächen dagegen.[430] Küper selbst gibt zu, daß seine Lösung sehr

---

424 Küper, Probleme, S. 91 FN 102.

425 Küper, Hehlerei, S. 30.

426 Küper, Probleme, S. 89 FN 97.

427 Joerden, Fallsysteme, S. 140.

428 Joerden, Postpendenz, S. 850.

429 Gössel, S. 320.

430 Eser in SchSch, RN 98a Anh. § 1.

schwierig sei. Er verweist aber darauf, daß nicht seine Lösung, sondern das Problem diese Schwierigkeit verursache.[431]

Auch Wolter wird für sein Lösungsmodell, erst wahldeutige und dann, wenn eine solche nicht zulässig ist, eindeutige Verurteilung, heftig kritisiert. Er kehre das Regel-Ausnahme-Verhältnis zwischen eindeutiger und wahldeutiger Verurteilung in sein Gegenteil um. Dies sei aber keine angemessene Lösung, da eine wahldeutige Verurteilung nur als ultima ratio zulässig sei.[432] Zudem wird moniert, daß die bei einer wahldeutigen Entscheidung vorzunehmende Gleichwertigkeitsprüfung ihre Limitierungsfunktion verliere. Schließlich entscheide sie nicht mehr über das "ob", sondern nur noch über das "wie" der Strafbarkeit.[433] Außerdem gehe Wolter fälschlich von der Gleichwertigkeit der Begriffe "strafbar" und "wahlfeststellungsfähig" aus. Dies zeige sich daran, daß für ihn eine strafbare Vortat auch dann nicht vorliege, wenn die betreffende Vortat nicht wahlfeststellungsfähig sei. Dies bedeute eine unzulässige Verquickung materiellrechtlicher und prozessual beweisbezogener Aspekte.[434] Die Vortat sei zweifelhaft. Die Zulässigkeit oder Unzulässigkeit ändere an dieser Ungewißheit nichts.[435] Die Unzulässigkeit der Wahlfeststellung beweise nicht das Vorliegen der Nachtat, und nur ein Nachtatnachweis könne Urteilsgrundlage sein.[436] Zudem würde das Folgedelikt zu einer Art Auffangtatbestand für den Fall, daß eine Wahlfeststellung unzulässig ist.[437] Überhaupt verliere das Folgedelikt in der Konstruktion Wolters jede faßbare Kontur. Es greife nicht ein, wenn die Vortat erwiesen oder Vor- und Nachtat wahlfeststellungsfähig seien. Bei Unzulässigkeit

---

431 Küper, Probleme, S. 96; Maiwald, Literaturbericht, S. 335.

432 Günther, Wahlfeststellung, S. 666; Küper, Hehlerei, S. 32f; Eser in SchSch, RN 99 Anh. § 1.

433 Küper, Hehlerei, S. 32.

434 Küper, Hehlerei, S. 33.

435 Küper, Hehlerei, S. 33.

436 Küper, Probleme, S. 93, FN 108.

437 Eine "abstruse Konstruktion", Küper, Probleme, S. 93 FN 108.

einer Wahlfeststellung lebe es dagegen wieder auf und erstarke zur Urteilsgrundlage. Damit ändere die Folgetat ihre Gestalt abhängig von der zufälligen Gleichwertigkeit zur Vortat.[438] Damit entscheide die Wertrelation zweier Tatbestände über das Vorliegen eines von beiden.[439]

Schmoller und Joerden, die, unabhängig voneinander, unter Zugrundelegung des Küper'schen Systems versucht haben, die von Küper vorgenommene Differenzierung zwischen konkurrenzregulierenden und unrechtskonstituierenden Tatbestandsmerkmalen vorzunehmen, werden von Küper selbst heftig kritisiert. Nach seiner Meinung geht die Ausdehnung des Bereichs möglicher Nachtatverurteilungen bei diesen Autoren zu weit. Sie ließen an zu beweisenden Tatbestandsmerkmalen nicht genug übrig und verstießen daher gegen die Garantiefunktion des Strafrechts.[440] Diese Kritik Küpers ist deshalb so interessant, weil Joerden und Schmoller versucht haben, das Küper'sche Modell anwendungsfähig zu machen. Wie die Reaktion Küpers belegt, ist ihnen das nicht gelungen.

---

438 Küper, Hehlerei, S. 33.

439 Küper, Hehlerei, S. 34 FN 71.

440 Küper, Hehlerei, S. 52, S. 56; zust. Gössel, S. 320; Eschenbach, S. 306 FN 74; differenzierend Hruschka, Strafrechtswissenschaft, S. 6.

5. Kapitel:

Die Position der Rechtsprechung

Die Lösung der Rechtsprechung blieb zunächst sehr lange konstant. Dies resultierte in erster Linie daher, daß sie die Struktur der Postpendenz nicht als eigenständige Figur erkannte.

Die Fälle lediglich konkurrenzrelevanter Postpendenz wurden daher durch Rückgriff auf allgemeine Konkurrenzerwägungen gelöst. Nach Auffassung der Rechtsprechung verhindert die Vortatbegehung nur dann die Nachtatstrafbarkeit, wenn die Vortat ihrerseits bestraft wird oder zumindestens bestrafbar ist. Es ist daher nicht die Begehung der Vortat allein, die die Nachtat beeinflußt. Der Bundesgerichtshof hat ausdrücklich entschieden, daß eine "nicht erweisliche" Vortat die Straflosigkeit der Nachtat nicht begründen kann.[441] Dagegen wurden Fälle tatbestandsrelevanter Postpendenz wahldeutig gelöst, wobei eine Abgrenzung zu anderen Wahlfeststellungsfällen nicht erfolgte.[442] In BGHSt 12, S. 386ff wurde der Fall entschieden, daß der Angeklagte eine Sache entweder gestohlen oder gehehlt hatte.[443] Dieser Fall wurde für die Entwicklung der Postpendenz bedeutsam, obwohl es sich um einen klassischen kontravalenten Wahlfeststellungsfall handelte. Dies resultiert daraus, daß der erste Leitsatz eine Definition des Kriteriums der exclusiven Alternativität in scheinbarer Deutlichkeit liefert. Danach sei eine wahldeutige Verurteilung nur zulässig, wenn die Ungewißheit, welcher von zwei möglichen Tatbeständen ver-

---

441 BGH in JZ 1968, S. 710; Richter, S. 131; Hruschka, Logik, S. 641; Küper, Probleme, S. 74; Joerden, Postpendenz, S. 848; ders. Reichweite S. 641.

442 Beispiele bei Hruschka, Logik, S. 638 FN 3.

443 BGHSt 12, S. 386ff (S. 388).

wirklicht wurde, nur darauf beruht, daß der andere nicht ausgeschlossen werden könne.[444] In den Gründen heißt es dann weiter, daß die Ungewißheit über die Diebstahlstäterschaft des Angeklagten nicht auf anderen Gründen als der möglichen Hehlereitäterschaft beruhen dürften. Beruhten die Zweifel auf anderen Gründen, könnte der Richter nicht die sichere Überzeugung gewinnen, daß entweder der eine oder der andere Sachverhalt erfüllt sei.[445]

In BGHSt 23, S. 360ff standen die Richter dann vor folgender Konstellation: Es war nicht zu klären, ob der Angeklagte überhaupt, und wenn, ob als Allein- oder als Mittäter an der Vortat, einem Einbruchdiebstahl, beteiligt war. Jedenfalls hatte er beim Beutetransport geholfen, was möglicherweise als sachliche Begünstigung zu sehen war. Der Bundesgerichtshof hat in diesem Fall wegen Diebstahls oder Begünstigung wahldeutig verurteilt.[446] Schröder wies darauf hin, daß in diesem Fall das Kriterium aus BGHSt 12, S. 386ff nicht erfüllt sei. Dies ergebe sich daraus, daß im vorliegenden Fall jedenfalls die Begünstigungshandlung als solche feststünde. Insofern sei die Definition aus BGHSt 12, S. 386ff zu eng. Eine wahldeutige Lösung sei aber auch in solchen Fällen angemessen. Schließlich sei die strafrechtliche Relevanz des zweiten Sachverhalts vom Vorliegen des ersten abhängig. Die Begünstigung sehe einen anderen als Vortattäter voraus, die Selbstbegünstigung sei daher schon tatbestandslos. Bei einem solchen tatbestandsrelevanten Zweifel sei eine Wahlfeststellung die angemessene Lösung.[447] Dahingegen geht Hruschka davon aus, daß eine wahldeutige Entscheidung in diesem Fall unzulässig war. Schließlich sei die Voraussetzung der exclusiven Alternativität gerade nicht erfüllt. Zwar beruhten die Zweifel an der Begünstigung auf der möglichen Vortat. Aber die Zweifel an der Vortat bestünden unabhängig von der Nachtat. Daher seien nicht beide Sachverhalte zu-

---

444 BGHSt 12, S. 386ff, 1. LS.

445 BGHSt 12, S. 386ff (S. 389).

446 Zust. Schröder, Anmerkung, S. 142; Blei, § 11 III.

447 Schröder, Anmerkung, S. 142.

sammen Urteilsgrundlage.[448] Allein der zweite Sachverhalt könne Urteilsgrundlage sein. Nur die Nichtberücksichtigung der Vortat ermögliche eine Verurteilung, die aus der Nachtat erfolgen solle.[449] Eine eindeutige Nachtatverurteilung sei in diesen Fällen die angemessene Lösung.[450] Dagegen geht Geppert davon aus, daß der Bundesgerichtshof die zutreffende Lösung gefunden hat. Eine eindeutige Nachtatverurteilung wäre nur möglich gewesen, wenn bezüglich der Vortat eine Alleintäterschaft hätte ausgeschlossen werden können. Dies begründet er damit, daß eine fraglich bleibende Mittäterschaft § 257 III 1 StGB nicht begründen könne, da deren Hintergrund der Gedanke der mitbestraften Nachtat sei. Bliebe dagegen auch eine Vortatalleintäterschaft möglich, so sei die Tatsachengrundlage des Urteils mehrdeutig, da straflose Selbstbegünstigung nicht ausgeschlossen werden könne. Damit sei eine Wahlfeststellung die richtige Lösung.[451]

Im folgenden zeigte sich, daß der Bundesgerichtshof den Vorschlägen Hruschkas zu folgen geneigt war. Zum ersten Mal geschah dies 1987, als der zweite Strafsenat den Fall einer zweifelhaften Mittäterschaft an der Vortat - einer schweren räuberischen Erpressung - zu entscheiden hatte, der eine Nachtat, nämlich Beuteerlangung in Vortatkenntnis, sprich Hehlerei, gefolgt war.[452] Unter Verweis auf Hruschka und Küper verurteilte der Bundesgerichtshof eindeutig aus der Nachtat.[453] Geppert stimmte dieser Entscheidung zu. Es sei tatsächlich kein Fall für eine wahldeutige Entscheidung, da dem Urteil keine mehrdeutige Tatsachengrundlage zugrunde liege. Jedenfalls sei die Grundlage insofern eindeutig, als der Täter die durch die Vortat erlangte Beute in Vortatkenntnis erworben habe. Zusätzlich bleibe zwar das Vortatverhalten zweifelhaft. Dieses bilde aber kein Aliud, sondern einen "zusätzlichen

---

448 Hruschka, Wahlfeststellung, S. 1392.

449 Hruschka, Wahlfeststellung, S. 1393.

450 Hruschka, Wahlfeststellung, S. 1394.

451 Geppert, Begünstigung, S. 446; zust. Eser, SchSch, RN 98, 98a Anh. § 1.

452 BGHSt 35, S. 86ff; Goydke, S. 257; Geppert, Hehlerei, S. 105.

453 BGHSt 35, S. 86ff (S. 89).

Unrechtsvorwurf", der wegen seiner Zweifelhaftigkeit gemäß in dubio pro reo eliminiert werden könne. Übrig bleibe jedenfalls das hehlerische Nachtatverhalten.[454] Im Ergebnis stimmt auch Küper der Entscheidung des Bundesgerichtshofs zu. Der Begründung gegenüber ist er allerdings kritisch.[455] Seiner Meinung nach bleiben bezüglich der Hehlerei in diesem Fall nur konkurrenzregulierende Tatbestandsmerkmale zweifelhaft. Nur deshalb sei eine eindeutige Verurteilung die richtige Entscheidung.[456] Dagegen kritisiert Gössel auch das Ergebnis der Rechtsprechung. Seiner Meinung nach wäre eine Wahlfeststellung die richtige Lösung gewesen. Nur eine wahldeutige Entscheidung entspräche der Garantiefunktion des Strafrechts.[457]

Unter Bezug auf die Entscheidung des zweiten Strafsenats setzte der vierte Strafsenat zwei Jahre später die Rechtsprechung zur Postpendenz fort. Dem Fall lag eine zweifelhafte Vortatmittäterschaft zugrunde - die Vortat war ein Betrug - der eine Hehlerei folgte.[458] Der Bundesgerichtshof geht davon aus, daß in diesen Fälle bei Nichterweislichkeit der Vortat eine Nachtatverurteilung zulässig sei. Unter Bezug auf BGHSt 35, S. 86ff trafen die Richter auch in diesem Fall eine eindeutige Hehlerei-Verurteilung. Im selben Jahr kam der gleiche Strafsenat zum entsprechenden Ergebnis bezüglich einer zweifelhaften Vortatmittäterschaft, die Vortat war ein Diebstahl, und einer nachfolgenden Hehlereihandlung.[459] Damit betrafen die ersten, sozusagen wegbereitenden Postpendenzentscheidungen sämtlich tatbestandsrelevanter Postpendenz im Rahmen des Hehlereitatbestands, wobei jeweils eine fragliche Vortatmittäterschaft im Raum stand.

Ein Jahr später entschied der Bundesgerichtshof einen Fall, bei dem eine

---

454 Geppert, Hehlerei, S. 105.

455 Küper, Probleme, S. 48ff.

456 Küper, Probleme, S. 44ff.

457 Gössel, S. 320.

458 BGH NSTZ 1989, S. 266 = BGH NJW 1989, S. 1867f; Goydke, S. 257.

459 BGH NSTZ, 1989, S. 574; Goydke, S. 258.

zweifelhafte Vortatalleintäterschaft, die Vortat war ein Diebstahl, mit einer nachfolgenden Hehlereihandlung zusammentraf.[460] Der Bundesgerichtshof lehnte für diesen Fall einer zweifelhaften Vortatalleintäterschaft eine Postpendenzentscheidung ab.[461] Eine solche sei hier nicht zulässig, da feststehen müsse, daß der Angeklagte faktisch alle Tatbestandsmerkmale der Hehlerei erfüllt habe. Dazu gehöre aber auch, daß er das Hehlgut von einem anderen, der Vortattäter sei, erworben habe. Dies sei bei fraglicher Vortatmittäterschaft möglich. Sei dagegen auch eine Vortatalleintäterschaft des Angeklagten nicht auszuschließen, so könne man nicht davon ausgehen, daß er die Ware von einem anderen erlangen, sie sich damit also im Sinne des Hehlereitatbestands verschaffen kann. Dieser Lösung, die bei zweifelhafter Alleinvortäterschaft letztlich zu einer wahldeutigen Entscheidung zwischen Vor- und Nachtat kommt, stimmt Geppert zu. Auch er ist der Meinung, daß der Alleintäter der Vortat die Sache nicht hehlerisch, das heißt derivativ vom Vortäter erlangen könne. Daher seien die Voraussetzungen von § 259 StGB nicht bewiesen und damit sei eine eindeutige Verurteilung wegen Hehlerei ausgeschlossen.[462]

Noch im Jahr 1989 fällte der Bundesgerichtshof eine Entscheidung bezüglich Postpendenzfeststellungen im Bereich der Strafvereitelung. Zugrunde lag der Fall einer zweifelhaften Gehilfenbeteiligung an der Vortat Raub mit anschließender Strafvereitelungshandlung. Eine eindeutige Nachtatverurteilung sah der Bundesgerichtshof als unzulässig an. Zwar sei der Sachverhalt, daß der Angeklagte bei der Flucht geholfen habe, bewiesen. Aber dieser hätte sich durch sein Verhalten möglicherweise zugleich selbst begünstigt. Daher sei er insgesamt wegen des Vorwurfs der Strafvereitelung straffrei.[463]

---

460 BGH NJW 1990, S. 2476f; Geppert, Hehlerei, S. 106; Otto, Postpendenz, S. 1f.

461 BGH NJW 1990, S. 2476, 2. L.S., BGH NJW 1990, S. 2476f (S. 2477).

462 Geppert, Hehlerei, S. 106.

463 BGH in Wistra 1989, S. 19; zust. Richter, S. 133.

Die neueste Entscheidung zur Postpendenz fiel zu § 261 StGB - der Geldwäsche.[464] Dabei blieb es fraglich, ob der Angeklagte als Mittäter bei der Vortat - einem erpresserischen Menschenraub - beteiligt war. Jedenfalls wechselte er Geld aus dieser Tat in Vortatkenntnis. Der Bundesgerichtshof führt dazu aus, daß die zweifelhafte Vortatmittäterschaft die Nachtatverurteilung nicht störe. Eine eindeutige Verurteilung sei als sogenannte Postpendenzfeststellung geboten.[465]

Bei Durchsicht dieser Entscheidungen fallen zwei Punkte ins Auge. Zunächst, daß die eindeutige Entscheidung, die die Postpendenz ermöglicht, für den Angeklagten zu noch ungünstigeren Ergebnissen führen kann als die Wahlfeststellung. Dies mag an BGHSt 35, S. 86ff gezeigt werden. Es ist fraglich, ob die Rechtsprechung zwischen der hier relevanten Vortat (schwere räuberische Erpressung) und der Nachtat (Hehlerei) eine Wahlfeststellung zugelassen hätte. Jedenfalls wurde eine solche in BGHSt 21, S. 152ff zwischen schwerem Raub und Hehlerei mangels Gleichwertigkeit nicht zugelassen. Gerade die Notwendigkeit einer Gleichwertigkeitsprüfung zwischen Vor- und Nachtat entfällt aber bei der Postpendenz, die eine eindeutige Verurteilung allein aus der Nachtat ermöglicht. Damit ermöglicht die Postpendenz auch Verurteilungen, die wahldeutig mangels Gleichwertigkeit nicht erzielbar gewesen wären.

Der zweite auffällige Punkt ist die Relevanz der Art der Vortattäterschaft. Die Frage, ob eine Postpendenzentscheidung zulässig ist und damit letztlich die Frage, ob der Angeklagte eindeutig, wahldeutig oder vielleicht gar nicht verurteilt wird, hängt nicht nur von der Natur des Delikts ab, dessen Voraussetzungen faktisch als Nachtatgeschehen feststehen. Genauso relevant ist die Art der Täterschaft. Dies soll im folgenden durch eine genaue Überprüfung hier besonders interessierender Delikte gezeigt werden. Solche Delikte werden im folgenden als Nachtattatbestände bezeichnet. Dies soll zeigen, daß sie sich häufig oder sogar zwangsläufig an ein anderes vorausgegangenes deliktisches Verhalten anschließen.

---

464 BGH NSTZ 1995, S. 500.

465 BGH NSTZ 1995, S. 500.

6. Kapitel:

Klassische Nachtattatbestände

6.1 Die Unterschlagung - § 246 StGB -

Einer der am häufigsten als Nachtattatbestände diskutierten Delikte ist § 246 StGB. Obwohl sich § 246 StGB nicht zwangsläufig an eine andere Tat anschließt, erscheint die Einordnung wegen des von ihm abgedeckten Täterverhaltens vertretbar. Dieses Verhalten kann beispielsweise das Verbrauchen, Verzehren, Verschenken, Verkaufen, Verpfänden oder Verarbeiten sein - alles Verhaltensweisen, die grundsätzlich in den Anwendungsbereich von § 246 StGB fallen.[466] Die praktische Relevanz, die § 246 StGB in diesem Bereich hat, rechtfertigt es, ihn als ersten Nachtattatbestand zu untersuchen.

Das von § 246 StGB geschützte Rechtsgut ist das Eigentum.[467] Es wird gegen Verhaltensweisen des Täters geschützt, die eine Zueignung darstellen. Das Wesen der Zueignung wird dabei nach der kombinierten Substanz- und Sachwerttheorie (sogenannte Vereinigungstheorie) darin gesehen, daß der Täter die Sache selbst oder den in ihr verkörperten Wert seinem eigenen Vermögen einverleibt.[468]

Zunächst ging man davon aus, daß eine Zueignung - und damit eine Unter-

466 weitere Beispiele bei Legien, S. 124f; Eser in Sch Sch, RN 14ff zu § 246.

467 Lackner RN 1 zu § 246; Ruß in LK, RN 1 zu § 246; Samson in SK, RN 1 zu § 246; Eser in Sch Sch, RN 1 zu § 246 "unstreitig".

468 Ruß in LK, RN 12 zu § 246; kritisch Roth, S. 40ff.

schlagung - auch möglich ist, wenn die Sache bereits durch eine strafbare Vortat erlangt wurde, mit anderen Worten, wenn der Täter sie sich bereits zugeeignet hatte. Die Unterschlagung galt dann als mitbestrafte Nachtat.[469] Als Beispiel mag ein Abzahlungsbetrug dienen, bei dem der Täter anschließend die Sache unter Mißachtung des Eigentumsvorbehalts veräußert. Für den Fall, daß der Täter § 263 StGB in strafbarer Form verwirklicht hat, trat § 246 StGB als mitbestrafte Nachtat zurück.[470] In der Grundsatzentscheidung BGHSt 14, S. 38ff wich der Bundesgerichtshof von dieser Einschätzung ab. Unter Zueignung sei nur die Herstellung der Sachherrschaft zu verstehen. Eine erneute Äußerung des Herrschaftswillens durch den Täter nach einer bereits erfolgten strafbaren Zueignung sei tatbestandslos.[471] Damit setzt die Bejahung des Unterschlagungstatbestands voraus, daß der Täter sich die Sache nicht bereits vorher zugeeignet hat. Im obigen Beispiel müßte daher für eine Verurteilung aus § 246 StGB im Ausgangspunkt feststehen, daß der Täter nicht bereits einen Abzahlungsbetrug begangen hat.[472] Damit ist, wenn eine vorausgegangene deliktische Zueignung feststeht, der Täter aus dem Adressatenkreis des Unterschlagungstatbestands ausgenommen.[473]

Die für diese Untersuchung interessierende Variante ist aber eine andere: Was soll geschehen, wenn das Vorliegen der deliktischen Erstzueignung zweifelhaft bleibt? Im obigen Beispiel wäre das der Fall, wenn unklar bliebe, ob bereits ein Abzahlungsbetrug vorlag. Jedenfalls aber hat der Täter die Sache unter Mißachtung des Eigentumsvorbehalts veräußert. Die Meinungen darüber, wie dieser Fall zu lösen ist, gehen weit auseinander.

---

469 Deubner, Verhältnis, S. 95.

470 Deubner, Verhältnis, S. 95.

471 Zust: Maiwald, Zueignungsbegriff, S. 261ff; siehe auch Otto, Nachtat, S. 277; Richter, S. 134; Roth, S. 60ff; Baumann, Fälle, S. 160; Eser in Sch Sch, RN 19 zu § 246.

472 Deubner, Verhältnis, S. 95; s.a. Otto, Struktur, S. 167ff; Hruschka, Logik, S. 638.

473 Maiwald, Zueignungsbegriff, S. 264f; Samson in SK, RN 52 zu § 246.

Es sollen zunächst die Stimmen wiedergegeben werden, die den Ausgangspunkt der Rechtsprechung, die Annahme, nur eine Zueignung sei möglich, teilen. Nach Deubner ist eine eindeutige Verurteilung aus § 246 StGB nur möglich, wenn feststeht, daß der Täter sich die Sache nicht bereits vorher zugeeignet hat.[474] Bleibt die Vortat zweifelhaft, vermöge der sicher festgestellte spätere Sachverhalt die Verurteilung nicht zu tragen, da die Erstmaligkeit der Zueignung nicht zweifelsfrei festgestellt sei. Daher müsse auch der zeitlich frühere zweifelhafte Sachverhalt in das Urteil einbezogen werden. Nur beide Sachverhalte zusammen bildeten eine taugliche Urteilsgrundlage. Daher müsse eine wahldeutige Entscheidung getroffen werden.[475] Bei Befolgung der Rechtsprechungsansicht über die Zueignung läge das für Wahlfeststellungen typische Kriterium der exclusiven Alternativität vor. Schließlich habe der Täter nur entweder den einen oder den anderen Tatbestand erfüllt.[476] Dagegen geht Hruschka davon aus, daß das Kriterium der exclusiven Alternativität hier mangels Wechselbezüglichkeit des Zweifels gerade nicht vorliegt. Zwar beruhten die Zweifel an der Tatbestandserfüllung der Unterschlagung auf dem möglicherweise zuvor begangenen Betrug. Aber die Zweifel an diesem hätten eigenständige, von der möglichen Unterschlagung unabhängige Gründe. Mangels exclusiver Alternativität sei eine wahldeutige Verurteilung daher ausgeschlossen.[477] Vielmehr handele es sich um den Fall einer tatbestandsrelevanten Postpendenz. Indem man sich mit dem Nachweis der - von ihm sogenannten - positiven Merkmale zufrieden gäbe, sei der Weg frei über den Nachweisverzicht bezüglich des Nichtvorliegens einer vorherigen Zueignung zu einer Verurteilung aus § 246 StGB.[478]

Zum gleichen Ergebnis - eindeutige Verurteilung wegen Unterschlagung - gelangt auch Wolter, der die in BGHSt 14, S. 38ff aufgestellten Voraussetzungen für

---

474 Deubner, Verhältnis, S. 95.

475 Günther, Verurteilungen, S. 211; ders. Wahlfeststellung, S. 66; Deubner, Verhältnis, S. 95.

476 Eser in Sch Sch, RN 98 Anh. § 1.

477 Hruschka, Logik, S. 638f.

478 Hruschka, Logik, S. 641.

die Tatbestandslosigkeit wörtlich nimmt. Zueignung soll demnach nur die schuldhafte und strafbare Begründung des Eigenbesitzes sein.[479] Im Umkehrschluß bedeutet dies, daß eine tatbestandserfüllende Zweitzueignung sehr wohl vorliegen kann, nämlich dann, wenn die vorangegangene Straftat, aus welchem Grund auch immer, nicht strafbar ist.[480] Für Wolter ist dieser Weg auch dann richtig, wenn die Vortat mit der Nachtat nicht wahlfeststellungsfähig ist.[481] Für ihn geht der eindeutigen Nachtatverurteilung unbedingt die Prüfung der Möglichkeit einer wahldeutigen Verurteilung voraus. Erst wenn eine solche nicht möglich ist, sei eindeutig zu verurteilen.[482] In Konsequenz dazu setzt Wolter mangelnde Wahlfeststellbarkeit mit mangelnder Strafbarkeit gleich. Damit führt für ihn mangelnde Wahlfeststellbarkeit zwischen Vor- und Nachtat zu mangelnder Strafbarkeit der Erstzueignung und damit zur Begründung der Tatbestandserfüllung durch die Zweitzueignung.[483] Dieses Konzept wird von ihm auch für den Fall alternativer Vortatverläufe herangezogen. Sind diese untereinander nicht gleichwertig, sprich nicht wahlfeststellungsfähig, soll wiederum die Zweitzueignung tatbestandserfüllend wirken.[484]

Diese Auffassung wird zu Recht bestritten. Es ist fraglich, ob die Strafbarkeit der Ersterlangung tatsächlich ein Merkmal des Zueignungsbegriffs sein soll.[485] Jedenfalls liegt hier eine unzulässige Vermischung materiell-rechtlicher und prozessual-beweismäßiger Fragen vor.[486] Wenn eine strafbare Erstzueignung vorliegt,

---

479 BGHSt 14, S. 38ff (43).

480 Vogler / Kadel, S. 247 FN 35.

481 Wolter, Grundfälle, S. 604; Rudolphi in SK, RN 25 Anh. § 55.

482 Wolter, Grundfälle, S. 604; ders. Wahlfeststellung, S. 40.

483 Wolter, Verurteilung, S. 165ff, sog. Kollier-Fall; a.A. Deubner, Verhältnis, S. 95; Baumann, Fälle, S. 162 geht davon aus, daß eine Verurteilung aus § 246 StGB die Ablehnung der Rechtsprechung voraussetzt.

484 Wolter, Verurteilung, S. 161ff; sog. Brieftaschen-Fall.

485 Eser in Sch Sch, RN 19 zu § 246: Der Bundesgerichtshof sei insofern "mißverständlich".

486 Günther, Wahlfeststellung, S. 66.

ist eine Zweitzueignung zur Tatbestandserfüllung nicht mehr geeignet. Es ist das faktische Vorliegen der Erstzueignung und nicht die diesbezügliche Strafdurchsetzung, die die Wirkung der Zweitzueignung tangiert.

Küper ordnet diesen Fall wie Hruschka als tatbestandsrelevante Postpendenz ein. Nach seinem Schema handelt es sich um einen Fall exclusiver Postpendenz. Daher will er ihn, obwohl er ihn als tatbestandsrelevante Postpendenz sieht, wahldeutig lösen.[487] Zum gleichen Ergebnis gelangt Joerden aufgrund seiner Sachverhaltskonzeption. Für ihn liegt kein Fall der Postpendenz vor, da er diese Struktur als kontravalent sieht.[488]

Die überwiegende Meinung in der Literatur geht davon aus, daß die in BGHSt 14, S. 38ff getroffene Entscheidung nicht zutreffend ist. Spätere Betätigungen des Herrschaftswillens des Täters über die Sache sind nach dieser Meinung tatbestandserfüllende Zueignungen. Die so verwirklichten Unterschlagungen sind im Regelfall als mitbestrafte Nachtaten zu sehen.[489] Folgt man dieser Ansicht, werden für den vorliegenden Problemfall verschiedene Lösungen vertreten. Es herrscht Einigkeit darüber, daß die zweifelhafte Vortat die nachfolgende Unterschlagung erst auf der Konkurrenzebene tangiert. Somit liegt ein Fall konkurrenzrelevanter Postpendenz vor. Damit können die Tatbestände von Vor- und Nachtat zusammen vorliegen. Nach Wolter liegt daher das von der Rechtsprechung verlangte Kriterium der exclusiven Alternativität nicht vor.[490] Daher müsse man in diesem Fall eine eindeutige Nachtatverurteilung aus Postpendenzgesichtspunkten treffen.[491] Zu diesem Ergebnis gelangt auch Küper, der diese Konstellation bei Befolgung der Literaturmeinung als Anwen-

---

487 Küper, Probleme, S. 74, S. 81.

488 Joerden, Postpendenz, S. 850; ders. Fallsysteme, S. 124 FN 44.

489 Lackner, RN 7 zu § 246; Samson in SK, RN 52 zu § 246; Vogler / Kaddel, S. 247; Eser in Sch Sch, RN 19 zu § 246.

490 Wolter, Wahlfeststellung, S. 39ff.

491 Günther, Wahlfeststellung; ders. Verurteilung, S. 211.

dungsfall seiner implikativen Postpendenz sieht.[492] Nur Tröndle, der Postpendenzentscheidungen durchgehend ablehnt und immer wahldeutig entscheiden will, propagiert auch für diesen Fall eine wahldeutige Lösung.[493]

Sichtet man die erzielten Ergebnisse, so fällt auf, daß der Streit zwischen Rechtsprechung und Literatur bezüglich der Postpendenzproblematik wider Erwarten nicht zu relevanten Unterschieden führt. Als Lösungsvorschläge werden jeweils im wesentlichen die wahldeutige Entscheidung, gestützt auf Vor- und Nachtat, und die eindeutige Nachtatverurteilung angeboten. Dies erstaunt um so mehr, als die Rechtsprechung das Fehlen einer vorangegangenen Zueignung zum Strukturelement der Nachtat macht, indem sie nur die erstmalige Zueignung als solche akzeptiert. Es fällt daher auf, daß die Verfechter der Zulässigkeit einer tatbestandsrelevanten Postpendenz hier sehr weitgehen: Wie es auch immer um die Vortat bestellt sein mag, die Erstmaligkeit ist für die Rechtsprechung ein wesentliches, strukturbildendes Merkmal der Nachtat. Dies mag die Tragweite des diesbezüglich praktizierten und als zulässig erachteten Beweisverzichts aufzeigen.

6.2 Die Begünstigung - § 257 StGB -

Die Begünstigung setzt als Tatbestandsmerkmal eine bereits begangene rechtswidrige Tat voraus. Sie ist daher einer der klassischen Nachtattatbestände.[494] Der Begünstiger will die Wiederherstellung des gesetzmäßigen Zustands verhindern.[495] Das Wesen der Begünstigung zeigt sich daher als Restitutionsvereitelung, als Hemmung der Rechtspflege.[496]

---

492 Küper, Probleme, S. 81; Wolter, Wahlfeststellung, S. 39.

493 Tröndle in LK, RN 67 Anh. § 1.

494 Schröder, Begünstigung, S. 161.

495 Ruß in LK, RN 2 zu § 257.

496 Geppert, Begünstigung, S. 442; Stree in Sch Sch, RN 1 zu § 257.

Welches Rechtsgut von dem Begünstigungstatbestand geschützt wird, ist heftig umstritten.[497] Neben dem Vermögensschutz wird auch die Rechtspflege sowie der Schutz der durch die Vortat verletzten Rechtsgüter diskutiert. Auch die Haltung der Rechtsprechung ist nicht einheitlich. Während teilweise einseitig auf den Vermögensschutz abgestellt wird,[498] gibt es mehrheitlich Entscheidungen, die den Schutz der Rechtspflege im Sinne der Wiederherstellung des gesetzmäßigen Zustands betonen.[499] Dabei gibt es keine plausible Erklärung, warum man das Rechtsgut der Begünstigung auf den Vermögensschutz reduzieren soll.[500] Dies gilt insbesondere deswegen, weil die Reichweite des Begünstigungstatbestands nicht auf vermögensbezogene Vortaten beschränkt ist.[501] Ein anderer Ansatz will die Begünstigungsstrafbarkeit damit begründen, daß durch den Entzug von Hilfe nach der Tat bereits der Anreiz zur Tat selbst genommen werden soll.[502] Zusammenfassend kann man sagen, daß es sachgerecht ist, für die Begünstigung mehr als ein Rechtsgut zu akzeptieren. Geschützt werden demnach kumulativ Allgemein- und Individualinteressen,[503] nämlich die Rechtsordnung als Ganzes und ihre auf Restitution gerichtete Forderung, sowie der einzelne. Da das Ziel die Wiederherstellung des früheren Zustandes ist, werden auch die Ansprüche des durch die Vortat Verletzten geschützt.[504]

Der Tatbestand des § 257 StGB setzt die Hilfeleistung für einen anderen voraus. Hilft der Täter nur sich selbst, erfüllt er den Tatbestand nicht. Er ist kein

---

497 Ruß in LK, RN 1 zu § 257; Lackner, RN 1 zu § 257.

498 BGHSt 23, S. 360f (S. 361).

499 BGHSt 21, S. 166ff (S. 167).

500 Lackner, RN 1 zu § 257; zustimmend Ruß in LK, RN 2 zu § 257.

501 Schröder, Begünstigung, S. 162; Stree in Sch Sch, RN 2 zu § 257.

502 Roth, S. 34.

503 Lackner, RN 1 zu § 257.

504 Stree in Sch Sch, RN 1 zu § 257; Jakobs, Probleme, S. 270; Wolter, Verurteilung, S. 173; Samson in SK, RN 2ff zu § 257.

tauglicher Begünstigungstäter.[505] Grund für diese Formulierung des Tatbestandes war der Gedanke, daß die Vortatbestrafung das selbstbegünstigende Täterverhalten schon mit abdeckt. Letztlich also die Idee der mitbestraften Nachtat - allerdings in vertatbestandlichter Form.[506] Für diese Mitabgeltung soll bereits die grundsätzliche Strafbarkeit der Vortatbeteiligung ausreichen. Auf deren Verfolgbarkeit im konkreten Fall soll es dagegen nicht ankommen.[507]

Festzuhalten bleibt: Ein Vortattäter, der sich ausschließlich selbst unterstützt, erfüllt bereits den Tatbestand des § 257 StGB nicht. Kann die aussschließliche Selbsthilfe nicht ausgeschlossen werden, bleibt also mit anderen Worten die Fremdbegünstigung zweifelhaft, muß gemäß in dubio pro reo die Tatbestandserfüllung verneint werden. Gleichermaßen ist aber auch anerkannt, daß ein Vortattäter den Tatbestand des § 257 StGB erfüllen kann, wenn er einen anderen Vortatbeteiligten unterstützt.[508] Diese Tatbestandserfüllung ist aber wegen § 257 III StGB letztlich auch nicht strafbar. Dieser ordnet für diese Fälle Straflosigkeit an. Dabei bleiben die Tatbestandserfüllung und die Rechtswidrigkeit bestehen. § 257 III StGB schließt nur die Strafe aus.[509] Jede Art der Vortatbeteiligung kann unter § 257 III StGB fallen.[510] Diese Regelung kann auch den Alleintäter betreffen, nämlich dann, wenn er einen Teilnehmer der Vortat begünstigt.[511] §257 III StGB beruht auf dem Gedanken der mitbestraften Nachtat. Dieser rechtfertigt die Straflosigkeit.[512] Anders als bei der

---

505 Geppert, Begünstigung, S. 443; Blei, Aufsätze, S. 649; Stree in Sch Sch, RN 29 zu § 257; Ruß in LK, RN 20 zu § 257; Fahrenhorst, S. 257; Lackner, RN 8 zu § 257.

506 Stree, RN 29 zu § 257; Fahrenhorst, S. 707; Ruß in LK, RN 20 zu § 257; Wessels, § 19 III 2.

507 Samson in SK, RN 37ff zu § 257.

508 Lackner, RN 8 zu § 257; Ruß in LK, RN 21 zu § 257; Stree in Sch Sch, RN 31 zu § 257.

509 Stree in Sch Sch, RN 31 zu § 257.

510 Fahrenhost, S. 707.

511 Stree in Sch Sch, RN 31 zu § 257.

512 Stree in Sch Sch, RN 31 zu § 257; Ruß in LK, RN 21 zu § 257, Lackner, RN 8 zu § 257; Fahrenhost, S. 707.

Straflosigkeit des Selbstbegünstigers wird er hier erst auf Konkurrenzebene wirksam.[513]

Im folgenden wird die hier interessierende Zweifelssituation bezüglich der Begünstigung aufgezeigt. Dabei wird zwischen dem Vortatalleintäter und sonstigen Vortatbeteiligten differenziert. Zunächst soll der Alleintäter behandelt werden, der sich möglicherweise nur selbst begünstigt hat. Dies ist der Fall der zweifelhaft bleibenden Vortatalleintäterschaft desjenigen, der anschließend eine Handlung vorgenommen hat, die, wäre sie von einem Dritten begangen worden, eine Begünstigung dargestellt hätte.

Da das Vorliegen der Vortat in dieser Variante schon den Tatbestand des § 257 StGB tangiert, liegt jedenfalls ein Fall tatbestandsrelevanter Postpendenz vor. Ob diese den Weg zu einer eindeutigen Verurteilung wegen Begünstigung ebnet, ist streitig. Der Bundesgerichtshof hat einen solchen Fall durch eine wahldeutige Verurteilung, beruhend auf Vor- und Nachtat, entschieden.[514] Dieses Vorgehen wurde in der Literatur mehrheitlich akzpetiert. Schließlich gehe es nicht an, den Täter nur auf der Basis einer Begünstigung bestrafen zu wollen, wenn nicht auszuschließen ist, daß eine solche wegen mangelnder Fremdbegünstigung tatbestandlich nicht vorliegt.[515] Da § 257 StGB nicht sicher festgestellt sei, schließe in dubio pro reo eine eindeutige Verurteilung aus.[516] Dagegen vertritt Hruschka auch in diesem Fall die Ansicht, daß eine eindeutige Nachtatverurteilung zulässig sei. Der Weg dorthin führe über eine Nichtberücksichtigung der zweifelhaft bleibenden Vortat.[517] Damit werde zwar auch auf den Nachweis der Tätertauglichkeit für die Tatbestandserfüllung des § 257 StGB

---

513 Fahrenhost, S. 707.

514 BGHSt 23, S. 360ff; zust: Schröder, Anmerkung 1971, S. 142; Geppert, Begünstigung, S. 446; a.A. Hruschka, Wahlfeststellung, S. 1393f; ders. Logik, S. 641, FN 26.

515 Geppert, Begünstigung, S. 446.

516 Stree in Sch Sch, RN 29 zu § 257.

517 Hruschka, Wahlfeststellung, S. 1392.

verzichtet. Dies sei aber gerechtigtfertigt, da alle positiven Tatbestandsmerkmale bewiesen seien und die möglicherweise zusätzlich begangene Tat den Täter nicht entlasten dürfte.[518] Dagegen wendet Wolter ein, daß man, wenn man die Vortat in vollem Umfang außer acht läßt, vor dem Problem steht, daß man keine für das Anschlußdelikt der Begünstigung schon tatbestandlich vorausgesetzte Vortat mehr habe. Bezieht man die Vortat aber ein, so sei die Begünstigung möglicherweise tatbestandslos. Diese Variante müsse daher mit einem Freispruch entscheiden werden.[519]

Hat man dagegen den Zweifelsfall des oben genannten Sonderfalls vor sich, also den Täter, der möglicherweise Vortatalleintäter war, jedenfalls aber ausschließlich zur Unterstützung eines Vortatteilnehmers gehandelt hat, liegt wegen der dann vorliegenden Tatbestandserfüllung und Anwendbarkeit von § 257 III StGB lediglich ein Fall konkurrenzrelevanter Postpendenz vor. Diese wirft die gleichen Probleme auf, wie sie auch bezüglich anderer Vortatbeteiligter entstehen und soll daher mit diesen zusammen behandelt werden.

Für sonstige an der Vortat beteiligte Personenn gilt § 257 III StGB. Danach wird ein Täter, der strafbar an der Vortat beteiligt war, nicht wegen einer nachfolgenden Begünstigung bestraft. Dabei geht die weit überwiegende Meinung davon aus, daß ein Vortatbeteiligter den Tatbestand erfüllen kann, indem er einen anderen Vortatteilnehmer unterstützt.[520] Diese These wird nur von Schröder bestritten. Er geht davon aus, daß jedenfalls Vortatmittäter sich immer auch selbst begünstigen, was Tatbestandslosigkeit zur Folge habe. Auf dieser Grundlage aufbauend stimmt er der Rechtsprechung zu, die in Fällen zweifelhafter Vortatmittäterschaft wahldeutig verurteilt. Dies sei angemessen, da nur so die Tatbestandsrelevanz des bestehenden

---

518 Hruschka, Wahlfeststellung, S. 1393f.

519 Wolter, Verurteilung, S. 168ff.

520 Geppert, Begünstigung, S. 443; Ruß in LK, RN 21 zu § 257; Stree in Sch Sch, RN 31 zu § 257.

Zweifels aufgegangen werden könne.[521] Wie schon oben für Vortatalleintäter ausgeführt wurde, ist aber auch für Vortatmittäter sehr wohl eine völlig uneigennützige Unterstützung anderer Vortatbeteiligter denkbar. In diesen Fällen wird der Tatbestand erfüllt und findet § 257 III StGB Anwendung.[522] Es bleibt daher festzuhalten, daß es zwei Gruppen von sonstigen Vortatbeteiligten gibt. Bei solchen, die völlig eigennützig handeln, bleibt bei zweifelhafter Vortatbeteiligung die Erfüllung des Tatbestands von § 257 StGB unklar. Dies ergibt sich daraus, daß eine tatbestandslose Selbstbegünstigung vorliegt, sofern die Vortat begangen oder mitbegangen wurde. Insofern liegt bei eigennützig handelnden möglichen Vortatteilnehmern die gleiche Situation tatbestandsrelevanter Postpendenz vor wie beim Alleintäter.

Handeln die Vortatbeteiligten auch oder nur in fremdem Interesse, so findet § 257 III StGB Anwendung. Die von diesem angeordnete grundsätzliche Straflosigkeit beruht nach allgemeiner Meinung auf dem Gedanken der mitbestraften Nachtat.[523] Durch die strafbare Vortatbeteiligung ist die nachfolgende Unterstützungshandlung bereits abgegolten. Diese Lösung führt bei zweifelhafter Vortatbeteiligung zu folgender Lösung: Die Zweifel tangieren nicht den Tatbestand der Begünstigung, sondern nur deren Strafbarkeit. Damit liegt eine konkurrenzrelevante Postpendenz vor. Nach überwiegender Meinung läßt eine solche eine eindeutige Nachtatverurteilung zu. Ist die Vortat nicht bewiesen, kann sich eine Konkurrenzwirkung nicht entwickeln. Da die Vortat nicht bewiesen ist, liegt eine mitbestrafte Nachtat nicht vor.[524]

Ob die Rechtsprechung sich dieser Auffassung anschließen wird, ist noch

---

521 Schröder, Anmerkung, S. 142.

522 Ruß in LK, RN 21 zu § 257; Stree in Sch Sch, RN 31 zu § 257.

523 Geppert, Begünstigung, S. 443; Ruß in LK, RN 21 zu § 257; Stree in Sch Sch, RN 31 zu § 257; a.A. Otto, in dubio, S. 388 FN 58, der auf das qualitativ andere Unrecht der Begünstigung im Vergleich zur Vortat abstellt, was dazu führen soll, daß die Begünstigung in der Person des Vortäters ausgeschlossen sei.

524 Samson in SK, RN 37ff zu § 257; Lackner, RN 8 zu § 257; Ruß in LK, RN 21 zu § 257; Stree in Sch Sch, RN 32 zu § 257.

nicht ersichtlich, kann aber aufgrund ihrer bisherigen Entscheidungen angenommen werden. Jedenfalls kann man aus BGHSt 23, S. 360 und der dort getroffenen wahldeutigen Entscheidung nichts anderes folgern, da dort auch eine Alleintäterschaft mit nachfolgender tatbestandsloser Selbstbegünstigung nicht ausgeschlossen werden konnte.[525]

6.3 Die Strafvereitelung - § 258 StGB -

Die Strafvereitelung setzt tatbestandsmäßig eine bereits begangene Tat voraus und gehört daher in diese Reihe von Nachtattatbeständen. Rechtsgut der Strafvereitelung ist die staatliche Rechtspflege, der Strafanspruch soll ungestört durchgesetzt werden können.[526] Zusätzlich mag bei der Schaffung des Tatbestandes der Gedanke der Täterabschreckung durch den Entzug von Hilfe nach der Tat eine Rolle gespielt haben.[527] Tathandlung ist die Vereitelung der Durchsetzung des Strafanspruchs. Dabei wird unter Vereitelung eine Verzögerung verstanden, die "geraume Zeit" andauern muß.[528] Dabei richtet sich § 258 StGB nicht an den Vortäter selbst.[529] Wer nur sich selbst der Strafverfolgung entziehen will, handelt nicht tatbestandsmäßig.[530] Diese Tatbestandslosigkeit beruht auf der Anerkennung der notstandsähnlichen Täterlage.[531] Letztlich wäre eine Strafe gegen einen Täter, die nur wegen seines

525 Insofern mißverständlich Ruß in LK, RN 21 zu § 257.

526 Samson in SK, RN 1 zu § 258; Geerds, Begünstigung, S. 244; Stree in Sch Sch, RN 1 zu § 258; Lackner, RN 1 zu § 258; Ruß in LK, RN 1 zu § 258; Amelung, S. 229; Rudolphi, Täterschaft, S. 384.

527 Rudolphi, Täterschaft, S. 385.

528 Frisch, Tatbestandsprobleme, S. 2474; Küpper, Strafvereitelung, S. 386; BGH, NJW 1984, S. 135f (S. 135).

529 Rudolphi, Täterschaft, S. 385.

530 Stree in Sch Sch, RN 33 zu § 258; Lackner, RN 6 zu § 258; Fahrenhorst, S. 708.

531 Stree in Sch Sch, RN 33 zu § 258; Dreher/Tröndle, RN 13 zu § 258; Fahrenhorst, S. 707.

Bemühens, sich der Strafe für eine andere Tat zu entziehen, verhängt würde, unzumutbar.[532] Sie verstieße gegen den "nemo tenetur"-Grundsatz.[533].

Wer sich selbst und zugleich andere vor Strafe schützen will, erfüllt den Tatbestand des § 258 StGB. Gemäß § 258 V StGB gilt aber für diese Täter ein Strafausschluß, der im Schuldbereich wurzelt.[534] Beweismäßige Mindestanforderung ist dabei, daß nicht ausgeschlossen werden kann, daß der Täter sich selbst ebenfalls besser stellen wollte.[535] Umgekehrt entfällt die Strafbarkeit gemäß § 258 V StGB nicht, wenn ein Vortatbeteiligter ausschließlich zugunsten eines anderen Vortatbeteiligten tätig wird.[536] Vor diesem Hintergrund soll der hier interessierende Fall fraglicher Vortatbeteiligung mit nachfolgender Vereitelungshandlung dargestellt werden.

Der Bundesgerichtshof hat sich bisher zu dieser Frage einmal geäußert. Sein Fall betraf eine zweifelhafte Vortatgehilfenschaft mit anschließender Vereitelungshandlung. Der Bundesgerichtshof lehnte eine eindeutige Verurteilung aus Postpendenzaspekten gemäß § 258 StGB ab. Der Grund sei, daß der Täter sich mit seinem Nachtatverhalten auch selbst begünstigt hätte. Daher sei er in jedem Fall gemäß § 258 V StGB straflos.[537] Schon früher hatte der Bundesgerichtshof ausgeführt, daß schon die bloße Möglichkeit der Vortatbeteiligung einer Verurteilung wegen Strafvereitelung gemäß § 258 V StGB entgegenstehe. Dies ergebe sich aus in dubio pro reo und der Überlegung, daß der Täter wohl nicht nur andere, son-dern auch sich selbst

---

532 Fahrenhorst, S. 707, FN 9.

533 grundlegend Paeffgen, S. 68ff.

534 Stree in Sch Sch, RN 35 zu § 258; Ruß in LK, RN 30 zu § 258; Samson in SK, RN 51ff zu § 258; Lackner, RN 16 zu § 258; Fahrenhorst, S. 707.

535 Ruß in LK, Rn 31 zu § 258; Fahrenhorst, S. 708; Lackner, RN 6 zu § 258.

536 Ruß in LK, Rn 33 zu § 258; Stree in Sch Sch, RN 35 zu § 258.

537 BGH in wistra 1989, S. 19.

der Strafe entziehen wolle.[538]

Daraus wurde gefolgert, der Bundesgerichtshof lehne jede Postpendenzverurteilung im Rahmen des § 258 StGB ab.[539] Diese Folgerung ist nicht haltbar. Die Aussage des Bundesgerichtshofs betraf aussschließlich den Fall, daß der Täter sich auch selbst begünstigen wollte, bzw. daß dies nicht ausgeschlossen werden konnte. Dies führt gemäß § 258 V StGB zu Straffreiheit, sofern die Vortat feststeht. Der Bundesgerichtshof hat die Anwendung von § 258 V StGB aber auch auf die Fälle zweifelhafter Vortatbeteiligungen erstreckt. Dies ist interessant, weil es einen Widerspruch zur Lösung bei § 257 StGB enthält. In den Fällen, die zwar den Begünstigungstatbestand erfüllen, aber gemäß § 257 III StGB straflos bleiben, bejaht die Literatur bei zweifelhafter Vortatbeteiligung die Anwendbarkeit der konkurrenzrelevanten Postpendenz. Damit ist nach überwiegender Ansicht eine eindeutige Nachtatverurteilung in diesen Fällen zulässig. Warum nach der Rechtsprechung in den Fällen des § 258 V StGB etwas anderes gilt, ist auf den ersten Blick nicht einsichtig. Denn in beiden Fällen erfüllt der Täter den Tatbestand und bleibt nur aufgrund anderer, nachfolgender Erwägungen straffrei.

Ein Unterschied ist, daß § 257 III StGB auf dem Gedanken der mitbestraften Nachtat, § 258 V StGB aber auf der notstandsähnlichen Lage des Täters beruhen soll. Fraglich ist, ob dieser Unterschied die verschiedenen Konsequenzen begründet. Richter will diese Begründung mit Hilfe der Schutzrichtungen der Delikte und ihrer Rechtsgüter erreichen. Da bei der Begünstigung die Perpetuierung der rechtswidrigen Situation Strafgrund sei, sei es nur konsequent, sie als mitbestrafte Nachtat zum Vortatdelikt zu werten.[540] Aus diesem Gedanken will er die Zulässigkeit einer eindeutigen Nachtatverurteilung bei zweifelhafter - und damit strafloser - Vortat ableiten. Gleiches gelte nicht für die Strafvereitelung, da diese mit der staatlichen Rechts-

538 BGH bei Holtz, in MDR 1981, S. 99.

539 Richter, S. 133.

540 Richter, S. 134.

pflege ein eigenständiges Rechtsgut habe.[541] Die Strafvereitelung sei daher, wenn sie zu eigenen Gunsten erfolge, nicht als mitbestrafte Nachtat, sondern aus anderen Gründen straffrei. Daher sei die unterschiedliche Behandlung angemessen.[542]

Diese Ausführungen wären zutreffend, wenn der Autor sie bezüglich des Vergleichs zwischen Strafvereitelung und Hehlerei getroffen hätte. Schließlich betrifft die Hehlerei tatsächlich die Perpetuierung einer rechtswidrigen Vermögenslage. Gleiches gilt nicht in vollem Umfang für die Begünstigung. Neben dem Schutz von Individualrechtsgütern dient diese auch dem Schutz der Rechtsordnung und ihrer Pflege. Damit werden mehrere Rechtsgüter durch den Begünstigungstatbestand geschützt. Daher erscheint bereits der Ausgangspunkt obiger Argumentation brüchig zu sein. Wenn mit dem Schutz der Rechtspflege bei der Begünstigung genau wie bei der Strafvereitelung ein neues, im Vergleich zur Vortat eigenständiges Rechtsgut ins Spiel kommt, kann der Strafausschluß durch § 257 III StGB nicht allein auf dem Gedanken der mitbestraften Nachtat basieren. Schließlich kann die Vortatstrafe nicht die Verletzung eines neuen zusätzlichen Rechtsguts abdecken. Damit entfällt aber auch die Begründbarkeit einer unterschiedlichen Handhabung von § 257 III StGB und § 258 V StGB in Fällen zweifelhafter Vortatbeteiligung. Gleiches gilt, wenn man davon ausgeht, daß sich die Begünstigungsstrafbarkeit damit begründet, daß dem Vortattäter Hilfe nach der Tat entzogen und so der Anreiz zur Tat reduziert werden soll.[543] Dieser Appell richtet sich nämlich - wie der des § 258 StGB - nicht gegen den Vortatbeteiligten selbst. Auch vor diesem Hintergrund müßten Zweifelsfälle bei § 257 III StGB und § 258 V StGB gleich behandelt werden.

Noch nicht gelöst wurden die Fälle, bei denen der Täter ausschließlich zugunsten anderer Vortatbeteiligter tätig wird. Er macht sich dann bei sicherer Vortatbe-

---

541 Richter, S. 134.

542 Richter, S. 134.

543 Roth, S. 34.

teiligung gemäß § 258 StGB strafbar.[544] Die Variante, daß das gleiche Nachtatverhalten bei zweifelhafter Vortatbeteiligung zu beurteilen ist, wurde von der Rechtsprechung noch nicht entschieden. Dabei kann eine Lösung, die auf den angeblich verschiedenen Rechtsgütern von § 257 StGB und § 258 StGB aufbaut, wiederum nicht zutreffen.[545] Vielmehr muß die Lösung, die Verurteilung aus § 258 StGB so begründet werden: Wenn diese sogar bei sicherer Vortatbeteiligung zulässig ist, muß dies im "Erst-Recht-Schluß" auch für Fälle zweifelhafter Vortatbeteiligung gelten.

6.4 Die Hehlerei - § 259 StGB

Die Hehlerei ist ein zwingender Nachtattatbestand, da sie als Tatbestandsmerkmal die Voraussetzung einer anderen Tat hat. Dabei muß diese Vortat gegen fremdes Vermögen gerichtet sein.

Die Alternative Diebstahl - Hehlerei war der Grundfall, an dem die Struktur der Wahlfeststellung erarbeitet wurde. Dabei war bewiesen, daß der Täter die Sache in Besitz hat. Unklar blieb, wie er sie erlangt hatte, wobei dafür nur ein Diebstahl oder eine Hehlerei in Betracht kamen. Damit blieben beide Tathandlungen unklar, wobei die Zweifel an der einen jeweils auf der Möglichkeit des Vorliegens der anderen beruhten. Aber die Alternative § 242 StGB zu § 259 StGB kann auch in einer Postpendenzstruktur auftreten. Eine solche liegt vor, wenn man den Täter bei einer "Hehlerei" antrifft. Damit steht fest, daß er eine Handlung begangen hat, die normalerweise den Hehlereitatbestand begründet. Allerdings kann nicht ausgeschlossen werden, daß der Täter die Sache vorher selbst gestohlen hat. Im Gegensatz zur wahldeutigen Variante steht § 259 StGB sozusagen faktisch fest. Aber der möglicherweise vorher zusätzlich verwirklichte Diebstahl beeinflußt die Frage, ob eine Hehlerei vorliegt.[546]

---

544 Ruß in LK, Rn 33 zu § 258.

545 a.A. Richter, S. 134.

546 einführend Schmoller, S. 232f.

Von § 259 StGB geschützes Rechtsgut ist, wie die Beschränkung der Vortaten auf solche, die gegen fremdes Vermögen gerichtet sind, zeigt, das Ver-mögen.[547] Zusätzlich wird diskutiert, ob als Rechtsgut ein allgemeines Sicherheitsinteresse relevant ist, da die Abnahmebereitschaft des Hehlers bezüglich der Beute einen Anreiz für die Begehung von Vermögensdelikten bilden mag.[548] Für diese Annahme soll die im Vergleich zur Vortat schärfere Strafdrohung sprechen.[549] Im Gegensatz dazu geht die überwiegende Meinung davon aus, daß die vom Hehler ausgehende gefährliche Anreizwirkung zwar den Gesetzgeber bei der Schaffung des § 259 StGB beeinflußt hat, diese heute aber für die Auslegung des Tatbestands ohne Belang ist.[550] Ist folglich als einziges Rechtsgut des § 259 StGB das Vermögen anzusehen, soll nun vor diesem Hintergrund das Wesen der Hehlerei ermittelt werden. Der Unwertgehalt der Hehlerei besteht in der durch sie bewirkten Perpetuierung der rechtswidrigen Vermögenslage. Diese Perpetuierung muß sich nicht zwangsläufig vermögensschädigend auswirken. Es kann durchaus sein, daß die Beute beim Hehler schneller gefunden wird als bei irgendeinem Dieb. Daher ist die Hehlerei bezüglich des geschützten Rechtsgutes Vermögen als abstraktes Gefährdungsdelikt anzusehen.[551]

Der für diese Untersuchung relevante Zweifelsfall wurde oben bereits be-

---

547 Samson in SK, RN 1 zu § 257; Geerds, Begünstigung, S. 254; Seelmann, S. 39; Otto, Hehlerei, S. 148; Rudolphi, Grundprobleme, S. 1; Arzt, Hehlerei, S. 10; Geppert, Hehlerei, S. 100.
kritisch: Hruschka, Hehlerei, S. 221; Roth, S. 29.

548 Samson in SK, RN 2 zu § 259; Seelmann, S. 39; BGHSt 7, S. 134ff (S. 142); Meister, S. 715.

549 s. § 260 StGB; Rudolphi, Grundprobleme, S. 4; zusammenfassend: Ruß in LK, RN 1 zu § 259; Stree in Sch Sch, RN 3 zu § 259.

550 Otto, Hehlerei, S. 149 FN 2; Samson in SK, RN 2 zu § 259; Küper, Probleme, S. 44; Schmoller, S. 238; Roth S. 31, S. 94ff; a.A. Stree in Sch Sch, RN 3 zu § 259; abwägend Arzt, Hehlerei, S. 16.

551 Seelmann, S. 39; Arzt, Hehlerei, S. 11; Berz, S. 57; Geppert, Hehlerei, S. 100; Otto, Hehlerei, S. 148; Rudolphi, Grundprobleme, S. 1; Joerden, Wiederbeschaffung, S. 80f; Roth, S. 29f; Schmoller, S. 236ff; Ruß in LK, RN 1 zu § 259; Stree in Sch Sch, RN 1 zu § 259; kritisch: Hruschka, Hehlerei, S. 221.

schrieben: Mögliche Vortatbeteiligung bei nachfolgender, "faktisch feststehender" Hehlereihandlung. Eine pauschale Lösung dieses Falles verbietet sich. Vielmehr muß nach der Art der Vortatbeteiligung und der Hehlereialternative differenziert werden. Ausgangspunkt soll dabei jeweils die Vortatbeteiligung und ihre rechtliche Würdigung sein.

6.4.1 Vortatalleintäterschaft

Steht fest, daß der Täter, der bei einer Handlung angetroffen wurde, die sonst eine Hehlerei wäre, Alleintäter der Vortat war, wird eine Verurteilung wegen Hehlerei abgelehnt. Dieses Ergebnis wird durch mehrere Argumente gestützt. Zunächst fehle es an der im Hehlereitatbestand vorausgesetzten Tat eines anderen.[552] Zusätzlich wird betont, daß die Perpetuierung der rechtswidrigen Vermögenslage gerade durch einverständliches Zusammenwirken des Hehlereitäters mit dem Vortattäter erfolgen müsse.[553] Auch diese Voraussetzung könne der Vortatalleintäter nicht erfüllen, da er nicht mit sich selbst zusammenwirken könne. Die Begründung dieser Straflosigkeit wird durch die Idee der mitbestraften Nachtat gegeben.[554] Schließlich verletze der Vortattäter kein neues Rechtsgut.[555] Daraus folgt, daß die Vortatstrafbarkeit nach gesetzlicher Wertung typischerweise dazu führt, daß das Hehlereiunrecht als bloße Ausnutzung der deliktisch erlangten Vermögensposition bereits abgegegolten sei. Küper deutet dies so, daß die Straflosigkeit des Vortatalleintäters damit letztlich auf einer Konkurrenzerwägung beruht, die durch die Ausformung oben ge-

nannter Kriterien vertatbestandlicht worden sei.[556]

---

552 Dreher / Tröndle, RN 26 zu § 259; Wessels, § 20 VI 1; Legien, S. 117; Lochmüller, S. 113; Berz, S. 67; Geerds, Begünstigung, S. 258 FN 89; Rudolphi, Grundprobleme, S. 5; Geppert, Hehlerei, S. 109; Gössel, S. 318.

553 BGH JR 1985, S. 341; Geerds, Begünstigung, S. 257; Geppert, Hehlerei, S. 103.

554 Dreher / Tröndle, RN 26 zu § 259.

555 Stree in Sch Sch, RN 54 zu § 259.

556 Küper, Hehlerei, S. 61.

Zusammenfassend bleibt festzustellen, daß der, von dem feststeht, daß er die Vortat alleine begangen hat, den Hehlereitatbestand nicht erfüllt.[557]

Fraglich ist, wie vorgegangen werden soll, wenn die Vortatalleintäterschaft des Täters, der nachfolgend bei einer Hehlereihandlung angetroffen wurde, nicht festgestellt, aber auch nicht ausgeschlossen werden kann.

Mit dem von Hruschka propagierten Beweisverzicht (Verzicht auf den Nachweis des Nichtvorliegens der Vortat) gelangt man in diesem Fall, wie in allen anderen, die strukturell Postpendenzsituationen sind, für jede mögliche Hehlereihandlung zur eindeutigen Verurteilung gemäß § 259 StGB.[558] Dagegen wird zutreffend eingewendet, daß dieser Verzicht auf den Nachweis der Tätertauglichkeit zu einer Verurteilung wegen einer Tat führt, deren elementare Mindestvoraussetzung nicht bewiesen sei.[559] Vor diesem Hintergrund hat sich die Rechtsprechung in den Fällen zweifelhafter Vortatalleintäterschaft für eine wahldeutige Verurteilung entschieden. Schließlich bleibe vom Hehlereitatbestand das Merkmal "ein anderer" und die Voraussetzung des Zusammenwirkens mit dem Vortattäter unklar. Wegen dieser verbleibenden Unsicherheiten könnten nur Vor- und Nachtat zusammen eine taugliche Urteilsgrundlage bilden.[560]

Neuerdings gibt es in der Literatur zwei Stimmen, die, von diesem Ergebnis abweichend, bei manchen Hehlereihandlungen doch eindeutig aus der Nachtat verurteilen wollen.[561] Die Basis dieser Argumentation ist, daß das Merkmal "ein anderer" ein bloßes Abgrenzungsmerkmal sei, auf dessen Nachweis verzichtet wer-

---

557 Geerds, Begünstigung, S. 258 FN 99; Gössel, S. 318; Geppert, Hehlerei, S. 103; Ruß in LK, RN 41 zu § 259; Samson in SK, RN 39 zu § 259; Roth, S. 123ff.

558 Hruschka, Logik, S. 641.

559 Küper, Probleme, S. 91 FN 102.

560 BGH NJW 1990, S. 2476; zust. Otto, Postpendenz, S. 1f; Geppert, Hehlerei, S. 106; Richter, S. 132; Ruß in LK, RN 41 zu § 259.

561 Joerden, Fallsysteme, S. 138 FN 82; ders. Postpendenz, S. 852; Schmoller, S. 235ff.

den könne. Die von § 259 StGB geforderte Personenverschiedenheit von Vor- und Nachtattäter sei nicht unrechtskonstituierend.[562] Auch die von § 259 StGB geschützten Rechtsgüter werden zur Argumentation herangezogen. Zwar könne so die Hehlergefährlichkeit als Täteranreiz die Hehlereistrafe nicht rechtfertigen. Aber diese Gefährlichkeit werde zu Recht von der überwiegenden Meinung nicht als Tatbestandsmerkmal gewertet.[563] Und eine Perpetuierung der rechtswidrigen Vermögenslage sei auch bei Personenidentität durch nachfolgende Handlungen möglich.[564] Diese Stimmen bejahen die Möglichkeit einer eindeutigen Hehlereiverurteilung nicht pauschal, sondern differenzierend bezüglich der in Frage stehenden Handlungsalternative des § 259 StGB. Dies soll im folgenden gezeigt werden.

6.4.1.1 Sich verschaffen, Ankaufen

Das Merkmal "ankaufen" stellt lediglich ein gesetzliches Beispiel des "Sich-Verschaffens" dar.[565] Insofern gelten keine besonderen Regeln. Die Variante "sich oder einem Dritten verschaffen" ist erfüllt, wenn der Täter sich oder einem Dritten an der Sache selbständige Verfügungsmacht durch den Vortäter mit dessen Einvernehmen einräumen läßt.[566] Für diese Tatbestandsvariante vertritt niemand die Zulässigkeit einer eindeutigen Hehlereiverurteilung bei zweifelhafter Vortatalleintäterschaft. Nach der Rechtsprechung ist eine eindeutige Nachtatverurteilung nur zulässig, wenn das faktische Vorliegen aller Hehlereitatbestandsmerkmale bewiesen ist. Hier bliebe aber das Merkmal "von einem anderen" und damit letztlich das Wesen des Verschaffens,

---

562 Schmoller, S. 235ff.

563 Schmoller, S. 237ff.

564 Schmoller, S. 236.

565 Otto, Hehlerei, S. 153; Rudolphi, Grundprobleme, S. 90; Ruß in LK, RN 23 zu § 259; Samson in SK, RN 24 zu § 259.

566 Otto, Hehlerei, S. 153; Rudolphi, Grundprobleme, S. 90; Stree in Sch Sch, RN 18ff; Ruß in LK, RN 19 zu § 259; Samson in SK, RN 16ff zu § 259.

also die Tathandlung unklar.[567] Daher entschied der Bundesgerichtshof diese Variante durch eine Wahlfeststellung. Es herrscht Einigkeit darüber, daß eine nur auf die Nachtat gestützte Verurteilung jedenfalls dann nicht erfolgen kann, wenn neben der Täterqualifikation auch die Tathandlung unklar bleibt.[568]

6.4.1.2 Absetzen, Absatzhilfe

Absetzen ist die entgeltliche Übertragung der Verfügungsmacht im Einverständnis und im Interesse des Vortattäters auf einen Dritten durch den selbständig handelnden Täter.[569] Absatzhilfe ist demgegenüber auch ohne selbständige Verfügungsmacht möglich. Auch für sie gelten die folgenden Ausführungen.[570]

Joerden und Schmoller sehen in der Variante des Absetzens einen unproblematischen Fall ihrer Theorie. Nach ihrer Auffassung müßte ein Täter, der beim Veräußern einer möglicherweise allein von ihm selbst gestohlenen Sache ertappt wird, wegen Hehlerei verurteilt werden.[571] Schmoller führt als Argument für diese Lösung an, daß so alle Hehlereipostpendenzfälle einheitlich gelöst werden könnten.[572] Dieses Argument ist nicht zutreffend, da für die Variante des Sich-Verschaffens bei gleicher Zweifelssituation auch Schmoller keine eindeutige Nachtatverurteilung

---

567 BGH NJW 1990, S. 2476f; zust. Geppert, Hehlerei, S. 106; Joerden, Postpendenz, S. 851; ders. Fallsysteme S. 138 FN 82; Küper, Hehlerei, S. 57f.

568 Ob allerdings Hruschka durch Ausdehnung seines Beweisverzichts auch diese Fälle eindeutig entscheiden würde, bleibt unklar, da er sich hierzu nicht geäußert hat.

569 Otto, Hehlerei, S. 153; Rudolphi, Grundprobleme, S. 92; Lackner, RN 13ff zu § 259; Ruß in LK, RN 24f zu § 259; Samson in SK, RN 25 zu § 259, Stree in Sch Sch, RN 31ff zu § 259; Streitig ist, ob zur Vollendung ein Absatzerfolg eingetreten sein muß, oder ob die bloße Absatztätigkeit ausreicht, vgl. Ruß in LK, RN 13 zu § 259. Wegen der Wortlautgrenze wohl Absatzerfolg nötig, so Lackner RN 13 zu § 259; Stree in Sch Sch, RN 38 zu § 259. Dieser Streit ist für die vorliegende Untersuchung allerdings ohne Bedeutung.

570 Küper, Hehlerei, S. 58.

571 Joerden, Postpendenz, S. 852; ders. Fallsysteme, S. 138, FN 82; Schmoller, S. 235ff.

572 Schmoller, S. 235.

anstrebt. Zudem ist es seiner Meinung nach ungerecht, einen möglichen Vortatalleintäter besser zu behandeln als einen Vortatteilnehmer.[573]
Auch dieses Argument ist so nicht zutreffend. Bei einer Ablehnung einer eindeutigen Nachtatverurteilung wird zunächst eine wahldeutige Entscheidung propagiert. Diese ist für den Täter nicht immer günstiger. Schmollers Argument trägt also allenfalls für die Fälle, in denen eine Wahlfeststellung unzulässig ist.
Letztlich erscheint es Schmoller kriminalpolitisch unbefriedigend zu sein, wegen einer möglicherweise zusätzlich begangenen Vortat einen "Hehler" freizusprechen.[574] Es ist indessen wenig hilfreich, in einem so komplexen Bereich durch kriminalpolitische Erwägungen die Prüfung der Verurteilungsvoraussetzungen zu ersetzen.

Insbesondere Küper führt gegen jede Nachtatverurteilung wegen Hehlerei bei zweifelhafter Vortatalleintäterschaft aus, daß eine solche den unrechtskonstituierenden Bereich der Hehlerei tangiere. Täterqualität und Handlungsmodalitäten beeinflußten sich gegenseitig. "Absetzen" sei die fremdnützige Unterstützung des Vortattäters beim Absetzen. Diese könne ein Täter sich selbst nicht gewähren.[575] Eine andere Lösung speziell für das Merkmal des Absetzens zerstöre das Gefüge des Hehlereitatbestands, ohne daß diese Ausnahme durch die Struktur der Hehlerei zu rechtfertigen sei.[576] Somit bleibt festzuhalten, daß von dem Feststehen einer deliktstypischen Hehlereihandlung sinnvoll nur dann gesprochen werden kann, wenn die Alleinvortattäterschaft des "Hehlers" ausgeschlossen werden kann.

6.4.2 Vortatmittäterschaft

Steht fest, daß der Täter, der jetzt bei einer ansonsten als Hehlereihandlung zu bewertenden Aktion ertappt wird, bereits als Mittäter an der Vortat beteiligt war, so

---

573 Schmoller, S. 235f.

574 Schmoller, S. 236.

575 Küper, Hehlerei, S. 59.

576 Küper, Hehlerei, S. 60.

wird er wegen Hehlerei nicht bestraft.[577] Dieses Ergebnis wird auf verschiedene Begründungen gestützt. Zum einen wird angeführt, § 259 StGB setze voraus, daß ein anderer die Sache gestohlen habe. Wie oben gezeigt wurde, ist es auch mit dem Konzept der Hehlerei nicht vereinbar, das Merkmal "ein anderer" als bloßes Konkurrenz- oder Abgrenzungsmerkmal zu sehen und insofern Beweisverzicht zu üben.[578] Es muß also tatsächlich ein anderer die Vortat verübt haben. Fraglich ist, ob dies bei einem Vortatmittäter der Fall ist. Überwiegend wird dies bezüglich des Vortatmittäters verneint.[579] Dabei fällt auf, daß dieses Ergebnis aus dem Wortlaut des Tatbestands nicht zwingend abgeleitet werden kann. Schließlich gibt es mindestens einen anderen Vortattäter: den anderen Mittäter. Sicher eliminiert wird durch die Tatbestandsformulierung nur der Vortatalleintäter.[580] Mit Blick auf das von § 259 StGB geschützte Rechtsgut läßt sich dieser Ansatz bezüglich des Vortatmittäters weiter ausbauen: Schließlich kann auch der an der Vortat als Mittäter Beteiligte die rechtswidrige Vermögenslage perpetuieren.[581]

Allerdings stößt man auf Probleme, wenn man das Wesen der Mittäterschaft in Betracht zieht. Die Zurechnungsregel des § 25 II StGB bewirkt, daß alle Mittäter im Rahmen ihrer Willensübereinstimmung jeweils für das ganze in der Vortat liegende Unrecht haften. Die Mittäterschaft dient damit zur vereinheitlichenden Erfassung mehrerer Täter. Vor diesem Hintergrund wird bestritten, daß es zulässig sei, den Vortatmittäter als einen anderen anzusehen, so als habe er mit der Vortat nichts zu tun gehabt.[582] Insbesondere werde dem Mittäter bei der Zurechnung der gesamten

---

577 Dreher / Tröndle, RN 26 zu § 259; Wessels, § 20 VI 1.

578 Küper, Hehlerei, S. 60.

579 Lackner, RN 18 zu § 259; Ruß in LK, RN 41 zu § 259; Stree in Sch Sch, RN 54 zu § 259; Geerds, Begünstigung, S. 259; Richter, S. 130; Seelmann, S. 42; dies sei h.M, so Joerden, Postpendenz, S. 848.

580 Küper, Probleme, S. 83f.

581 Küper, Probleme, S. 84.

582 Otto, Hehlerei, S. 152; Rudolphi, Grundprobleme, S. 5; Geppert, Hehlerei, S. 103.

Vortat auch der Beuteerwerb angelastet. Damit gelte die Vortatstrafe die Entstehung der rechtswidrigen Besitzlage bereits ab, so daß eine erneute Bestrafung, diesmal aus § 259 StGB nicht zulässig sei.[583] Dies soll heißen, daß man einem Täter die Besitzerlangung nicht zweimal anrechnen darf. Dabei ist ersichtlich, daß dieses Argument nicht die Reichweite hat, die ihm zugemessen wird. Mit dieser Argumentation läßt sich lediglich gegen die Strafbarkeit der Hehlereierwerbsalternativen angehen. Andere Hehlereialternativen werden nicht erfaßt.[584]

Zudem wird vertreten, die bloße Zurechnung im Rahmen der Mittäterschaft begründe keinesfalls die tatsächliche Verfügungsgewalt des Mittäters über die Sache. Damit sei eine Einzelfallprüfung notwendig, um herauszufinden, ob der Mittäter die Sache noch hehlerisch erwerben könne.[585]

Ohne bereits an dieser Stelle auf den Zusammenhang zwischen mittäterschaftlicher Zurechnung und nachfolgender Hehlereistrafbarkeit näher einzugehen, kann festgestellt werden, daß jedenfalls die Wortlautgrenze des § 259 StGB bezüglich der durch einen anderen begangenen Vortat bei einer Vortatmittäterbestrafung wegen Hehlerei nicht verletzt ist.

Es wird auch vertreten, der Vortatmittäter könne nicht mit sich selbst einverständlich zusammenwirken.[586] Ein solches einverständliches Zusammenwirken wird überwiegend für notwendig gehalten.[587] Nur so läge die für die Hehlerei typische Besitzlagenverschiebung vor, die zu einer Reduzierung der Opferchancen führte, die Sache wiederzuerlangen. Dieses Ergebnis wird allerdings angegriffen. Manche

---

583 Seelmann, S. 42.

584 Küper, Probleme, S. 82.

585 Küper, Probleme, S. 83.

586 BGHSt 7, S. 134ff (S. 137); BGHSt 8, S. 390ff (S. 393).

587 Rudolphi, Grundprobleme, S. 5; Geerds, Begünstigung, S. 257; Geppert, Hehlerei, S. 100; Roth, S. 116ff; Lackner, RN 10ff zu § 259; Ruß in LK, RN 17 zu § 259.

Autoren sind der Meinung, daß Hehlerei nicht unbedingt die Zusammenarbeit mit dem Vortattäter verlange. Insbesondere rechtfertige das von § 259 StGB geschützte Rechtsgut diese Einschränkung nicht. Schließlich könne das Opfervermögen auch durch andere Vorgehensweisen weiter geschädigt werden. Jeder Übergang der Diebesbeute in andere Hände berge die Gefahr der zunehmenden Schwächung der Wiedererlangungschance für das Opfer. Diese Gefahr sei unabhängig davon, wie der Vortattäter zu dem Übergang stehe.[588]

Zum anderen wird darauf hingewiesen, daß auch bei Bejahung der Notwendigkeit einverständlichen Zusammenwirkens der Vortatmittäter keinesfalls notwendig ausgeschlossen wird. Schließlich könne ein Vortatmittäter mit dem anderen einverständlich zusammenwirken.[589] Folgt man der ersten Auffassung, kommt man zu dem Ergebnis, der Vortatmittäter könne bereits den Tatbestand der Hehlerei nicht erfüllen. Dagegen bejaht die Gegenauffassung die Tatbestandsmäßigkeit des Verhaltens, wertet aber die Hehlerei als mitbestrafte Nachtat.[590]

Dagegen nimmt Küper eine vermittelnde Stellung ein. Nach seiner Auffassung schließen die geschriebenen Hehlereitatbestandsmerkmale die Strafbarkeit des Vortatmittäters nicht aus. Die Straflosigkeit des Mittäters beruhe vielmehr auf einem ungeschriebenen konkurrenzregulierenden Tatbestandselement.[591] Überträgt man diese Ergebnisse auf den hier interessierenden Fall - zweifelhafte Vortatmittäterschaft mit anschließender "Hehlereihandlung" - so gelangt man bei Bejahung der ersten Auffassung zu einer tatbestandsrelevanten Postpendenz.

Gemäß BGH NJW 1990, S. 2476, der Fall betraf eine fragliche Vortatalleintäterschaft, ist eine eindeutige Nachtatverurteilung dann nicht zulässig, wenn neben der

---

588 Hruschka, Hehlerei, S. 221; Joerden, Wiederbeschaffung, S. 82.

589 Küper, Probleme, S. 82.

590 Jakobs, Anmerkung, S. 343 favorisiert dieses Ergebnis aus Strafzumessungsgründen; Wolter, Verurteilung, S. 172f.

591 Küper, Probleme, S. 84.

Täterqualifikation ("ein anderer") auch die Tathandlung ("einverständliches Zusammenwirken") fraglich bleibt. Die Auswertung obiger Zitate ergibt, daß die Rechtsprechung bei sicher festgestellter Vortatmittäterschaft beide Erfordernisse für nicht erfüllt hält. Bleibt die Vortatmittäterschaft fraglich, hätte man folgern müssen, daß diesbezüglich Zweifel verbleiben, die die eindeutige Nachtatverurteilung ausschließen. Geht man nämlich davon aus, daß der Mittäter der Vortat nicht "ein anderer" ist und er auch nicht einverständlich zusammenwirken kann, so sind wiederum Täterqualifikation und Tathandlung fraglich.

Trotzdem gelangte die Rechtsprechung in BGHSt 35, S. 86ff zur eindeutigen Nachtatverurteilung.[592] Diese Entscheidung wird noch genauer zu untersuchen sein. Auch in der Literatur gibt es Stimmen, die für diesen Fall eine eindeutige Nachtatverurteilung anstreben. Das Vortatverhalten sei ein zusätzlicher Vorwurf. Dieser werde wegen seiner Zweifelhaftigkeit gemäß in dubio pro reo ausgeschieden. Danach bestünden am Vorliegen der Nachtat keine Zweifel mehr.[593] Dagegen kann man vorbringen, daß sich mit dieser Argumentation in dubio pro reo gegen den Angeklagten auswirkt, da es die Basis für eine Verurteilung bildet, die sonst nicht möglich gewesen wäre. Diese Auffassung vertritt die Ansicht, daß vor einem solchen Hintergrund nur eine wahldeutige Verurteilung in Frage käme. Geht man davon aus, daß ein Vortattäter kein tauglicher Hehler sein könne, so bliebe bei zweifelhafter Vortatmittäterschaft ein so hohes Maß an Unsicherheit, daß nur eine wahldeutige Verurteilung möglich sei.[594] Die Gegenansicht, die Hehlerei des Vortatmittäters als mitbestrafte Nachtat ansieht, kommt konsequenterweise in der Situation zweifelhafter Vortatmittäterschaft zur Bejahung einer lediglich konkurrenzrelevanten Postpendenz und damit, nach weit überwiegender Meinung, zu einer zulässigen Nachtatverurteilung.[595] Wiederum verfolgt Küper einen Mittelweg. Nach seinem Konzept des un-

---

592 Kritisch Gössel, S. 319.

593 Geppert, Hehlerei, S. 105; Wolter, Anmerkung, S. 456; Goydke, S. 257f.

594 Ruß in LK, RN 41 zu § 259; BGH NJW 1974, S. 804f; zust. Gössel, S. 319.

595 Wolter, Verurteilung, S. 172f.

geschriebenen Tatbestandsmerkmals liegt im Ausgangspunkt ein Fall tatbestandsrelevanter Postpendenz vor. Aber diese Einordnung ist für Küper nicht maßgeblich, da er eine neue Einteilung vornimmt. Alle Fälle konkurrenzrelevanter Postpendenz sind für ihn "echt" oder "implikativ".[596] Dagegen gäbe es in den Fällen tatbestandsrelevanter Postpendenz sowohl "implikative" als auch "exclusive" Varianten.[597] Da es sich bei dem Ausschluß des Vortatmittäters um ein konkurrenzregulierendes Tatbestandsmerkmal handele, läge zwar ein Fall tatbestandsrelevanter, aber doch implikativer Postpendenz vor. Diese Fälle löst Küper durch eine eindeutige Nachtatverurteilung.[598]

Im folgenden soll dargestellt werden, welche spezifischen Probleme sich für die einzelnen Hehlereialternativen stellen. Insbesondere bei der Handlungsvariante des "Sich-Verschaffens" treten spezifische Probleme bei fraglicher Vortatmittäterschaft auf. Dabei ist hier nur der Fall relevant, bei dem ein möglicher Mittäter einen Teil der Beute oder auch die ganze Beute nicht bereits faktisch durch die Vortat erlangt hat, sondern sie später durch einen gesonderten Akt in seinen Besitz bringt. Fraglich ist, ob er sie sich damit im Sinne des Hehlereitatbestands verschafft hat. Dies erscheint mit Blick auf die Zurechnungswirkung der Mittäterschaft problematisch. Otto geht davon aus, daß sobald ein Mittäter während der Vortat Verfügungsgewalt über die Beute erlangt habe, dies für alle Mittäter gelte. Dies beruhe darauf, daß wegen der mittäterschaftlichen Zurechnung mehrere Personen als eine einzige angesehen würden. Daher fingiere diese Zurechnung die Verfügungsgewalt aller Mittäter. Konsequenterweise entfalle damit die Möglichkeit der Hehlerei durch spätere Erlangung eines Beuteanteils.[599]

Dagegen wird eingewendet, daß eine normative Zurechnungsregel nicht in der

---

596 Küper, Probleme, S. 78.

597 Küper, Probleme, S. 79.

598 Küper, Probleme, S. 80.

599 Otto, Struktur, S. 323; s. unten, Kap. 8.3.

Lage sei, Verfügungsgewalt zu begründen, die faktisch nicht besteht.[600] Insbesondere soll sich aber die Wirkung der Zurechnung auf das Primärdelikt beschränken. Sie solle nicht Rückschlüsse auf ein späteres Verhalten ermöglichen.[601] Die Rechtsprechung sieht, ohne auf diese Problematik vertieft einzugehen, gerade in der Variante der Beuteverschaffung in Vortatkenntnis und fraglicher Vortatmittäterschaft einen Hauptanwendungsfall der Postpendenz.[602] Diese Vorgehensweise wird nachfolgend an einem Beispiel erläutert.[603] In bezug auf die Tatbestandsalternativen des Absetzens beziehungsweise des Hilfeleistens dabei gibt es keine zusätzlichen Probleme, da hier die "Hehlereihandlungen" nicht mit der mittäterschaftlichen Zurechnung kollidieren.

6.4.3 Vergleich

Zwischen einer allein- und einer mittäterschaftlichen Tatbeteiligung bestehen oft keine gravierenden Bewertungsunterschiede. Das jeweils verwirklichte Unrecht differiert nicht unbedingt maßgeblich. Dies bleibt auch zutreffend, wenn die jeweilige Beteiligung zweifelhaft bleibt. Vieles spräche daher dafür, alle Fälle fraglicher täterschaftlicher Vortatbeteiligung mit nachfolgender faktischer Hehlereihandlung gleich zu behandeln. Die Rechtsprechung und der wohl überwiegende Teil der Literatur gelangt allerdings zum gegenteiligen Ergebnis.[604] Bei fraglicher Alleintäterschaft bezüglich der Vortat wird wahldeutig zwischen Vor- und Nachtat entschieden.

---

600 Küper, Probleme, S. 83.

601 Joerden, Postpendenz, S. 849.

602 BGHSt 35, S. 86ff; zust. Geppert, Hehlerei, S. 105; Goydke, S. 257; im Ergebnis zust. Küper, Hehlerei, S. 44ff; kritisch Gössel, S. 320; BGH NSTZ 1989, S. 266; BGH NSTZ 1989, S. 574.

603 s. unten, Kap. 7.

604 Die Rechtsprechung hat im Rahmen des § 25 II StGB ein Zurechnungssystem aufgebaut, welches auch ohne tatsächlichen Tatbeitrag Mittäterschaft möglich macht. Diese Tendenz objektiver Entleerung begünstigt vermutlich Entwicklungen wie die im Rahmen der Postpendenz, die gravierende Unterschiede zwischen Allein- und Mittäterschaft voraussetzen und bewirken. Als Beispiel für diese Zurechnungstechnik mag BGHSt 35, S. 86ff dienen. Dieser Fall wird in Kapitel 7 besprochen.

Dagegen wird bei fraglicher Vortatmittäterschaft über das Konzept der Postpendenz eindeutig nur aus der Nachtat verurteilt. Diese verschiedenen Vorgehensweisen führen zu großen Unterschieden bezüglich des Ergebnisses. Bei einer wahldeutigen Entscheidung kann nur die Sanktion ausgesprochen werden, die der mildere der beiden fraglichen Tatbestände zuläßt. Ist die Vortat gewaltfrei (Beispiel §§ 242, 246, StGB) ist diese Sanktion häufig milder als die des § 259 StGB.[605] Insofern wird der fragliche Alleinvortattäter vor dem Mittäter bevorzugt, da dieser eindeutig gemäß § 259 StGB verurteilt wird.

Ist dagegen bei der Vortat Gewalt im Spiel, so kann es für den möglichen Alleintäter zu einer noch massiveren Besserbehandlung kommen. Delikte, die hier als gewalthaltige Vortaten in Frage kommen, sind beispielsweise §§ 249, 253, 255 StGB. Diese sind aber mit der Hehlerei rechtsethisch und psychologisch häufig nicht vergleichbar. Mangels dieser Gleichwertigkeit kann es daher zur Unzulässigkeit einer Wahlfeststellung kommen. Letztlich kann dies dazu führen, daß der mögliche Vortatalleintäter freigesprochen, der mögliche Vortatmittäter dagegen wegen seines Nachtatverhaltens verurteilt wird, obwohl beide das gleiche Nachtatverhalten gezeigt haben.

Diese Ungerechtigkeit wird - sofern sie überhaupt gesehen wird - mit angeblichen rechtstaatlichen Gründen gerechtfertigt. Man geht davon aus, daß eine eindeutige Verurteilung immer dann geboten sei, wenn sie zulässig ist. Dies gelte aber eben nur für den Vortatmittäter und nicht für den Vortatalleintäter.[606] Bei dieser Argumentation fällt auf, daß die Möglichkeit, durch eine Postpendenzfeststellung zu einer eindeutigen Nachtatverurteilung zu kommen, bereits als etablierte Tatsache angesehen wird, deren zum Teil ungereimte Folgen eben hingenommen werden müssen.

Außerdem ist es fraglich, was geschehen soll, wenn die Art der Vortattäter-

---

605 vgl. § 260 StGB.

606 Richter, S. 132f.

schaft nicht geklärt werden kann. In einem Fall, bei dem bezüglich der Vortat sowohl Allein- als auch Mittäterschaft möglich waren, hat der Bundesgerichtshof eine wahldeutige Entscheidung getroffen.[607] Dies bedeutet, daß die Rechtsprechung die zweifelhafte Mittäterschaft wie die zweifelhafte Alleintäterschaft behandelt. Faktisch bedeutet dies, daß sie ein Mehr an Tatbeitrag annimmt, als bewiesen ist. Ob dies mit dem Grundsatz in dubio pro reo vereinbar ist, ist zweifelhaft. Für diese Lösung spricht allerdings die oben aufgezeigte Bevorzugung des Alleintäters.

Aber auch innerhalb der Gruppe der Mittäter wird nicht einheitlich entschieden. Ausschlaggebendes Moment ist hier die faktische Erlangung der Verfügungsgewalt über die Beute. Jedenfalls bei der Hehlereialternative des "Sich-verschaffens" ist es von entscheidender Bedeutung, ob derjenige, der möglicherweise als Mittäter an der Vortat beteiligt war, die faktische Verfügungsgewalt bereits in der Vortatphase erlangt hat. Nur wenn dies nicht der Fall war, wird überhaupt die eindeutige Nachtathehlereiverurteilung diskutabel. Damit wird der mögliche Vortatmittäter bezüglich der "Sich-Verschaffens-Alternative" letztlich so behandelt wie der Vortatalleintäter, wenn er die Beute bereits durch die Vortat in seiner Verfügungsgewalt hatte. Worin nun der sachliche Grund einer massiven Ungleichbehandlung liegen soll, die einzig darauf begründet ist, wann genau jemand, dessen Vortatbeteiligung noch nicht einmal feststeht, die Verfügungsgewalt über die Vortatbeute erlangt hat, ist nicht einzusehen. Steigern kann man diese Problematik noch durch einen zusätzlichen, keinesfalls nur konstruierten Zweifel: Was soll geschehen, wenn nicht zu klären ist, wann genau der mögliche Mittäter die Verfügungsgewalt erstmalig erlangt hat? In Anlehnung an BGHSt 23, S. 360ff würde auch dieser Fall vermutlich analog zum möglichen Mittäter mit Beuteerlangung während der Vortat, sprich wie der Vortatalleintäter entschieden. Hier soll zusammenfassend festgestellt werden, daß weder die Frage, ob jemand möglicher Allein- oder Mittäter an der Vortat war,[608] noch die Frage, wann genau ein Mittäter die Verfügungsgewalt über die Beute erlangt hat, eine deutlich unterschiedliche Behandlung rechtfertigen.

---

607 BGHSt 23, S. 360ff; s. S. 217.

608 Tröndle in LK, RN 67 Anh. § 1 "ungereimt".

6.4.4 Vortatgehilfenschaft

War jemand an der Vortat als Teilnehmer beteiligt und hat nachfolgend eine Handlung ausgeführt, die den Hehlereitatbestand ausfüllt, so steht die Vortatgehilfenschaft nach überwiegender Meinung der Hehlereistrafbarkeit nicht ent-gegen.[609] Dagegen geht die Mindermeinung davon aus, daß eine Vortatgehilfenschaft Hehlereistrafbarkeit ausschließt. Ihrer Meinung nach liegt der Strafgrund der Teilnahme in der Förderung des Unrechts der Haupttat. Wenn dem so sei und zusätzlich die Vortattäterschaft die Hehlereistrafbarkeit ausschlösse, so müsse dies auch für den Teilnehmer gelten.[610]

Dieser Argumentation kann nicht gefolgt werden. Anders als ein Mittäter haftet der Gehilfe nicht für die ganze Vortat, sondern nur für seinen konkreten Anteil daran. Daher kann aus der Tatsache, daß festgestellte Vortatmittäterschaft die Hehlereistrafbarkeit ausschließt, für den Gehilfen nicht ebenso Straffreiheit abgeleitet werden. Insbesondere wird ihm auch nicht der Beuteerwerb eines anderen Vortatbeteiligten zugerechnet. Daher geht die überwiegende Meinung zutreffend davon aus, daß ein Vortatteilnehmer die Beute oder Teile davon von einem anderen erwerben kann und sich so der Hehlerei strafbar macht.[611] Dafür spricht auch, daß in dieser Beuteverschiebung ein Wechsel der Sachherrschaft liegt, der das Vermögen des Opfers zusätzlich gefährden kann.[612]

---

609 BGHSt 7, S. 134ff; Lackner, RN 18 zu § 259; Ruß in LK, RN 42 zu § 259; Dreher / Tröndle, RN 26 zu § 259; Wessels, § 20 VI 2; diff. Meister, S. 715; diese Auffassung kann zu Wertungswidersprüchen bezüglich der Strafzumessung bei Mittätern und Gehilfen führen, s. Jakobs, Anmerkung, S. 343.

610 Seelmann, S. 42; s. auch Geppert, Hehlerei, S. 104; diff. Stree in Sch Sch, RN 56 zu § 259; BGHSt 5, S. 378ff (S. 380).

611 Geppert, Hehlerei, S. 104; Dreher / Tröndle, RN 26 zu § 259; differenzierend Stree in Sch Sch, RN 56ff zu § 259.

612 Geppert, Hehlerei, S. 104.

Insbesondere der Teilnehmer, der schon bei seiner Vortatteilnahme auf den späteren Beuteanteil abzielt, ist für dieses Verhalten als besonders strafwürdig anzusehen.[613] Grundsätzlich kann sich daher jeder Vortatteilnehmer noch wegen einer nachfolgenden Hehlereihandlung strafbar machen.[614] Etwas anderes muß nur dann gelten, wenn der Teilnehmer den Beuteteil bereits während der Vortat faktisch erlangt hat. Dann kann er ihn sich nicht noch einmal im Sinne des Hehlereitatbestands verschaffen. Dahingegen kann er die Absatzhandlungen der Hehlerei immer noch erfüllen. Insofern muß eine Einzelfallprüfung vorgenommen werden.

Es bleibt daher festzustellen, daß bei sicherer Vortatgehilfenschaft eine Hehlereistrafbarkeit grundsätzlich nachfolgen kann. Daher kann auch eine zweifelhaft bleibende Vortatgehilfenschaft die Hehlereistrafbarkeit nicht tangieren. Grundsätzlich kann daher jemand, der möglicherweise als Vortatteilnehmer an der Vortat mitgewirkt hat, wegen einer nachfolgenden Hehlereihandlung als Hehler bestraft werden.[615]

Etwas anderes gilt nur, wenn möglich ist, daß der Vortatteilnehmer die Beute bereits in der Vortat erlangt hat und jetzt nur die Alternative des "Sich-Verschaffens" im Raum steht. Dieser Fall müßte wohl, konsequent die entsprechende Mittäterlösung weiterdenkend, durch eine Wahlfeststellung gelöst werden. Dabei wäre allerdings die Gleichwertigkeit zwischen Vortatteilnehmer- und Nachtattäter-aktivität zweifelhaft.

6.5 Die Geldwäsche - § 261 StGB -

Die Geldwäsche setzt in ihrem Tatbestand eine andere bereits begangene Tat voraus. Sie gehört also ebenfalls in die Reihe der Nachtattatbestände. Das Ziel dieses Tatbestands ist die Verhinderung des Einschleusens von Vermögenswerten aus der

---

613 BGHSt 7, S. 134ff (S. 134, LS); a.A. Lackner, RN 18 zu § 259.

614 Geppert, Hehlerei, S. 104; Günther, Wahlfeststellung, S. 666; Geerds, Begünstigung, S. 258 FN 99; Otto, Hehlerei, S. 152; Berz, S. 67; Rudolphi, Grundprobleme, S. 5; Ruß in LK, RN 42 zu § 259; diff: Samson in SK, RN 41f zu § 259; Stree in Sch Sch, RN 55 zu § 259; Roth, S. 129f.

615 BGHSt 35, S. 86ff (S. 90).

organisierten Kriminalität in den legalen Wirtschaftskreislauf.[616] Damit befindet sich der Anwendungsbereich der Geldwäsche zwischen Hehlerei, Strafvereitelung und Begünstigung. Sie soll vorhandene Strafbarkeitslücken schließen.[617] Diese bestanden insbesondere in bezug auf Verwertungsketten, bei denen der ursprüngliche Vermögenswert unter Werterhalt ersetzt wird. Solche Vorgehensweisen waren früher weitgehend straflos.[618]

Insbesondere das Verhältnis zur Hehlerei wirft Fragen auf, die hier aber nur ansatzweise gestreift werden können.[619] Gemeinsam ist beiden Delikten der Anschluß an eine fremde Vortat. Es gibt Stimmen, die die Geldwäsche als einen Spezialfall der Hehlerei sehen.[620] Die Geldwäsche hat einen weiteren Anwendungsbereich, da sie nicht auf vermögensbezogene Vortaten beschränkt ist.[621] Andererseits ist ihr Anwendungsbereich enger, da sie eine besonders schwere Ursprungsstraftat voraussetzt.[622] Die Geldwäsche ist - anders als die Hehlerei - nicht auf Sachen als Tatobjekte beschränkt.[623] Zudem ist im Bereich des § 259 StGB die sogenannte Ersatzhehlerei nach überwiegender Meinung auch nicht in Form der Werthehlerei bei Geld strafbar.[624]

Der Tatbestand des § 261 StGB ist sehr komplex. Für die Zwecke der vorliegenden Studie reicht eine skizzenhafte Wiedergabe aus. Erfüllt ist der Tatbestand

---

616 Barton, S. 159; Füllbier, Geldwäschegesetz, S. 827; zur Entstehung des § 261 StGB: Arzt, Masche, S. 1ff.

617 Arzt, Masche, S. 2; Stree in Sch Sch, RN 4 zu § 261.

618 Barton, S. 159.

619 einführend Stree in Sch Sch, RN 1 zu § 261.

620 z. B. Aden, S. 93.

621 Arzt, Masche, S. 2; Füllbier, Anmerkung, S. 700; Krey, S. 354.

622 Aden, S. 93; Füllbier, Anmerkung, S. 700.

623 Krey, S. 354.

624 Arzt, Masche, S. 2; Krey, S. 354.

dann, wenn mit einem Vermögenswert, der aus einer bestimmten Art von Delikt herrührt, in einer Weise umgegangen wird, daß man ihn entweder sich oder einem Dritten verschafft, oder ihn so in den "normalen" Wirtschaftsverkehr einbringt, daß man ihn dem rechtmäßigen Zugriff des Eigentümers oder der Behörden entziehen kann.[625] Dabei wurde der Begriff des "Herrührens" bewußt weit gefaßt.[626]

Geschütztes Rechtsgut ist bei der Geldwäsche zunächst die Rechtspflege. Ihre Funktionsfähigkeit, die Auswirkungen von Straftaten zu beseitigen, soll erhalten werden. Aber auch das durch die Vortat in Mitleidenschaft gezogene Rechtsgut soll gegen eine Intensivierung dieser Verletzung geschützt werden.[627]

Relevant für die Geldwäsche sind nur Vermögenswerte, die aus der Vortat eines anderen stammen. Vortattäter und Geldwäscher können nicht personengleich sein.[628]

Fraglich ist, wie der für diese Arbeit relevante Zweifel - fragliche Vortatbeteiligung bei faktisch festgestellter Geldwäschehandlung - gelöst werden soll. Bisher wurde vom Bundesgerichtshof nur ein Fall zu diesem Komplex behandelt.[629] Dieser soll im folgenden als einer der Beispielsfälle dargestellt werden.

---

625 Aden, S. 93.

626 Hetzer, S. 3299; Fülbier, Anmerkung, S. 700.-

627 Tröndle, RN 3b zu § 261; Krey / Dierlamm, S. 359.

628 Körner, S. 311.

629 BGH NStZ 1995, S. 500.

7. Kapitel:

Beispiele

Es soll nun an zwei Fällen aus der Rechtsprechung des Bundesgerichtshofs gezeigt werden, welche Fülle von prozessualen und materiell-rechtlichen Problemen in einer Postpendenzentscheidung stecken können.

7.1 Erster Beispielfall - BGHSt 35, S. 86ff -

7.1.1 Sachverhalt

Der Entscheidung des Bundesgerichtshofs lag folgender Sachverhalt zugrunde, der auf die hier interessierenden Punkte verkürzt dargestellt wird.
Im Vorfeld beging die D eine schwere räuberische Erpressung. Ob die Z daran als Mittäterin beteiligt war, ließ sich nicht ermitteln. Auch in bezug auf das nachfolgende Geschehen herrschen insofern Zweifel, als diesbezüglich zwei verschiedene Abläufe in Frage kommen.

1. Ablauf
Entweder haben D und Z die Tat mittäterschaftlich begangen. Dabei wartete die Z im Fluchtauto auf die allein agierende D. Danach fuhren beide in die gemeinsame Wohnung. D ließ die Beute dort zurück, kümmerte sich nicht mehr um sie und wurde später verhaftet. Eine Teilungsabrede über die Beute erfolgte bei diesem Ablauf nicht.

2. Ablauf

Oder D fuhr, nachdem sie alleine den Überfall ausgeführt hatte, in die gemeinsame Wohnung. Dort hatte die Z den Säugling der D betreut. D zeigte Z die Beute. Diese half der D, die Geldbombe zu öffnen. Die Z erhielt die Hälfte der Beute. Der Anteil der D blieb in der Wohnung zurück. Diese wurde später verhaftet.

Jedenfalls steht zur Überzeugung des Gerichts fest, daß Z sich die ganze Beute nahm und diese verbrauchte.

7.1.2 Entscheidung

Angeklagt wurde die Z wegen schwerer räuberischer Erpressung, da die Staatsanwaltschaft von mittäterschaftlicher Begehungsweise ausging. Der Anklagesatz führte zur Kennzeichnung ihrer Beteiligung als Mittäterin unter anderem aus, daß nach dem Überfall die Beute hälftig geteilt wurde.[630] Da die Vortatbeteiligung der Z zweifelhaft blieb, ging die Strafkammer davon aus, daß man in dubio pro reo den für die Z insgesamt günstigeren Geschehensablauf - also den zweiten - unterstellen müsse. Auf dieser Basis fußte die eindeutige Verurteilung wegen Hehlerei.[631]

Der Bundesgerichtshof verurteilte die Z ebenfalls wegen Hehlerei. Dazu macht der Senat folgende Ausführungen. Von der Tatsacheninstanz sei jeder andere Verlauf als die beiden oben genannten Varianten rechtsfehlerfrei ausgeschlossen worden. Es sei vor diesem Hintergrund nicht notwendig, das zutreffende Ergebnis mit Unterstellungen zu begründen. Vielmehr begründe jede Alternative eine Hehlereiverurteilung.[632] Z habe sich die Beute jedenfalls in hehlerischer Art und Weise ver-

---

630 BGHSt 35, S. 86ff (S. 88).

631 BGHSt35, S. 86ff (S. 87).

632 Küper, Hehlerei, S. 14f führt dazu aus, daß die Strafkammer in dubio pro reo fehlerhaft, da letztlich für die Angeklagte belastend angewendet habe. Daß der Bundesgerichtshof das richtige, mit seiner Auffassung übereinstimmende Ergebnis erzielt hat, sei nicht Produkt der richtigen Vorgehensweise, sondern des Zufalls, da im vorliegenden Fall zufälligerweise beide Ablaufvarianten faktisch eine Hehlerei enthielten.

schafft. Dies gelte auch für die Variante, in der Z als Vortatmittäterin agiert. Durch die Vortat habe nämlich nur die D faktische Verfügungsgewalt erhalten.[633] Eine Hehlereiverurteilung sei nur bei erwiesener, nicht bei zweifelhafter Vortatmittäterschaft ausgeschlossen. Schließlich habe Z faktisch alle Tatbestandsmerkmale der Hehlerei erfüllt. Daran ändere auch die mittäterschaftliche Zurechnung nichts. Zwar habe jeder Mittäter auf der Basis dieser Zurechnung die Sache durch die Vortat erlangt und könne sie daher nicht mehr hehlerisch erwerben. Diese rechtliche Konstruktion sei aber eine Verhaltensbewertung. Sie ändere nicht den tatsächlichen Geschehensablauf. Diese Bewertung erhebe ansonsten nicht tatbestandsmäßiges Verhalten bezüglich der Vortat zur Tatbestandserfüllung. Bezüglich der Nachtat bewirke die Bewertung, daß ansonsten tatbestandsmäßiges Verhalten diese Eigenschaft verlöre. Wenn nun Zweifel im Vortatbereich diese Bewertung unmöglich machten, entfiele ihre Wirkung bezüglich des Nachtatbereichs. Mithin entfalle die Tatbestandsmäßigkeit der Nachtat nicht. Daher sei im vorliegenden Fall eine Verurteilung wegen Hehlerei zulässig. Schließlich habe die Z die tatsächliche Verfügungsgewalt von der Vortattäterin in Vortatkenntnis erlangt. Dies geschah entweder durch die gemeinsame Beuteteilung oder durch das Zurücklassen der ganzen Beute durch die D.

7.1.3 Analyse

Auf den ersten Blick fällt auf, daß diese Bundesgerichtshof-Entscheidung ohne Auseinandersetzung mit der bisherigen Rechtsprechung auskommt. Dies erstaunt um so mehr, als der Bundesgerichtshof hier zum ersten Mal die Struktur der Postpendenz aufgreift, und er sich damit sowohl bezüglich der Begründung als auch bezüglich des Ergebnisses von der bisherigen Entscheidungspraxis deutlich unterscheidet.[634]

---

633 Die Strafkammer hatte Z zusätzlich wegen Diebstahls an dem Beuteteil der D verurteilt. Der Bundesgerichtshof sieht diesen Vorgang als nicht mehr von Anklage und Eröffnungsbeschluß umfaßt an. Daher hat er die Verurteilung insofern aufgehoben und das Verfahren eingestellt.

634 Gössel, S. 318; Otto, Mittäter, S. 1; Küper, Hehlerei, S. 12, S. 15ff mit Überblick über die bisherige Rechtsprechung als Beleg.

7.1.3.1 Prozessuale Probleme

Es wurde schon dargestellt, daß Postpendenzentscheidungen, genau wie wahldeutige Verurteilungen, nicht zu vernachlässigende prozessuale Aspekte haben. Deren wichtigster ist zweifelsohne die Tatsache, daß alle Vorwürfe, auf denen die Verurteilung aufbaut, zum Prozeßgegenstand gemacht worden sind.[635] Bei Postpendenzentscheidungen müssen daher Vor- und Nachtat zum Prozeßgegenstand gemacht worden sein.[636] Dies ist jedenfalls dann der Fall, wenn Vor- und Nachtat eine Tat bilden und die Anklage eine von beiden oder beide umfaßt hat.

Der Bundesgerichtshof stand im vorliegenden Fall vor der Situation, daß die Anklage und der Eröffnungsbeschluß nur die mittäterschaftliche Erpressung betrafen - nur diese war also Verfahrensgegenstand. Trotzdem hielt der Bundesgerichtshof eine Verurteilung wegen der nachfolgenden Hehlerei für zulässig. Zur Begründung führt er aus, die Hehlerei bilde mit dem in der Anklage bezeichneten Vorkommnis (Vortat) einen einheitlichen Vorgang.[637] Dies sei schon daraus ersichtlich, daß die Beuteteilung bereits als Tatsache in der Anklage erwähnt sei. Zudem stünde die Hehlerei mit der in der Anklage bezeichneten Tat in einem engen zeitlichen und räumlichen Zusammenhang.

Beide Argumente sind in der Literatur angegriffen worden.[638] Zwar sei es zutreffend, daß die Beuteteilung in der Anklage erwähnt sei. Aber diese Tatsache müsse im Zusammenhang gewertet werden. Die Erwähnung der Beuteteilung habe ersichtlich nur den Zweck, die mittäterschaftliche Natur der Aktivitäten der Z zu belegen.[639] Dies zeige sich auch darin, daß die Beuteteilung nicht im Anklagesatz

635 s. oben, Kap. 4.3; Geppert, Abgrenzung, S. 1.

636 Richter, S. 135.

637 zust. Bauer, S. 219.

638 Küper, Hehlerei, S. 7 FN 18.

639 Wolter, Anmerkung, S. 457.

selbst, sondern nur im wesentlichen Ergebnis der Ermittlungen erwähnt werde.[640] Ein Sachverhaltsteil, der in dieser Form ins Verfahren eingeführt werde, erweitere nicht die prozessuale Tat.[641]

Auch das Argument des unmittelbaren räumlich-zeitlichen Zusammenhangs sei nicht tragfähig. Die Verhaltensweisen seien nach Ort, Zeit und Tatumständen voneinander abgrenzbar. In solchen Fällen liege eine Verzahnung zu einer prozessualen Einheit nur vor, wenn die jeweils verletzten Rechtsgüter gleichwertig seien und eine etwa gleiche Angriffsrichtung des Täters vorläge.[642] Damit läge in diesem Fall zwischen der räuberischen Erpressung und der Hehlerei keine einheitliche prozessuale Tat vor.

Dieses Ergebnis paßt, im Gegensatz zu der tatsächlich getroffenen Entscheidung, in das Bild der bisherigen Rechtsprechung des Bundgerichtshofs hinein. Dies zeigen folgende Entscheidungen. In BGHSt 35, S. 60ff stellte der Bundesgerichtshof fest, daß Diebstahl und Hehlerei dann eine Tat seien, wenn der Diebstahl als Grundlage der Hehlerei anzusehen ist. Zur Begründung wird angeführt, daß beide Delikte in Richtung auf dasselbe Tatobjekt begangen würden. Dies sei maßgeblicher als die zeitlich-räumliche Entfernung.[643] Gleiches gelte nicht für Raub und Hehlerei. Diese stellten verschiedene Taten dar, insbesondere weil auch verschiedene Rechtsgüter betroffen seien.[644] Hier zeigt sich, daß das zeitlich-räumliche Verhältnis der Taten nicht ausschlaggend ist. Vielmehr ist in erster Linie die Natur der betroffenen Rechtsgüter maßgeblich. Insofern bildet der Rechtsgutsver-gleich ein tragfähiges Kriterium

---

640 Geppert, Abgrenzung, S. 2.

641 Hürxthal in KK, RN 9 zu § 264; Kleinknecht / Meyer-Goßner RN 3 zu § 264; Wolter, Anmerkung, S. 457.

642 Wolter, Anmerkung, S. 457; Hürxthal in KK, RN 7 zu § 264; Kleinknecht / Meyer-Goßner RN 2f zu § 264; Gillmeister, S. 5.

643 BGHSt 35, S. 60ff (S. 63).

644 BGHSt 35, S. 60ff (S. 63); zustimmend Roxin, Anmerkung, S. 261; ablehnend Gillmeister, S. 5; zusammenfassend Kleinknecht / Meyer-Goßner RN 2 zu § 264.

zur Frage der prozessualen Tat.[645] Von der gleichen Ausgangslage her argumentiert auch BGH NJW 1988, S. 837. Dort wurde festgestellt, daß Diebstahl und Begünstigung zwei prozessuale Taten darstellten, da eine andere Angriffsrichtung des Täters vorläge. Zudem lag in diesem Fall eine räumlich-zeitliche Zäsur vor.[646] Im Vergleich zu dem hier interessierenden Fall fällt auf, daß in BGH NJW 1988, S. 837 die Tatsache, daß der Angeklagte die Beute hatte, in der Anklage erwähnt wurde. Hier zog der Senat daraus aber nicht die Konsequenz, daß damit der Verfahrensgegenstand in Richtung auf eine Begünstigung erweitert worden sei. Es wird stattdessen ausgeführt, diese Angabe diene nur der Wiedergabe eines auf die Beteiligung des Angeklagten hinweisenden Beweisanzeichens. Diese Fälle zeigen, daß der Bundesgerichtshof in dem hier vorliegenden Fall von der bisherigen Entscheidungspraxis abgewichen ist. Es stellt sich insbesondere die Frage, ob der Bundesgerichtshof den umgekehrten Fall, Anklage wegen Hehlerei, auch durch eine Verurteilung wegen mittäterschaftlicher räuberischer Erpressung entschieden hätte.[647] Allerdings scheint eine einheitliche Betrachtung angemessen zu sein. Sonst entschiede die Frage, welches von zwei Delikten angeklagt wurde darüber, ob zwischen ihnen eine prozessuale Tat besteht oder nicht.[648] Ausschlaggebend aber ist, daß der Bundesgerichtshof in keiner Weise auf die hier spezifische Nachtatproblematik eingeht. Wie später noch genauer dargelegt werden wird, steht das Nachtatverhalten nicht wirklich fest. Es bleiben diesbezüglich zwei verschiedene Geschehensabläufe möglich. Entweder haben beide die Beute nach der Tat in der Wohnung geteilt, oder D hat sie dort zurückgelassen und Z sie später verbraucht. Da man nicht weiß, welche Sachverhaltsvariante vorgelegen hat, weiß man auch nicht, welche letztlich die Verurteilung trägt. Daher müssen bezüglich beider Abläufe die prozessualen Voraussetzungen vorliegen. Aber dies ist gerade bezüglich des Kernarguments der Rechtsprechung, des engen zeitlich-räumlichen Zusammenhangs, nicht der Fall. Dieser liegt nur beim ersten

645 Roxin, Anmerkung, S. 261.

646 BGH NJW 1988, S. 837; kritisch Roxin, Anmerkung, S. 261.

647 zweifelnd Wolter, Anmerkung, S. 457.

648 kritisch daher: Wolter, Anmerkung, S. 457; a.A. Kleinknecht / Meyer-Goßner: einheitliche Betrachtung sei "weder möglich noch geboten".

Ablauf (Beuteteilung) vor. Hat dagegen die D die Beute einfach zurückgelassen und die Z sie irgendwann verbraucht, kann von einem engen Zusammenhang, insbesondere in zeitlicher Hinsicht, keine Rede sein. Bezüglich eines der beiden Abläufe liegt daher - auch nach der Argumentation des Bundesgerichtshofs - keine einheitliche Tat vor. Da dieser Ablauf aber nicht ausgeschlossen werden konnte, war eine Verurteilung wegen Hehlerei auf der Basis einer Anklage wegen mittäterschaftlicher räuberischer Erpressung nicht zulässig.

7.1.3.2 Materiell-rechtliche Probleme

7.1.3.2.1 Nachtatstruktur

Anders als die Strafkammer findet der Bundesgerichtshof seinen Weg zu einer Hehlereiverurteilung nicht über die Unterstellung einer Tatalternative. Die Alternativität des faktischen Geschehens bleibt daher bestehen.[649] Damit bleiben beide Abläufe Urteilsgrundlage: Sei es, daß D und Z die Beute teilten, oder daß D sie in der Wohnung ließ und Z sie später verbrauchte, der Bundesgerichtshof sieht in jeder Alternative faktisch und rechtlich eine Hehlerei.[650] Es bleibt festzustellen, daß die Tatsachenbasis der Nachtat Hehlerei wahldeutig bleibt. Es liegt daher nicht der klassische Fall der Postpendenz vor.[651] Bezüglich der Nachtat handelt es sich um eine sogenannte gleichartige oder unechte Wahlfeststellung.[652] Diese spezifische Problematik wird vom Bundesgerichtshof nicht thematisiert. Wenn man aber davon ausgeht, daß der grundsätzliche Unterschied zwischen einer Wahlfeststellung und einer Postpendenz in der Gewißheit über den Nachtatsachverhalt besteht, ist eine Analyse notwendig. Wenn sich der klassische Postpendenzfall durch Gewißheit über die

649 Küper, Hehlerei, S. 10.

650 Joerden, Postpendenz, S. 849; Küper, Hehlerei, S. 10.

651 Wolter, Anmerkung, S. 457.

652 Küper, Hehlerei, S. 11; mißverständlich Geppert, Hehlerei, S. 105.

Nachtat auszeichnet, ist es fraglich, ob eine lediglich wahldeutige Nachtat diese Gewißheit begründet. Letztlich stellt sich damit die Frage, ob im vorliegenden Fall eine Postpendenz oder eine Wahlfeststellung die angemessene Lösung ist.

Diese Frage wird von Küper gestellt und überzeugend beantwortet. Die Gewißheit über die Vorgänge der Nachtat sei nur ein regelmäßiges, kein zwingendes Kriterium.[653] Wirklich kennzeichnend für Postpendenzfälle sei vielmehr, daß eine zweifelhafte Vortat eine ansonsten mögliche Nachtatverurteilung beeinflußt. Dies sei auch der Fall, wenn die Nachtat lediglich tatsachenalternativ feststehe. Er empfiehlt für diese Fallgruppe die Bezeichnung der tatsachenalternativen Postpendenz.[654]

Denkt man dieses Ergebnis weiter, so fällt auf, daß diese Argumentation nicht nur für Fälle lediglich tatsachenalternativer Varianten gilt. Sie muß daher nicht auf Fälle unechter Wahlfeststellung beschränkt werden. Jede Nachtat, von der soviel feststeht, daß es für eine Verurteilung reicht, wird, wenn sie von einer zweifelhaften Vortat beeinflußt wird, zu einem Postpendenzfall. Damit wäre auch eine wahldeutige Nachtat grundsätzlich ein für die Anwendung der Postpendenzgrundsätze geeigneter Fall.

Zusätzlich bemerkt einzig Küper eine weitergehende Besonderheit dieses Falles. Postpendenzsituationen zeichnen sich normalerweise dadurch aus, daß ein von ihm sogenannter "vertikaler Zweifel" vorliegt: Vor- und Nachtat sind voneinander unabhängig zweifelhaft.

---

653 Küper, Hehlerei, S. 21.

654 Küper, Hehlerei, S. 22.

Bild 1: vertikaler Zweifel

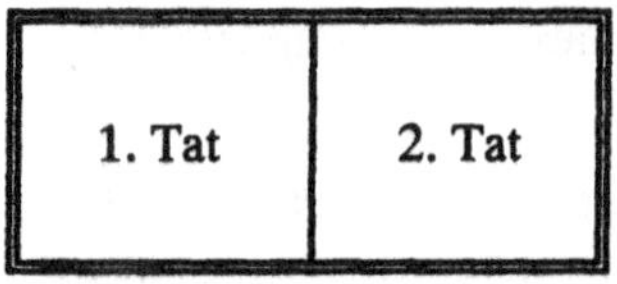

Die erste Tat ist in sich zweifelhaft, die 2. Tat nur, weil vielleicht die erste Tat vorliegt. Dagegen sieht ein "Normalfall" der tatsachenalternativen Postpendenz so aus.

Bild 2: tatsachenalternative Postpendenz

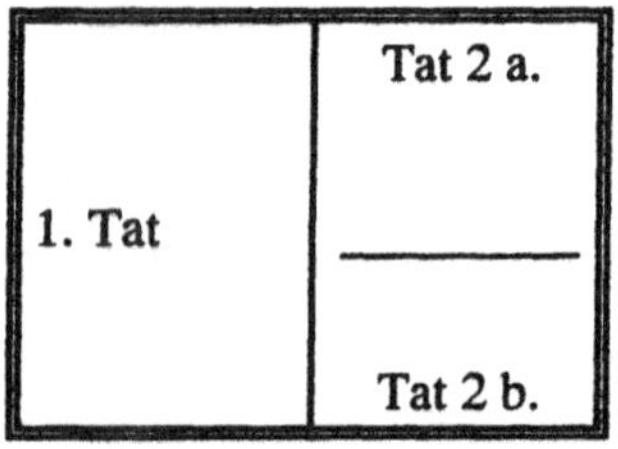

Die erste Tat ist in sich zweifelhaft. Diese Zweifel tangieren die Nachtat, die wahldeutig feststeht, wobei die Wahldeutigkeit selbst von der 1. Tat unabhängig besteht. Im vorliegenden Fall aber wirkt die Unsicherheit bezüglich beider Taten, sie ist sozusagen "horizontal". Wenn die Z Mittäterin war, folgt daraus für die Nachtat das Vorliegen des ersten Ablaufs. War sie dagegen nicht Mittäterin, so bleibt nur die zweite Variante des Nachtatverlaufs.[655]

655 Küper, Hehlerei, S. 23.

Bild 3: der konkrete Fall

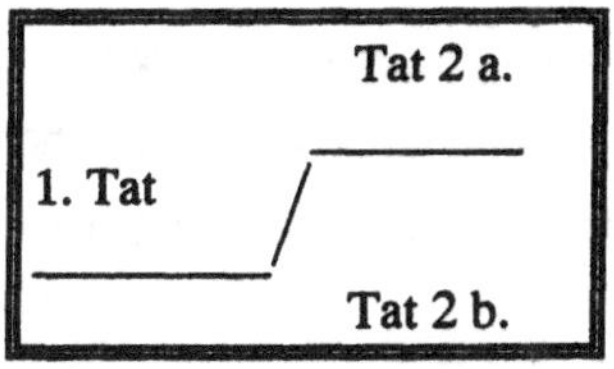

Allerdings räumt Küper selbst ein, daß diese Andersartigkeit des Zweifels keine weitere Bedeutung hat, da die Nachtat tatsachenalternativ feststeht und nur die mögliche Mittäterschaft die Verurteilung beeinflußt.[656] Insofern liegen alle wesentlichen Kriterien der "normalen" tatsachenalternativen Postpendenz vor.

7.1.3.2.2 Mittäterschaft

Der Bundesgerichtshof verurteilte die Z wegen Hehlerei, obwohl ihre mittäterschaftliche Beteiligung an der Vortat nicht ausgeschlossen werden konnte. Er geht dabei davon aus, daß bei einer "faktisch" begangenen Hehlerei die Tatbestandsausschlußgründe außer Betracht zu bleiben haben, die aus der mittäterschaftlichen Zurechnung bezüglich der Vortat stammen. Schließlich bleibe diese zweifelhaft.[657] Damit schränkt der Senat das Unvereinbarkeitsprinzip, also die Annahme, daß ein Mittäter nicht Hehler sein könne, ein.[658]

Diesem Ergebnis wurde von Joerden mit der Überlegung zugestimmt, es sei nicht Aufgabe der Mittäterschaft, Rückschlüsse auf ein späteres Verhalten zu ermöglichen.[659] Daher müsse eine Verurteilung wegen Hehlerei zulässig sein.
Allerdings war die überwiegende Meinung im Schrifttum eher kritisch. Es wurde

656 Küper, Hehlerei, S. 24.

657 BGHSt 35, S. 86ff (S. 90).

658 Küper, Hehlerei, S. 9.

659 Joerden, Postpendenz, S. 849.

dem Bundesgerichtshof vorgeworfen, er hänge der längst überholten Unterscheidung von deskriptiven und normativen Merkmalen an. Dies ergebe sich daraus, daß er der "rechtlichen" Mittäterschaft die "faktische" Tatbestandsverwirklichung gegenüberstelle. Da die Bejahung eines Tatbestands aber immer das Ergebnis der rechtlichen Bewertung faktischen Geschehens sei, könne aus diesem angeblichen Gegensatz nichts für die Entscheidung abgeleitet werden.[660]

Zusätzlich wird kritisiert, daß im vorliegenden Fall an der Hehlereihandlung selbst Zweifel bestehen. Die Z soll sich die Beute bei jeder der Nachtatalternativen verschafft haben. Fraglich ist aber, ob es für jemanden, der möglicherweise Vortatmittäter war, überhaupt noch möglich ist, sich die Beute zu verschaffen. Nach Maiwald hängt dies davon ab, ob das Verschaffen ein naturalistisch-faktisches Erlangen der Sache meint, oder ob eine teleologische Auslegung vorgibt, daß nur der, der nicht Vortattäter ist, sich die Sache noch verschaffen kann.[661] Otto geht davon aus, daß die Rechtsprechung dieses Ergebnis nur unter Ausblendung von in dubio pro reo erzielen konnte. Die mittäterschaftliche Zurechnung bezüglich der Vortat führe dazu, daß das faktische Geschehen nur insoweit Bedeutung habe, als es den jeweiligen Tatbeitrag zur Begründung der Mittäterschaft bilde. Daher könne das rein faktische Geschehen nicht mehr isoliert und herausgelöst betrachtet werden. Vielmehr führe die Zurechnung dazu, daß allen Mittätern - unabhängig von der tatsächlichen Lage - die Erlangung der Verfügungsmacht über die Beute zugeschrieben werde. Hat man an dieser Zurechnung Zweifel, da man an der Mittäterschaft selbst zweifelt, so führe dies dazu, daß auch das Sich-verschaffen der Beute im Nachtatbereich zweifelhaft bleibe. Damit bliebe aber letztlich die Tathandlung selbst zweifelhaft, womit sich eine eindeutige Verurteilung wegen Hehlerei verbiete. Es bliebe daher nur die Möglichkeit einer wahldeutigen Verurteilung zwischen Vor- und Nachtat.[662]

---

660 Gössel, S. 320.

661 Maiwald, Literaturbericht, S. 337.

662 Otto, Mittäter, S. 2.

Für diese Meinung spricht, daß sie den Vortatmittäter im Ergebnis wie den Vortatalleintäter behandeln will und so ungerechte unterschiedliche Ergebnisse vermeidet. Ohne das Spannungsverhältnis zwischen mittäterschaftlicher Vortatbegehung und eindeutiger Nachtatverurteilung hier auszudiskutieren, zeigt sich, daß auch dies einer der problematischen Punkte der Entscheidung war.

7.1.3.2.3 Tathandlung

Es soll nun noch auf ein bisher nur unzureichend reflektiertes Problem eingegangen werden, das sich spezifisch in diesem Fall stellt. Der Bundesgerichtshof ging davon aus, daß sich die Z die Beute in beiden möglichen Ablaufvarianten im Sinne des § 259 StGB verschafft hat.[663] Für die zweite Variante, Beuteteilung nach von D allein begangener Tat, läßt sich dies ohne Probleme begründen. In der ersten Variante steht lediglich fest, daß die D die Beute in der gemeinsamen Wohnung zurückließ. Später wurde die D verhaftet und Z verbrauchte die Beute für sich.[664] Eine Teilungsabrede wurde für diesen Ablauf nicht festgestellt. Auch für diese Variante bejaht der Bundesgerichtshof, daß die Z sich die Beute verschafft habe. Dieses Ergebnis ist nicht unproblematisch.

Wie oben dargestellt wurde, ist das "Sich-verschaffen" der Beute nur im Zusammenwirken mit dem Vortattäter möglich. Erlangt der Täter die Beute ohne oder gegen den Willen des Täters, so reicht dies nicht aus.[665] Es reicht auch nicht aus, wenn der Täter lediglich den Gewahrsam an der Sache erlangt. Er muß die Sache vielmehr zur freien Verfügung für seine eigenen Zwecke erlangen.[666] Hier ließ die D die Beute kommentarlos in der Wohnung zurück. Auch der Gedanke, die Z sei von einem mutmaßlichen Einverständnis ausgegangen, hilft nicht weiter, da ein lediglich

---

663 BGHSt 35, S. 86ff (S. 89).

664 BGHSt 35, S. 86ff (S. 88).

665 Waider, S. 323.

666 Waider, S. 330.

mutmaßliches Einverständnis nach überwiegender Meinung nicht ausreichend ist.[667]

Die rechtliche Wertung wäre eine andere, wenn im Zurücklassen der Beute bzw. in deren späterer Nichteinforderung eine konkludente Aufforderung zum Verbrauch derselben gesehen werden könnte. Ein solches konkludentes Verhalten würde wohl die Anforderungen an ein Zusammenwirken erfüllen.[668] Allerdings ist der Sachverhalt diesbezüglich mehr als vage. Die D verließ die Wohnung. Die Tatsache, daß sie nicht zurückkehrte, beruhte aber nicht auf einer freien Entscheidung, sondern auf ihrer Verhaftung. Dies spricht nicht für eine konkludente Aufforderung zum Beuteverbrauch. Insgesamt stellt sich die Frage, ob im Verhalten der Z - Verbrauch der Beute der inhaftierten Mitbewohnerin - nicht eine Unterschlagung zu sehen ist. Liegt eine solche vor, kann das gleiche Verhalten nicht auch noch eine Hehlerei darstellen.[669]

Es bleibt festzustellen, daß auf der vom Bundesgerichtshof mitgeteilten Tatsachenbasis eine Hehlereiverurteilung nur begründbar ist, wenn man entweder auf das kollusive Zusammenwirken mit dem Vortattäter ganz verzichtet oder jedenfalls dessen mutmaßliches Einverständnis ausreichen läßt.[670] Will man beides nicht, liegt bezüglich der ersten Variante lediglich eine Unterschlagung vor. Damit läge zusätzlich zur Tatsachenalternativität bezüglich der Nachtat eine Rechtsnormenungewißheit vor: Die Nachtat stünde nur wahldeutig fest. Dies verhindert nach der hier vertretenen Auffassung eine Postpendenzentscheidung nicht.[671] Dieses Ergebnis läßt sich allerdings nicht halten, wenn man der Rechtsprechungsansicht zur Unterschlagung bezüglich Zweitzueignungen folgt.[672] Dann bleibt deren Tatbestand zweifelhaft, so

---

667 Waider, S. 320, Ruß in LK, RN 17 zu § 259; Dreher / Tröndle, RN 16 zu § 259.

668 Stree in Sch Sch, RN 43 zu § 259.

669 Beispiel: BGHSt 13, S. 43f.

670 so auch Küper, Hehlerei, S. 75.

671 s. oben, Kap. 7.1.3.2.1.

672 Küper, Hehlerei, S. 78.

daß bezüglich der ersten Variante nur eine Wahlfeststellung zwischen Vortat (§ 255 StGB) und Nachtat (§ 246 StGB) bliebe. Dann ist aber auch der Nachtatverlauf nicht mehr wahdleutig zwischen § 246 StGB und § 259 StGB gesichert.[673]

Küper, der als einziger dieses Problem erkannt hat, versucht über eine Wahlfeststellung zwischen räuberischer Erpressung und Hehlerei zu einer Entscheidung zu gelangen. Da diese beiden Delikte nicht gleichwertig sind, versucht er im Wege der Tatbestandsreduktion, § 255 StGB auf § 242 StGB oder - von ihm favorisiert - § 246 StGB zu reduzieren, um einen der Hehlerei vergleichbaren Tatbestand zu erhalten.[674]

Abgesehen davon, daß die Vorgehensweise der Tatbestandsreduktion an sich schon bedenklich ist,[675] erscheint fraglich, ob sie in diesem Fall einsetzbar ist. Dies ergibt sich aus der spezifischen Struktur des Falles. Für den ersten Ablauf sind § 255 StGB und nachfolgend § 246 StGB und für den zweiten Ablauf § 259 StGB einschlägig. Folgt man der Rechtsprechungsansicht, bleibt für den ersten Ablauf schon der Tatbestand des § 246 StGB zweifelhaft. Daher bliebe nur eine Wahlfeststellung zwischen § 255 StGB und § 246 StGB bezüglich des ersten Ablaufs. Diese ist entweder wegen Ungleichwertigkeit unzulässig oder nur durch eine die Fakten entstellende Tatbestandsreduktion zu erzielen. Eine Wahlfeststellung zwischen § 255 StGB und § 259 StGB ist hier nicht anwendbar, da es auf eine Wahldeutigkeit zwischen einem Bruchteil des ersten und dem gesamten zweiten Ablauf nicht ankommt. Schließlich kann auf den Rest des zweiten Ablaufs nicht einfach bei der rechtlichen Würdigung verzichtet werden. Vielmehr muß hier die Frage gestellt werden, in welches Verhältnis die Wahlfeststellung zwischen § 255 StGB und § 246 StGB und § 259 StGB gestellt werden können. Es darf nicht vergessen werden, daß beide Abläufe möglich bleiben und daher auch beide vollständig Urteilsgrundlage sein müssen. Eine Postpendenzentscheidung, wahldeutig auf die Nachtat § 259 StGB und § 246 StGB

---

673 Küper, Hehlerei, S. 79.

674 Küper, Hehlerei, S. 80ff.

675 s. oben, Kap. 3.6.2.2.

gestützt, scheidet aus. Schließlich bleibt bezüglich § 246 StGB der Tatbestand zweifelhaft, da er nur wahldeutig mit der Vortat zusammen feststeht. Auch eine Wahlfeststellung zwischen §§ 255, 246 StGB und § 259 StGB kommt nicht in Frage. Zwar ist eine solche durchaus auch zwischen mehr als zwei Delikten zulässig. Die hier relevanten Tatbestände sind aber so verschieden, daß eine Verurteilung nur unter dem völligen Verlust der Begrenzung durch das Gleichwertigkeitskriterium erzielbar wäre. Damit bliebe, zumindest solange der Nachtatsachverhalt bezüglich des ersten Ablaufs so vage ist, lediglich ein Freispruch.

7.1.3.2.4 Ergebnis

Das Ergebnis des Bundesgerichtshofs - eindeutige Verurteilung wegen Hehlerei - wird von einigen Stimmen positiv aufgenommen.[676] Allerdings mahnt Küper an, daß das Ergebnis des Bundesgerichtshofs zwar richtig sei und auch mit seinem eigenen übereinstimme, aber mit der Auffassung des Bundesgerichtshofs nicht begründbar sei. Dies ergebe sich daraus, daß der Bundesterichtshof bei festgestellter Mittäterschaft eine Hehlereiverurteilung ablehne. Damit sei bei fraglicher Mittäterschaft eine Postpendenzentscheidung nicht begründbar, da der derivativ-hehlerische Sacherwerb zweifelhaft bleibe.[677] Der Bundesgerichtshof verneint bei zweifelhafter Mittäterschaft die Wirkung der Zurechnung und stellt auf die faktische Lage ab. Nach Küper ist diese Vorgehensweise unzulässig, da man nicht aus Anlaß von Beweismängeln beliebig die Beurteilungsperspektive wechseln könne, indem man einerseits von mittäterschaftlichem Sacherwerb kraft Zurechnung und andererseits von faktischer Betrachtung statt rechtlicher Bewertung ausginge.[678] Daher sei mit dem Ausgangspunkt des Bundesgerichtshofs eine Postpendenzentscheidung nicht begründbar.

Die Bandbreite der vom Bundesgerichtshofs abweichenden Lösungsvor-

---

676 Geppert, Hehlerei, S. 105; ders., Abgrenzung, S. 2; Joerden, Postpendenz, S. 847ff; Goydke, S. 257; Küper, Hehlerei, S. 73.

677 Küper, Hehlerei, S. 71.

678 Küper, Hehlerei, S. 72.

schläge ist sehr groß. Wolter ist der Auffassung, der Bundesgerichtshof hätte zunächst - dem Wolter'schen Konzept folgend - die Möglichkeit einer wahldeutigen Verurteilung prüfen sollen. Dieser Fehler wirke sich allerdings wegen fehlender Gleichwertigkeit im Ergebnis nicht aus.[679] Im Ergebnis gelangt Wolter aber zu einer abweichenden Würdigung, da er den Sachverhalt anders interpretiert. Im Vortatgeschehen sieht er Z entweder als Mittäterin oder als Gehilfin. Gehilfin deshalb, weil sie in der zweiten Variante auf den Säugling der D aufgepaßt hat. Somit sei Z entweder Mittäterin oder Gehilfin der Vortat und habe jedenfalls eine nachfolgende Hehlereihandlung begangen. Nun falle § 259 StGB weg, da die Hehlerei realkonkurrierend zur Beihilfe stehe.[680] Es blieben daher die zwei Beteiligungsformen Mittäterschaft und Beihilfe. Da zwischen diesen ein logisch-normatives Stufenverhältnis bestünde, sei die Z im Ergebnis wegen Beihilfe zu verurteilen.[681] Dagegen wendet Küper zu Recht ein, daß der mitgeteilte Sachverhalt die Annahme einer Beihilfe nicht genügend belegt. Z hat auf das Baby der D aufgepaßt. Es wird aber weder festgestellt, daß sie von der Tat der D etwas wußte, noch ob das Beaufsichtigen die Tat ermöglichte oder erleichterte.[682] Auch die folgende Vorgehensweise Wolters bleibt unklar. Es ist nicht ersichtlich, warum die Hehlerei zur Beihilfe "realkonkurrierend" sein und daher "in Fortfall" geraten soll.[683]

Aber auch auf der Basis eines mit dem Bundesgerichtshof übereinstimmenden Sachverhaltsverständnisses werden abweichende Ergebnisse vorgeschlagen. So wird eine wahldeutige Verurteilung der eindeutigen Nachtatverurteilung vorgezogen.[684]

---

679 Wolter, Anmerkung, S. 456.

680 Wolter, Anmerkung, S. 456.

681 Wolter, Anmerkung, S. 456.

682 Küper, Hehlerei, S. 6 FN 17, der davon ausgeht, daß sich bei richtiger Betrachtung auch bei einer möglichen Beihilfe nichts an dem eigentlichen Postpendenzproblem ändere, s. auch S. 88 FN 230.

683 Küper, Hehlerei, S. 88 FN 13.

684 Gössel, S. 320; Otto, Mittäter, S. 2.

Problematisch wird dann die Feststellung auf Basis welcher Delikte die Verurteilung erfolgen soll. Die Ungleichwertigkeit einer räuberischen Erpressung und einer Hehlerei wird von allen Stimmen zu Recht zugrunde gelegt. Eine wahldeutige Verurteilung kann daher nur auf dem Weg über eine Reduktion des § 255 StGB erzielt werden. So will eine Meinung eine Verurteilung auf ein in § 255 enthaltenes Zueignungsdelikt stützen.[685] Es bleibt aber fraglich, welches Delikt gemeint ist. Eine Reduktion auf § 253 StGB erscheint nicht ausreichend, da auch dieser wohl mit § 259 StGB nicht vergleichbar ist. Jedenfalls wurde die Vergleichbarkeit zwischen § 242 StGB und § 253 StGB abgelehnt.[686] Da aber § 242 StGB und § 259 StGB gleichwertig sind, ist es fraglich, ob dies zwischen § 253 StGB und § 259 StGB der Fall ist, wenn § 253 StGB und § 242 StGB es nicht sind. Eine Reduktion des § 255 StGB auf § 242 StGB oder § 246 StGB wird zwar vorgeschlagen,[687] erscheint aber kaum akzeptabel. Dabei würde die eigentliche Tat, die den Vorwurf des § 255 StGB begründet, bis zur Unkenntlichkeit umgewertet. Geht man aber davon aus, daß eine Wahlfeststellung unzulässig wäre, fällt auf, daß die Entscheidung über eine Postpendenzfeststellung den Täter schlechter stellt. Sie ermöglicht eine Verurteilung, die sonst nicht erzielbar wäre. Und selbst bei zulässiger Wahlfeststellung, sei es auf der Basis des § 242 StGB oder § 246 StGB als Reduktionsergebnis, wäre der Strafrahmen für den Täter zumindest bei § 246 StGB für den Täter günstiger.

7.2 Zweiter Beispielsfall

Als zweiter Beispielsfall soll die neueste Entscheidung des Bundesgerichtshof zum Thema Postpendenz besprochen werden. Diesem Fall lag folgender Sachverhalt zugrunde.[688] Es gab als Vortat einen erpresserischen Menschenraub. Ob der Ange-

---

685 Maiwald, Literaturbericht, S. 335.

686 BGH DRiZ 1972, S. 302, LS.

687 Küper, Hehlerei, S. 80; Stree in Sch Sch, RN 65 zu § 259.

688 BGH NStZ, 1995, S. 500.

klagte an diesem als Mittäter beteiligt war, ließ sich nicht klären. Jedenfalls hatte er in Vortatkenntnis Geld aus dieser Vortat eingewechselt. Die Anklage lautete auf gemeinschaftlichen erpresserischen Menschenraub. Verurteilt wurde der Angeklagte wegen Geldwäsche, § 261 StGB. Dazu führt der Bundesgerichtshof aus: Der die Verurteilung tragende Sachverhalt sei von der Anklage umfaßt. Das tatsächliche Nachtatgeschehen sei in der Anklage als wesentliches Ergebnis der Ermittlungen erwähnt. Dies zeige den diesbezüglichen Verfolgungswillen der Staatsanwaltschaft. Das Nachtatverhalten werde zwar als bloßer Beleg für die Tatbeteiligung an der Vortat im wesentlichen Ergebnis der Ermittlungen erwähnt, dies sei aber unschädlich. Daß die Anklage selbst nur auf Menschenraub laute, sei ebenfalls nicht zu beanstanden. Wäre die mittäterschaftliche Beteiligung nämlich erwiesen, wäre eine Bestrafung wegen des Verwertungsdelikts nicht in Betracht gekommen.
Materiell störe die zweifelhafte Vortatmittäterschaft eine Nachtatverurteilung nicht. Eine eindeutige Verurteilung, eine sogenannte Postpendenzfeststellung, sei daher geboten.[689]

Diese Entscheidung wurde bisher noch nicht umfassend kommentiert.[690] Otto geht davon aus, daß es eine für die Geldwäsche unerläßliche Voraussetzung sei, daß ein anderer die Vortat begangen habe. Relevant sei für den Nachtattäter gerade kein zufälliges Erlangen, sondern die rechtlich bewertete Tatsache, daß ein anderer das Objekt durch eine Vortat erlangt habe. Aber auch jeder Mittäter habe die Beute durch die Vortat erlangt. Dies sei auch dann der Fall, wenn nur ein anderer Mittäter unmittelbaren Besitz erlangt habe.[691] Bleibe die Mittäterschaft zweifelhaft, so greife der Grundsatz in dubio pro reo ein. Damit sei im vorliegenden Fall die Nachtat nicht bewiesen, eine eindeutige Verurteilung also nicht gerechtfertigt. Die Tatbestandsvoraussetzung der Tat eines anderen bleibe unklar. Es sei nicht bewiesen, daß das Geld wirklich aus der Tat eines anderen stamme. Einzig eine wahldeutige Verurteilung

---

689 zustimmend Stree in Sch Sch, RN 5 zu § 261.

690 vgl. Tröndle, RN 8b zu § 261.

691 Otto, Geldwäsche, S. 2.

zwischen Vor- und Nachtat wäre möglich, diese sei aber mangels Gleichwertigkeit unzulässig.[692]

Eine andere Stimme begrüßt das Ergebnis des Bundesgerichtshofs. Es gäbe nun endlich keine Strafbarkeitslücken mehr. Bei Gewißheit bezüglich der Vortat könnte aus dieser bestraft werden. Bei gleicher Gewißheit über Vor- und Nachtat sei eine Wahlfeststellung geboten und zulässig. Bliebe die Vortat zweifelhaft, stünde aber die Nachtat faktisch fest, so sei per Postpendenz eine eindeutige Nachtatverurteilung möglich.[693]

Diesem effektiven Verurteilungsfunktionalismus muß entgegengehalten werden, daß eine Wahlfeststellung zwischen Vortat und Geldwäsche keineswegs immer zulässig ist. Gerade bei besonders schweren Vortaten wird es an der Gleichwertigkeit fehlen. Aber auch bezüglich der eindeutigen Nachtatverurteilung ist die Lage nicht so einfach. Es muß nach verschiedenen Beteiligungsformen differenziert werden. Bleibt die Vortatalleintäterschaft des Angeklagten möglich, kann eine Postpendenzverurteilung nicht erfolgen. Denkt man konsequent die Rechtsprechung des Bundesgerichtshofs zur Hehlerei weiter, muß man auch hier akzeptieren, daß der Nachtattatbestand unklar bleibt, solange Zweifel darüber bestehen, ob das Tatobjekt tatsächlich aus der Tat eines anderen stammt. Dann bleibt die Möglichkeit einer wahldeutigen Entscheidung zu prüfen, bei der das Gleichwertigkeitskriterium seiner Limitierungsfunktion nicht beraubt werden darf.

Bleibt die mittäterschaftliche Beteiligung des Angeklagten an der Vortat zweifelhaft, sollte nach der hier vertretenen Auffassung ebenso verfahren werden, da die mittäterschaftliche Zurechnung die Bejahung der Vortat eines anderen ausschließt.[694]

---

692 Otto, Geldwäsche, S. 2.

693 Körner, S. 312.

694 s. unten, Kap. 8.3.

Bleibt allerdings nur die Gehilfenschaft bei der Vortat möglich, so steht einer Verurteilung wegen Geldwäsche - wenn deren Voraussetzungen bewiesen sind - nichts im Weg.

Zum konkreten Fall soll noch folgendes angemerkt werden. Prozessual ist die Vorgehensweise weniger bedenklich als in BGHSt 35, S. 86ff, da das tatsächliche Geschehen, auf das sich der Nachtatvorwurf stützt, im Anklagesatz selbst und nicht nur im wesentlichen Ergebnis der Ermittlungen steht. Die Betonung dieser Stellung durch den Bundesgerichtshof weckt den Verdacht, er selbst hege bezüglich der Vorgehensweise in BGHSt 35, S. 86ff Bedenken.

Materiell blieb wegen der möglichen mittäterschaftlichen Vortatbeteiligung allerdings der Tatbestand der Geldwäsche zweifelhaft. Daher schied eine eindeutige Postpendenzentscheidung aus. Eine wahldeutige Entscheidung setzt die Gleichwertigkeit des schweren räuberischen Menschenraubs und der Geldwäsche voraus. Angesichts der Verschiedenheit der betroffenen Rechtsgüter und der abweichenden Angriffsart des Täters erscheint diese so fernliegend, daß auch nicht ersichtlich ist, daß man mit einer - wie auch immer gearteten - Reduktion des Menschenraubs die Gleichwertigkeit erzielen kann.[695]

695 Im Ergebnis ebenso Otto, Geldwäsche, S. 2.

8. Kapitel:

Einzelprobleme der Postpendenz

8.1 Postpendenz im Tenor

Auf der Basis von Postpendenzfeststellungen ergehen eindeutige Entscheidungen. Im Tenor erscheint nur die Nachtat als Entscheidungsgrundlage. Bei Postpendenzentscheidungen wird daher die zweifelhaft bleibende Vortat im Tenor nicht erwähnt, sie wird ausgespart. Dies ist aus zwei Gründen relevant. Zum einen hat der Tenor, wie noch zu zeigen sein wird, eine spezifische Funktion. Zum anderen liegt in der Praxis bei nachfolgenden Entscheidungen (beispielsweise in einem neuen Strafverfahren) häufig nur der Tenor selbst vor (vgl. § 5 BZRG). Daher ist zu prüfen, wie sich die spezifischen Folgen einer Postpendenzentscheidung auf den Tenor auswirken. Dieses Problem wurde bisher weder von der Rechtsprechung noch von der Literatur diskutiert.

Der Tenor, also die Urteilsformel, hat spezifische Funktionen.[696] Die Urteilsformel bildet die Grundlage der Vollstreckung, sie dient der Sicherung der Durchsetzung einer bestimmten Strafe.[697] Außerdem ist sie die Grundlage für die Eintragung ins Strafregister, daher muß der Tenor aus sich heraus verständlich sein.[698] Diese Verständlichkeit soll durch eine knappe und prägnante Fassung des Tenors erzielt werden.[699] Dementsprechend sollen bei einer Wahlfeststellung nach richtiger Ansicht beide Straftatbestände im Tenor erwähnt werden. Nur so kann der Aussagewert der

---

696 Zum Inhalt des Tenors vgl. Meyer-Goßner, S. 529.

697 Gollwitzer in LR, RN 30 zu § 260; Nowakowski, S. 384.

698 Gollwitzer in LR, RN 30 zu § 260.

699 Gollwitzer in LR, RN 55 zu § 260.

Urteilsformel, ihre Vollständigkeit und Genauigkeit erhalten bleiben.[700] Zusätzlich hat der Tenor einen direkten Bezug zum Verurteilten. Er soll feststellen, was geschehen ist, also eine Erklärung über den strafrechtlichen Gehalt der Tat abgeben.[701] Dadurch wird der Täter qualifiziert, man könnte auch sagen bemakelt.[702] Dabei darf diese Bemakelung für den Täter nicht ungerecht sein. Er soll nicht mit einem Makel behaftet werden, den er nicht verdient hat.[703]

Die Bemakelung kann bei wahldeutigen Entscheidungen problematisch sein. Unterscheiden sich die alternativen Tatbestände deutlich, so kann die Erwähnung beider für den Angeklagten ungerecht sein. Er wäre dann ungerecht bemakelt, wenn er in Wirklichkeit den leichteren der beiden Tatbestände erfüllt hätte und trotzdem auch der schwerere zu seiner Qualifizierung im Tenor erwähnt wird. Mithin entsteht dieses Problem einer unzulässigen Verrufswirkung bei zu weiter Zulässigkeit einer Wahlfeststellung, also bei sehr verschiedenartigen und verschieden gewichtigen Tatbeständen. Dem soll durch die rechtsethische und psychologische Gleichwertigkeit der Tatbestände vorgebeugt werden. Letztlich dient dieses Begrenzungskriterium daher auch dazu, den Angeklagten vor einer ungerechten Bemakelung durch den Tenor zu schützen.[704] Damit setzt die Funktion des Tenors einer unbeschränkten Zulassung der Wahlfeststellung entgegen.[705]

Bei Postpendenzentscheidungen wird ausschließlich die Nachtat im Tenor erwähnt. Anders als bei der Wahlfeststellung wird damit der verbleibende Zweifel unsichtbar. Damit führt das Konzept der Postpendenz bezüglich des Tenors zu einer

---

700 Hürxthal in KK, RN 35 zu § 267; diese Auffassung wird bestritten, vgl. Küper, Probleme, S. 66 FN 5.

701 Günther, Verurteilungen, S. 88.

702 Nowakowski, S. 384.

703 Montenbruck, Ende, S. 536; Otto, Anmerkung, S. 205.

704 Günther, Verurteilungen, S. 185; Nowakowski, S. 385.

705 Otto, Anmerkung, S. 205; ders., in dubio, S. 387; Schmoller, S. 75ff.

Inhaltsreduktion. Fraglich ist, ob die Entscheidungsgrundlagen bei Wahlfeststellung und Postpendenz unter dem Aspekt der Tenorklarheit und -vollständigkeit vergleichbar sind.
Bei der Wahlfeststellung hat der Täter per Definition nicht beide Taten zusammen begangen. Wirklich begangen hat der Täter nur eine Tat, damit hat er auch nur einen der beiden Tatbestände erfüllt. Aber es bleibt unklar, welcher von beiden erfüllt worden ist. Damit ist die Erwähnung beider Tatbestände in ihrer Wechselbezüglichkeit die einzige Möglichkeit, überhaupt zu einer akzeptablen Urteilsgrundlage zu gelangen.

Ob die Lage bei Postpendenzfeststellungen dieser Situation vergleichbar ist, muß für die konkurrenz- und die tatbestandsrelevante Postpendenz gesondert beantwortet werden. Bei der lediglich konkurrenzrelevanten Postpendenz bleibt die Vortat zweifelhaft. Von der Nachtat aber stehen Tatbestand, Rechtswidrigkeit und Schuld fest. Die zweifelhafte Vortat hat nur in bezug auf die Bestrafung Einfluß: Wäre die Vortat sicher erwiesen, würde die Nachtat nicht gesondert bestraft werden. Damit stehen bezüglich der Nachtat alle existenziellen Strafbarkeitsvoraussetzungen fest. Die verdrängende Konkurrenzwirkung der Vortat entfällt mangels Beweisbarkeit. Für den Angeklagten, der die Nachtat nach der Überzeugung des Gerichts begangen hat, ergeben sich aus dem eindeutigen, nur auf die Nachtat gestützen Tenor der Postpendenzfeststellung keine unangemessenen Nachteile. Es ist weder ein Verstoß gegen in dubio pro reo noch eine ungerechte Bemakelung des Angeklagten, wenn der Tenor auf eine Tat lautet, die der Täter jedenfalls begangen hat.

Auf den ersten Blick ist die Lage bei einer tatbestandsrelevanten Postpendenz vergleichbar. Anders als bei der Wahlfeststellung hat der Täter hier den zweiten Sachverhalt faktisch ausgeführt. Damit hat er ein Verhalten gezeigt, welches unter sonstigen Umständen die Bejahung der Tatbestandsmäßigkeit begründet hätte. Allerdings ist die rechtliche Bewertung des zweiten Sachverhalts nicht problemlos. Durch den zweifelhaften Vortatsachverhalt wird die Subsumtion des Tatbestands hinsichtlich der Täterqualität und - in manchen Fällen - sogar hinsichtlich der Tathandlung des Anschlußdelikts zweifelhaft. Diese verbleibenden rechtlich relevanten Zweifel werden im Tenor ausgeblendet. Die zweite Tat wird zur scheinbar zweifelsfreien Urteilsgrundlage. Damit wird die im Tenor getroffene Feststellung ungenau.

Aber auch bezüglich der Bemakelung des Angeklagten bestehen Bedenken. Da bei einer Postpendenzentscheidung keine Gleichwertigkeitsprüfung zwischen Vor- und Nachtat notwendig ist, droht eine für den Angeklagten ungerechte Bemakelung. Dies gilt in den Fällen, in denen die zweifelhafte Vortat "leichter", also für den Angeklagten die Verurteilung aus ihr günstiger als die aus der Nachtat gewesen wäre. In bezug auf die Folge, die zu verhängende Strafe, wurde dieses Problem erkannt. Ist die Strafandrohung der zweifelhaften Vortat niedriger als die der Nachtat, so wäre es mit in dubio pro reo nicht vereinbar, die Strafe dem höheren Nachtatstrafrahmen zu entnehmen. Zur Lösung dieses Problems wird vorgeschlagen, einfach den Strafrahmen der zweifelhaften Vortat auf die Nachtat zu transferieren.[706] Diese Lösung mag in bezug auf die Strafhöhe befriedigen. Die Bemakelung im Tenor wird dadurch nicht angemessener. Schließlich wird der zweite schwerer wiegende Tatbestand im Tenor zur zweifelsfreien Urteilsgrundlage. Auch dies ist mit in dubio pro reo nicht vereinbar.

Zusammenfassend bleibt festzuhalten, daß mit der Funktion des Tenors Unklarheit, Undeutlichkeit und verdeckter Zweifel nicht vereinbar sind. Anders als bei wahldeutigen Entscheidungen wird bei tatbestandsrelevanten Postpendenzentscheidungen der verbleibende rechtlich relevante Zweifel verdeckt. Gleichzeitig droht eine unzulässige Bemakelung des Angeklagten. Damit zeigt sich, daß die neue Vorliebe für eindeutige Entscheidungen[707] auch ihre Schattenseiten hat. Eindeutige Entscheidungen müssen nicht klarer sein als wahldeutige. Basieren sie nämlich auch auf zweifelbehafteten Entscheidungsgrundlagen und verdecken sie diese nur, sind sie noch ungenauer als wahldeutige Entscheidungen. Offengelegte Zweife sind weniger fragwürdig als verdeckte, die zu vermeintlich sicheren und problemlosen Tenorformulierungen führen.

---

706 Günther, Verurteilungen, S. 210ff; Joerden, Postpendenz, S. 849 FN 21.

707 Montenbruck, Ende, S. 545.

8.2 Tatbestandsrelevante Postpendenz und Nachweisverzicht bezüglich einzelner Tatbestandsmerkmale

Es bedarf keiner näheren Begründung, daß ein Täter grundsätzlich nur wegen der Erfüllung eines Tatbestands bestraft werden kann, wenn diese Erfüllung zur Überzeugung des Gerichts feststeht - also bewiesen ist. Mit anderen Worten muß bezüglich jedes einzelnen Tatbestandsmerkmals feststehen, daß der Täter es erfüllt hat. Bemerkenswert ist, daß alle Autoren, die auch die tatbestandsrelevante Postpendenz anerkennen, hiervon einschneidende Ausnahmen machen. Dies ergibt sich logisch zwingend aus der Struktur der tatbestandsrelevanten Postpendenz: Obwohl ein zweiter Tatbestand nur bei Nichtvorliegen eines anderen eingreift, soll er auch bei dessen Zweifelhaftigkeit zu bejahen sein. Dies ist nur dann möglich, wenn im Rahmen des zweiten Tatbestands auf den Beweis des Nichtvorliegens des ersten verzichtet wird. Da es bei der tatbestandsrelevanten Postpendenz begriffsnotwendig so ist, daß sich das Nichtvorliegen des ersten Tatbestands als Tatbestandsmerkmal im zweiten Tatbestand wiederfindet, muß folglich auf den Beweis dieses Merkmals verzichtet werden, will man den zweiten Tatbestand als Entscheidungsgrundlage heranziehen. Und so muß letztlich begründet werden, warum aus einem Tatbestand bestraft werden kann, dessen Voraussetzungen nicht vollständig bewiesen sind. Diese Begründung wird von Hruschka, Küper, Joerden und Schmoller mit gewissen Unterschieden angeboten. Nach Hruschka sind alle positiven Voraussetzungen des Tatbestands bewiesen, so daß es legitim sein soll, auf den Nachweis bloß negativer Tatbestandsmerkmale zu verzichten.[708] Daß dieser Beweisverzicht letztlich zu einer unzulässigen Analogie zuungunsten des Angeklagten führt, wurde bereits dargestellt.[709] Auch Küper wendet sich in diese Richtung. Er unterscheidet zwischen konstitutiv-deliktstypischen und bloß konkurrenzregulierenden Tatbestandsmerkmalen. Auf den Nachweis letzterer könne verzichtet werden, da alle wesentlichen deliktstypischen

---

708 s. oben, Kap.4.4.1.

709 s. oben, Kap. 4.5.

Elemente auch ohne sie feststünden.[710] Hier muß zunächst bemerkt werden, daß eine solche Abgrenzung zwischen verschiedenen Gruppen von Tatbestandsmerkmalen derzeit in völlige Unklarheit führt: Weder der anzuwendende Maßstab, noch die auf ihm beruhende Differenzierungsmethode, noch die zu erzielenden Ergebnisse sind erkennbar.

Joerden, der, Küper folgend, die Abgrenzung durch Auslegung erreichen will und letztlich nur solche Merkmale für beweisbedürftig hält, die den Handlungs- oder Erfolgsunwert einer Tat ausmachen, wird von Küper kritisiert.[711] Auch Schmoller, der versucht, die Küper'sche Abgrenzung anwendbar zu machen, wird von diesem abgelehnt.[712] Schmoller nennt Merkmale, auf deren Nachweis er verzichten will, Abgrenzungsmerkmale. Wie bei privilegierenden Merkmalen soll eine Verurteilung auch bei Zweifelhaftigkeit dieser Merkmale zulässig sein.[713] Diese Argumentation ist erkennbar brüchig. Die Situation eines zweifelhaft bleibenden privilegierenden Merkmals ist mit der einer Postpendenzfeststellung nicht vergleichbar. Ist nämlich lediglich ein privilegierendes Merkmal zweifelhaft, so bedeutet dies, daß der Grundtatbestand bewiesen ist. So steht beispielsweise fest, daß der Angeklagte sein Opfer getötet hat, fraglich bleibt nur, ob es selbst seine Tötung ernstlich verlangt hat. Die Bestrafung aus dem privilegierenden Tatbestand stellt daher nur die richtige Konsequenz aus dem Grundsatz in dubio pro reo dar. Der Zweifel über Umstände, die sich für den Angeklagten günstig ausgewirkt hätten, wirkt selbst schon begünstigend. Bei einer Postpendenzfeststellung, die tatbestandsrelevant ist, ist die Situation eine ganz andere. Der erste Tatbestand ist in sich selbst zweifelhaft, der zweite deshalb, weil der erste nicht sicher ausgeschlossen werden kann. Verurteilt man den Angeklagten jetzt trotzdem aus dem zweiten Tatbestand, so wird in dubio pro reo - wie noch näher belegt werden wird - eingeschränkt. Es gibt eben keine dem obigen Beispiel der

---

710 Küper, Hehlerei, S. 34ff.

711 Joerden, Postpendenz, S. 851 FN 38; s. oben, Kap. 4.5.

712 s. oben, Kap. 4.5.

713 Schmoller, S. 181; zust. Montenbruck, in dubio pro reo, S. 52.

Privilegierung vergleichbare Gewißheit über einen jedenfalls verwirklichten Tatbestand. Daher ermöglicht die Figur der tatbestandsrelevanten Postpendenz eine Verurteilung, die so ohne sie nicht möglich gewesen wäre.

Auch die Begründung, die von Schmoller für die Zulässigkeit des von ihm propagierten Beweisverzichts bezüglich sogenannter Abgrenzungsmerkmale gegeben wird, überzeugt nicht. Er meint, daß von solchen Abgrenzungsmerkmalen das Unwerturteil nicht abhängt und damit die Subsumtion unter diesen Tatbestand ohne Berücksichtigung dieser Merkmale nicht gegen die Unschuldsvermutung oder in dubio pro reo verstößt.[714] Damit kommt er zu dem Ergebnis, daß er selbst vorausgesetzt hat. Wenn diese Merkmale keine Rolle beim Schuldvorwurf spielen, kann ein diesbezüglicher Beweisverzicht tatsächlich die Unschuldsvermutung nicht tangieren. Aber Schmoller bleibt letztlich die Begründung für seinen Ausgangspunkt schuldig. Warum sollte es solche Tatbestandsmerkmale geben, wenn sie nicht Teil des gegen den Angeklagten erhobenen Vorwurfs sind? Und wie soll man solche Merkmale von beweisbedürftigen Tatbestandsmerkmalen unterscheiden?

An der Arbeit Schmollers kann man erkennen, daß ein solcher Beweisverzicht, so man ihn als Arbeitsgrundlage anerkennt, nicht auf die Anwendung in Postpendenzsituationen beschränkt bleibt. Schmollers erklärtes Ziel ist es vielmehr, die Anzahl von Stufenverhältnissen zwischen verschiedenen Tatbeständen zu erhöhen, so daß in Zweifelssituationen immer öfter aus dem als "niedriger" eingestuften Tatbestand verurteilt werden könnte.[715] Die Ähnlichkeit zum Modell von Dreher, der über die Anwendung von in dubio pro reo in allen möglichen Varianten aus dem "leichteren" Tatbestand verurteilen will, ist deutlich.[716] Es wurde schon ausgeführt, daß diese Lösung dem nationalsozialistischen Konzept unbeschränkter Wahlfest-

---

714 Schmoller, S. 183.

715 Schmoller, S. 176.

716 Dreher, Irrgarten, S. 371.

stellung bedenklich nahe kommt.[717]

Zusammenfassend bleibt festzustellen, daß Küper selbst keine Hinweise zur praktischen Anwendung seines Konzepts gibt und beide Autoren, die das an seiner Stelle versuchen, ablehnt.[718] Die Konsequenz ist, daß bisher eine Konkretisierung fehlt. Damit ist das Küper'sche Modell nicht anwendungsfähig.[719]

Letztlich sind damit alle Beweisverzichtsansätze an ihrer Konkretisierung gescheitert. Diese würde eine sinnvolle, nachvollziehbare und vorhersagbare Abgrenzung zwischen solchen Fällen, die einer eindeutigen Nachtatverurteilung zuzuführen sind und denen, bei denen dies nicht der Fall ist, voraussetzen. Tatsächlich müßte diese Abgrenzung also eine der Figur der rechtsethischen und psychologischen Gleichwertigkeit vergleichbare Funktion übernehmen. Bisher wurde dies nicht geleistet.

Es muß daher festgestellt werde, daß ein überzeugendes Konzept bezüglich des die tatbestandsrelevante Postpendenz dogmatisch legitimierenden Beweisverzichts bisher nicht vorgelegt wurde. Die Abgrenzung von solchen Tatbestandsmerkmalen, ohne deren Nachweis man trotzdem aus dem Tatbestand verurteilen kann, von anderen, die beweisbedürftig sind, ist bisher nicht gelungen.

Letztlich scheint der Bezug zu in dubio pro reo der einzige Weg zu sein, auf dem eine Antwort auf die Frage nach der Zulässigkeit eines Beweisverzichts gefunden werden kann. Die tatbestandsrelevante Postpendenz wirkt - wie an den beiden Beispielfällen schon gezeigt wurde - letztlich für den Täter belastend. Diese belastende Wirkung ist es, die über die Auswirkungen des verbleibenden Zweifels entscheidet. Eine belastende Wirkung aus einer zweifelhaften Grundlage abzuleiten,

---

717 s. oben, Kap. 3.6.2.3.

718 s. oben, Kap. 4.5.

719 so auch Gössel, S. 320.

widerspricht dem Schuldprinzip. Daher kann es keine überzeugende Begründung eines solchen Beweisverzichts geben, da schon im Ausgangspunkt die Garantiefunktion des Strafrechts unzulässig tangiert wird. Schließlich verlangt das Gesetz bei allen Merkmalen, deren Vorliegen für den Täter belastende Folgen hat, daß deren Vorliegen bewiesen und nicht nur für möglich erklärt wird.

8.3 Postpendenz und mittäterschaftliche Vortatzurechnung

Wie schon oben gezeigt wurde, kann es bei Postpendenzfeststellungen bezüglich der Nachtat zu Spannungen mit der die Vortat betreffenden mittäterschaftlichen Zurechnung kommen.[720] Die besondere Relevanz dieses Spannungsverhältnisses ergibt sich daraus, daß in Fällen fraglicher Vortatalleintäterschaft eine Postpendenzfeststellung bezüglich der Nachtat nach überwiegender Meinung nicht möglich ist. Damit machen die Fälle fraglicher Vortatmittäterschaft den einzig relevanten Anwendungsbereich für Postpendenzfeststellungen aus.

Das Problem mittäterschaftlicher Vortatzurechnung tritt - wie am Hehlereitatbestand gezeigt wurde - immer dann auf, wenn nach einer Vortat, an der eine mittäterschaftliche Beteiligung fraglich bleibt, ein Nachtatverhalten erfolgt, bei dem der Nachtattatbestand ein Merkmal enthält, das auch im Vortattatbestand enthalten ist. Dabei gelten für die Strukturen der Mittäterschaft keine Besonderheiten. Während in BGHSt 35, S. 86ff die Bejahung der möglichen Mittäterschaft ausschlaggebend auf subjektiven Momenten beruhte - die Angeklagte hatte allenfalls im Fluchtauto gewartet - lagen bei BGH NSTZ 1989, S. 266 und BGH NSTZ 1995, S. 500 klare Fälle aktiver Arbeitsteilung bezüglich der Vortat vor. Die Art der Begründung der Mittäterschaft ist daher für die Frage der Zulässigkeit einer auf die Nachtat gestützten Postpendenz ohne Belang.[721]

---

720 s. oben, Kap. 6.4.2; Kap. 7.3.2.2.

721 Trotzdem liegt die Vermutung nahe, daß die Zurechnungstechnik der Rechtsprechung, die Mittäterschaft ohne faktischen Tatbeitrag möglich macht, Konstruktionen begünstigt, die

Mittäterschaft ist die gemeinschaftliche Begehung einer Straftat durch bewußtes und gewolltes Zusammenwirken.[722] Gerade das Zusammenwirken der Beteiligten ermöglicht die Tat.[723] Daher basiert die Mittäterschaft auf dem Prinzip der Arbeitsteilung, die ihrerseits auf dem gemeinsamen Tatentschluß beruht.[724] Jeder Mittäter trägt diesen Entschluß als gleichberechtigter Partner mit. So vervollständigen sich alle Tatbeiträge zu einem einheitlichen Ganzen.[725] Auf dieser Grundlage vereinigen sich die einzelnen Tatbeiträge sinnvoll zu einer gemeinschaftlichen Begehung. Aus dem "Nebeneinander" wird ein "Miteinander".[726] Konsequent ergibt sich hieraus die Folge, daß ein Mittäter nicht nur für seinen eigenen Tatbeitrag haftet. Im Rahmen ihre Willensübereinstimmung haftet vielmehr jeder Mittäter für das ganze Unrecht.[727] Es gilt der Grundsatz der unmittelbaren wechselseitigen Zurechnung aller Tatbeiträge, die im bewußten und gewollten Zusammenwirken erbracht werden.[728] Jedem Mittäter werden die abgesprochenen Tatbeiträge der anderen Mittäter so zugerechnet, als habe er sie selbst verwirklicht.[729] Die Folge der Mittäterschaft ist die volle Zuständigkeit für die Tat.[730] Daher gibt es letztlich keine eigene Tat des einzelnen Mittäters, sondern nur die gemeinschaftliche Tat.[731]

---

zwischen Allein- und Mittäterschaft Unterschiede voraussetzen. Siehe oben, Kap. 6.4.3.

722 Wessels, § 13 III Nr. 2; Jakobs, AT, S. 616; Küper, Tatentschluß, S. 301; Kühl, S. 654; diff: Jescheck / Weigend, S. 674.

723 Roxin in LK, RN 108 zu § 25.

724 Cramer in Sch Sch, RN 84 Vorbem. zu §§ 25ff.

725 Wessels, § 13 III Nr. 2a.

726 Küper, Tatentschluß, S. 301.

727 Geppert, Hehlerei, S. 103.

728 Wessels, § 13 III 2d; Jescheck / Weigend S. 675; Samson in SK, RN 43 zu § 25.

729 Kühl, S. 654.

730 Jakobs, AT, S. 628.

731 Jescheck / Weigend, S. 675; Lesch, S. 274.

Steht nun die Grundlage der Zurechnung - die mittäterschaftliche Beteiligung - fest, so wird dem einzelnen Mittäter die Erfüllung jedes Tatbestandsmerkmals angelastet. Dabei ist es gleichgültig, ob er es selbst in eigener Person erfüllt hat oder ob es von einem seiner Mittäter realisiert wurde. So wird beispielsweise bei einem mittäterschaftlich begangenen Diebstahl jedem Mittäter die Erlangung der Beute zugerechnet - unabhängig davon, ob er sie faktisch in Händen gehalten hat. Dabei gilt diese Zurechnung ohne Beschränkung auf das ihr zugrundeliegende Delikt. Daraus folgt, daß ein Mittäter, dem die Beuteerlangung bezüglich der Vortat (Diebstahl) zugerechnet wurde, nicht mehr wegen des Sich-verschaffens der gleichen Beute wegen Hehlerei belangt werden kann. Und dies gilt unabhängig von der faktischen Lage, das heißt auch dann, wenn er die Beute tatsächlich erst durch das spätere Geschehen in seine Verfügungsgewalt bekommt.[732]

Der Bundesgerichtshof vertritt nun die Meinung, daß in Fällen zweifelhafter Vortatmittäterschaft das Ergebnis ein anderes sei. Die Zurechnung sei eine Verhaltensbewertung. Bei Zweifeln sei eine solche Bewertung nicht möglich. Daher entfalle ihre Wirkung, und zwar sowohl bezüglich der Haupt- wie auch bezüglich der Nachtat. Damit sei wieder die faktische Lage relevant und also eine Nachtatverurteilung möglich.[733] Für diesen Fall deckt sich diese Auffassung mit der von Joerden. Er geht grundsätzlich davon aus, daß es nicht Aufgabe der Mittäterschaft sei, Rückschlüsse auf ein späteres Verhalten zu ziehen. Die Zurechnungswirkung solle vielmehr auf das Primärdelikt beschränkt sein. Dann sei für die Nachtat in jedem Fall die faktische Lage relevant.[734]

Gegen das Konzept des Bundesgerichtshofs wurde vorgebracht, er scheine der überholten Unterscheidung zwischen deskriptiven und normativen Tatbestandsmerkmalen anzuhängen, da er der "rechtlichen" Mittäterschaft die "faktische" Tat-

---

732 BGHSt 35, S. 86ff (S. 89f); a.A. Joerden, Postpendenz, S. 849.

733 BGHSt 35, S. 86ff (S. 90).

734 Joerden, Postpendenz, S. 849; s. oben, Kap. 6.4.2.

bestandsverwirklichung gegenüberstelle. Da aber die Tatbestandsbejahung immer das Ergebnis rechtlicher Bewertung faktischen Geschehens sei, könne aus diesem angeblichen Gegensatz nichts für die Entscheidung abgeleitet werden.[735]

Diese Kritik setzt zu früh an. Der Bundesgerichtshof ordnet die Zurechnung richtig als Verhaltensbewertung ein. Diese führt dazu, daß jeder Mittäter die Sache durch die Vortat "erlangt" hat. Damit ist gemeint, daß jedem Mittäter die Gewahrsamserlangung durch einen anderen Mittäter zugerechnet wird. Dies sagt nichts darüber aus, wer die Beute faktisch in Händen hält. Insofern ist der Ausgangspunkt der Rechtsprechung völlig zutreffend.

Die zutreffende Kritik setzt später ein. Wenn die Zurechnung bei festgestellter Mittäterschaft diese Folgen hat, warum soll das Ergebnis bei zweifelhafter Mittäterschaft anders aussehen? Küper bemängelt zutreffend, daß der Bundesgerichtshof bei Beweismängeln beliebig die Beurteilungsperspektive wechsle. Bei festgestellter Mittäterschaft gehe er von einem Sacherwerb kraft Zurechnung aus, um dann bei zweifelhafter Mittäterschaft doch wieder auf die faktische Lage abzustellen. Wenn sich aber der Zurechnungseffekt der Mittäterschaft auf die Nachtat erstrecke, sei damit eine dogmatische Vorentscheidung getroffen, der man in Postpendenzfällen nicht mehr ausweichen könne. Bleibt die Mittäterschaft zweifelhaft, so führe dies bezüglich der Nachtat zwangsläufig zu einem non liquet.[736] Es gibt noch einen andere Punkt, der die Kritik an der Zweifelslösung der Rechtsprechung untermauert. Bei festgestellter Mittäterschaft erfolgt die Zurechnung. Bei sicher ausgeschlossener Mittäterschaft erfolgt sie nicht. Bleibt die Mittäterschaft zweifelhaft, so sollte dieser Zweifel seine Auflösung über das Prinzip finden, daß auch sonst bei relevanten Zweifeln angewendet wird: in dubio pro reo.[737] Genau diesen Weg geht der Bundesgerichtshof aber nicht. Er stellt die zweifelhafte Mittäterschaft im Ergebnis dem

---

735 Gössel, S. 320.

736 Küper, Hehlerei, S. 72.

737 so auch Otto, Mittäter, S. 2.

bewiesenen Nichtvorliegen der Mittäterschaft gleich. Darin liegt eine Negation des Zweifels. Da der Zweifel aber tatsächlich vorliegt, läuft die Vorgehensweise der Rechtsprechung auf eine Negativfiktion hinaus. Sie tut so, als ob eine zweifelhafte Mittäterschaft keine Mittäterschaft sei. Diese, bisher nicht kommentierte Vorgehensweise ist deshalb so interessant, weil der Bundesgerichtshof davon ausgeht, daß er sein Ergebnis ohne Unterstellungen begründen kann.[738] Tatsächlich aber eliminiert er die zweifelhafte Vortat, obwohl sie nicht sicher ausgeschlossen werden kann, sondern zweifelhaft bleibt. Letztlich ermöglicht er sich so die Nachtatverurteilung. Damit wirkt diese Vorgehensweise belastend für den Angeklagten. Eine Zweifelslösung contra reum!

Weiter fällt auf, daß die Postpendenzlösung der Rechtsprechung mit ihrem Konzept von in dubio pro reo nicht vereinbar ist. Es gäbe keine Konflikte, wenn in dubio pro reo nur einmal pro Sachverhalt angewendet werden würde, wie dies beispielsweise Karl Peters vorschlägt.[739] Er geht davon aus, daß man einen Erfolg, den der Täter jedenfalls verursacht hat und den man im Rahmen eines Tatbestands nicht zurechnen kann, dann aber jedenfalls im Rahmen des einzig anderen noch verbleibenden Tatbestand zurechnen müsse. Für die vorliegende Konstellation bedeutet dies: Ist die Zurechnung des Erfolges im Vortatbereich wegen zweifelhaft bleibender Mittäterschaft nicht möglich, so wird die faktische Lage durch Zurechnung im Nachtatbereich abgegolten. Oder, um im Beispiel Vortat Diebstahl, Nachtat Hehlerei zu bleiben: Hat der Angeklagte die Beute faktisch erlangt und kann man ihm die Beuteerlangung wegen zweifelhafter Vortatmittäterschaft im Vortatbereich nicht zurechnen, so wird die faktische Lage abgegolten, indem man ihm jedenfalls das Sichverschaffen der Beute im Rahmen der Hehlerei zurechnet. Die nicht erfolgte Vortatzurechnung wird so durch die Vorgehensweise bezüglich der Nachtat kompensiert. Dieses Ergebnis wäre, aufbauend auf der Argumentation von Karl Peters, stimmig.

Aber genau diese Argumentation hat die Rechtsprechung bisher abgelehnt. In

---

738 BGHSt 35, S. 86ff (S. 88f); s. oben, Kap. 7.2.

739 s. oben, Kap. 2.3; Peters, Schüsse, S. 103.

dubio pro reo soll - richtigerweise - nicht nur einmal im Rahmen eines Sach-verhalts, sondern einmal pro Tatbestand angewendet werden.[740] Die Vorgehensweise bei Postpendenzentscheidungen widerspricht daher dem bisherigen Anwendungskonzept von in dubio pro reo. Dies wird besonders deutlich, wenn man sich das Konzept der Rechtsprechung zur Nichtanzeige geplanter Straftaten ansieht. Dort wird für den Fall einer zweifelhaften Tatbeteiligung eine Verurteilung wegen Nichtanzeige derselben abgelehnt. Zur Begründung wird ausgeführt, daß zwar eine Verurteilung wegen Tatbeteiligung in dubio pro reo nicht möglich sei. Trotzdem müsse bezüglich der Nichtanzeige von einer Tatbeteiligung ausgegangen werden, da zugunsten des Angeklagten jeder für ihn sprechende Umstand als vorhanden unterstellt werden muß, dessen Nichtvorhandensein nicht mit Sicherheit festgestellt werden könne.[741] Genau dies tut die Rechtsprechung bei Postpendenzentscheidungen nicht. Im Gegenteil: Die zweifelhafte Vortatbeteiligung wird bezüglich der Nachtat nicht nur nicht als feststehend behandelt, sondern im Ergebnis sogar zu einer erwiesenen Nichtbeteiligung umgewertet. Damit ist der Widerspruch zur bisherigen Anwendung von in dubio pro reo unbestreitbar.

---

740 s. oben, Kap. 2.3; Beispiele aus der Rechtsprechung: Bundesgerichtshof bei Holtz, MDR 1979, S. 635f und MDR 1986, S. 754f; BGH NSTZ-RR, 1996, S. 131.

741 Bundesgerichtshof bei Holtz, MDR 1979, S. 635f; und MDR 1986, S. 754f.

9. Kapitel:

Die Arten der Postpendenzfeststellung

9.1 Die konkurrenzrelevante Postpendenz

9.1.1 Struktur

Die Struktur der lediglich konkurrenzrelevanten Postpendenz ist davon geprägt, daß von der Nachtat trotz ungewisser Vortat Tatbestand, Rechtswidrigkeit und Schuld feststehen. Die Wirkung der Vortat setzt, gleich ob diese festgestellt wurde oder zweifelhaft bleibt, erst auf der Ebene der Konkurrenzen ein. Damit bestehen im Rahmen des Nachtattatbestands keine Zweifel hinsichtlich der Täterqualität, der Tathandlung oder sonstiger Tatbestandsmerkmale. Nur die konkurrenzbedingte tatsächliche Strafbarkeit steht in Frage.[742]

Damit wird der große strukturelle Unterschied zu Fällen der Wahlfeststellung deutlich. Bei der Situation einer Wahlfeststellung hat der Täter nur eine der beiden Taten begangen.[743] Es ist nicht denkbar, daß beide Handlungen vorgelegen haben, daß beide von ihm begangen wurden.[744] Gerade dies gilt für Fälle konkurrenzrelevanter Postpendenz nicht. Es sind zwei Abläufe denkbar. Entweder hat der Täter die Vortat nicht begangen, wohl aber die Nachtat. Oder er hat beide begangen. Auch im letzteren Fall steht von der Nachtat so viel fest, daß ohne Probleme gesagt werden kann, der Täter habe die Nachtat begangen. Diese Aussage wird von den ohne Zweifel festgestellten Fakten getragen.

---

742 Küper, Probleme, S. 75.

743 Montenbruck, Wahlfeststellung, S. 31.

744 Rödig, S. 27.

9.1.2 Ergebnisvergleich

Die Situation der konkurrenzrelevanten Postpendenz führt nach absolut überwiegender Auffassung in Rechtsprechung und Literatur zu einer eindeutigen Verurteilung, die auf der Nachtat basiert.[745] Dabei fällt auf, daß sich dieses Ergebnis - anders als bei der tatbestandsrelevanten Postpendenz - nicht von dem unterscheidet, was auch ohne das Konzept der Postpendenz in diesen Fällen als Ergebnis erzielt wurde.[746]

Die Rechtsprechung geht davon aus, daß die Nachtat nicht straflos, sondern durch die Vortatstrafe mitbestraft sei. Es ist demnach nicht die bloße Begehung der Vortat, die die Nachtatstrafbarkeit beeinflußt. Es geht bei der Frage nach der mitbestraften Nachtat also um die Bewertung einer selbständigen, tatbestandsmäßigen, rechtswidrigen und schuldhaften Handlung unter dem Gesichtspunkt der Strafbedürftigkeit.[747] Dabei soll diese Strafbedürftigkeit in bezug auf die Nachtat bei Vortatbestrafung entfallen. Die Nachtat wird sozusagen mitabgegolten.[748] Konsequenterweise entfällt ohne Vortatbestrafung der Grund für die Straflosigkeit der Nachtat. Dabei kommt es auf den Grund der Vortatstraflosigkeit nicht an.[749]

Die Literatur nimmt dagegen eine weitergehende Differenzierung vor. Es bestehe eine Bewertungseinheit zwischen Vor- und Nachtat in der Form, daß das Hauptdelikt die maßgebliche Entscheidungsbasis für Vor- und Nachtat bilde. Die verdrängende Wirkung der Haupttat erklärt sich damit über den Funktionszusammenhang beider Delikte.[750] Für den hier interessierenden Fall die Vortat bleibt zweifelhaft - ergeben sich keine Unterschiede. Der Bundesgerichtshof hat ausdrücklich ent-

---

745 s. oben, Kap. 4.4.

746 s. oben, Kap. 5.

747 Otto, Nachtat, s. 276.

748 s. oben, Kap. 5; BGH in JZ 1968, S. 710; Küper, Probleme, S. 76.

749 Otto, Nachtat, S. 276.

750 Küper, Probleme, S. 75.

schieden, daß eine "nicht erweisliche" Vortat die Straflosigkeit der Nachtat nicht begründen kann.[751] Es sei abwegig, daß eine erweisliche Tat nur deshalb straffrei bleiben soll, weil der Täter möglicherweise vorher noch eine andere, nicht erweisliche Tat begangen haben soll.[752] Nach der Literatur wird durch die Beweisprobleme bezüglich der Vortat der Funktionszusammenhang gestört, der sonst die verdrängende Vortatwirkung erklärt. Mangels Nachweisbarkeit scheidet die Vortat als Bewertungsgrundlage aus, eine Bestrafung wegen ihr kommt nicht in Betracht. Es bestehen daher keine Probleme, auf die ansonsten in ihrer Strafbarkeit verdrängte Anschlußhandlung zurückzugreifen.[753]

Damit läßt sich das allseits als befriedigend empfundene Ergebnis, die eindeutige Verurteilung wegen der Nachtat, ohne Rückgriff auf Postpendenzerwägungen allein aus den Grundsätzen der Konkurrenz ableiten.

9.1.3 Verhältnis der konkurrenzrelevanten Postpendenz zur Wahlfeststellung und zu in dubio pro reo

Die Struktur der konkurrenzrelevanten Postpendenz unterscheidet sich deutlich von der der Wahlfeststellung. Vor- und Nachtat stehen nicht im Verhältnis der exclusiven Alternativität. Auch von einer Rechtsnormenungewißheit im Sinne der Wahlfeststellung läßt sich nicht sprechen, da bezüglich der Nachtat Tatbestand, Rechtswidrigkeit und Schuld, also die Rechtsnorm im engeren Sinne, feststeht. Es ist also nicht so, daß in allen Fällen von Postpendenz und Wahlfeststellung gleichermaßen die Situation der Gesetzesalternativität vorliegt. Dies ist bei lediglich konkurrenzrelevanter Postpendenz nicht der Fall.[754] Insgesamt liegen die strukturellen Voraussetzungen der Wahlfeststellung in den Fällen der konkurrenzrelevanten Postpendenz nicht vor.

---

751 BGH in JZ 1968, S. 710.

752 BGH bei Dallinger, MDR 1955, S. 269.

753 Küper, Probleme, S. 76; Röhmel, S. 378; Geerds, Lehre, S. 205ff; Honig, S. 66ff, S. 81; Stree in Sch Sch, RN 117 Vorbem. §§ 52ff.

754 so aber Tröndle in LK, RN 67 Anh. § 1.

Diese Einordnung ist auch ergebnisorientiert betrachtet zutreffend. Bei dem Umfang der beweismäßigen Sicherheit bezüglich der Nachtat wäre ein verurteilungsverhinderndes Begrenzungskonzept wie das der rechtsethischen und psychologischen Gleichwertigkeit nicht angemessen. Zusammenfassend läßt sich daher sagen, daß Fälle konkurrenzrelevanter Postpendenz eine andere Struktur haben und nach anderen Lösungsmechanismen verlangen, als dies bei der Wahlfeststellung der Fall ist. Insofern ist dem weit überwiegenden Teil der Literatur und der Rechtsprechung zuzustimmen, die in Fällen konkurrenzrelevanter Postpendenz wahldeutige Entscheidungen ablehnen.

Zusätzlich muß noch das Verhältnis der konkurrenzrelevanten Postpendenz zu in dubio pro reo geklärt werden. Fraglich ist, ob sich diesbezüglich Spannungen ergeben, da trotz relevantem Zweifel bezüglich der Nachtat verurteilt wird. Hierzu sollen zunächst Vor- und Nachtat getrennt betrachtet werden. Die zweifelhaft bleibende Vortat wird nicht zur Grundlage einer Verurteilung gemacht. Insofern liegt kein Konflikt mit in dubio pro reo vor. Die Nachtat ist in bezug auf Tatbestand, Rechtswidrigkeit und Schuld zweifelsfrei bewiesen. Trotzdem wäre ihre Begehung bei sicher festgestellter Vortat durch deren Strafbarkeit mitabgegolten. Eine solche liegt nicht vor. Daher erfolgt auch kein Ausschluß der Nachtatstrafbarkeit. Ein Konflikt mit in dubio pro reo liegt insofern nicht vor.

Etwas anderes würde dann gelten, wenn bezüglich der Vortat mit die Nachtat betreffenden, für den Angeklagten letztlich belastenden Fiktionen gearbeitet werden würde. Dies wäre der Fall, wenn die nicht bewiesene Vortat der beweismäßig ausgeschlossenen Vortat gleichgestellt würde. Aber gerade diese Gleichstellung erfolgt nicht, da es auf Konkurrenzebene auf sie nicht ankommt. Es bedarf nicht der sicheren Vortatablehnung, um den Wegfall der strafbarkeitsverdrängenden Wirkung zu begründen. Gerade auch und schon der Zweifel an der Vortat führt zu deren Straflosigkeit und damit zur ungestörten Strafbarkeit der Nachtat. Es erwachsen dem Angeklagten mithin keine Nachteile aus dem "Non-liquet", die er nicht bei nachgewiesener Vortat - dem für die Nachtat günstigeren Fall - auch hätte. Es ist kein Nachteil, wenn er in Folge des Beweismangels bezüglich der Vortat aus dem bewiesenen Nachtatsachverhalt verurteilt wird, der bei festgestellter Vortat durch die diesbezügliche

Bestrafung mitabgegolten würde.[755] Es liegt daher kein Verstoß gegen oder eine Einschränkung von in dubio pro reo vor, sondern ein Anwendungsfall dieses Grundsatzes.[756] Es bestehen daher insgesamt keine Bedenken in Fällen, in denen die Vortat zweifelhaft bleibt, die sich bezüglich der ansonsten festgestellten Nachtat nur auf Konkurrenzebene auswirkt, auf der Baiss der Nachtat eindeutig zu verurteilen.[757]

9.1.4 Ergebnis

Die Figur der konkurrenzrelevanten Postpendenz liefert im Vergleich zur vorherigen, allein auf Konkurrenzerwägungen gegründeten Lösung keine abweichenden Ergebnisse. Die erzielten Ergebnisse sind so oder so zutreffend und mit in dubio pro reo vereinbar. Es fragt sich daher, ob die Einführung des Begriffs der konkurrenzrelevanten Postpendenz vorteilhaft war. Er ermöglicht eine begrifflich korrekte Beschreibung der ihm zugrundeliegenden logischen Struktur. Allerdings führt die Benennung als Postpendenz auch zu Problemen. Die gleiche Behandlung aller Postpendenzfälle scheint die naheliegendste Lösung zu sein. Es erscheint aber fraglich, ob die eindeutige Verurteilung aus der Nachtat tatsächlich für beide Postpendenzsituationen die angemessene Reaktion ist. Die gleiche Bezeichnung tatbestands- und konkurrenzrelevanter Postpendenzsituationen betont Gemeinsamkeiten und verdeckt Unterschiede. Festzuhalten bleibt, daß bezüglich der erzielten Ergebnisse die Figur der konkurrenzrelevanten Postpendenz keine Unterschiede bringt. Die angemessene und befriedigende Lösung dieser Fälle ist nicht neu.

---

755 Küper, Probleme, S. 77.

756 Stree, in dubio, S. 28ff; Küper, Probleme, S. 77; Heiß, S. 68; Schuppner / Sippel, S. 68.

757 Otto, Postpendenz, S. 2; Küper, Probleme, S. 76f; Richter, S. 131; Röhmel, S. 378.

9.2 Die tatbestandsrelevante Postpendenz

9.2.1 Struktur

Ausgangspunkt soll die Strukturdefinition sein, die Hruschka für alle Postpendenzsituationen gegeben hat. Postpendenz ist eine Beweissituation, bei der ein Sachverhalt ungewiß bleibt, während ein anderer sicher zutrifft.[758] Wegen der "Sicherheit", die über den zweiten Sachverhalt besteht, wird auch von einer einseitigen Sachverhaltsungewißheit bei doppelter Rechtsnormenungewißheit gesprochen.[759]

Beide Definitionen bereiten hinsichtlich ihrer Anwendbarkeit auf die tatbestandsrelevante Postpendenz Probleme. Hruschka selbst definiert einen strafrechtlich relevanten Sachverhalt als die Beschreibung einer strafbaren Handlung.[760] Von der Beschreibung einer strafbaren Handlung kann aber sinnvoll nur dann die Rede sein, wenn alle Merkmale, die nötig sind, um die Strafbarkeit zu begründen, auch tatsächlich durch diese Beschreibung festgelegt werden. Mit anderen Worten muß die Beschreibung alle tatsächlichen Umstände enthalten, aus deren Subsumtion alle Merkmale des betreffenden Tatbestands abgeleitet werden können. Bezüglich des zweifelhaft bleibenden ersten Sachverhalts ist dieser Grad an Sicherheit nicht zu erreichen. Aber es ist auch fraglich, ob der zweite Sachverhalt eine insofern ausreichende Grundlage bietet. Diese Zweifel basieren darauf, daß per Definition die Zweifel bezüglich des ersten Sachverhalts die Tatbestandssubsumtion des zweiten Sachverhalts tangieren. Daher ist auch er keine vollständige Grundlage für die Beschreibung strafrechtlich relevanten Verhaltens. Eine solche wäre er nur dann, wenn man den zweifelhaft bleibenden ersten Sachverhalt - und damit auch dessen Wirkung auf den zweiten Sachverhalt - hinwegfingiert. Oder man erklärt alle von ihm tangierten Merkmale des zweiten Sachverhalts per Beweisverzicht als irrelevant. Beide

758 Hruschka, Logik, S. 640.

759 Wolter, Wahlfeststellung, S. 38.

760 Hruschka, Logik, S. 639; s. oben, Kap. 4.4.8.

Vorgehensweisen sind mit strafrechtlichen Grundsätzen nicht vereinbar. Läßt man allerdings die per Definition tatbestandsrelevanten Zweifel bezüglich des zweiten Sachverhalts bestehen, so kann die Situation der tatbestandsrelevanten Postpendenz die Grunddefinition der Postpendenz nicht erfüllen. Deren Mindestinhalt ist ein festgestellter Sachverhalt. Und einen solchen gibt es richtig betrachtet nicht. Damit wird aber auch der nächste Schritt unsicher. Hruschka geht davon aus, daß bei Postpendenzsituationen eine ausschließlich auf die Nachtat gestützte eindeutige Entscheidung legitim sei, da nur der sicher festgestellte zweite und nicht der erste Komplex Urteilsgrundlage sein könne.[761] Zutreffend ist dabei, daß der zweifelhaft bleibende erste Sachverhalt alleine keine Basis für eine Verurteilung bietet. Dies wäre mit in dubio pro reo nicht vereinbar. Aber auch bezüglich des zweiten Sachverhalts bleiben relevante Zweifel. So gibt dieser alleine auch keine taugliche Basis für eine Verurteilung ab.

Maßgebliches Kriterium der Wahlfeststellung war für Hruschka die Tatsache, daß eine der alternativen Handlungen vom Täter nicht begangen wurde.[762] Es ist nicht denkbar, daß beide Handlungen tatsächlich vorliegen.[763] Dies war bei der konkurrenzrelevanten Postpendenz anders, da beide Handlungen nacheinander vorgelegen haben können.[764] Die Frage nach dem realen Gehalt der Alternativen ist bei der tatbestandsrelevanten Postpendenz nicht so einfach zu beantworten. Stellt man auf den tatsächlichen faktischen Geschehensablauf ab, so gelangt man zum gleichen Ergebnis wie bei der konkurrenzrelevanten Postpendenz. Der Täter kann sehr wohl beide Vorgehensweisen nacheinander ausgeführt haben. Stellt man dagegen auf die rechtliche Frage nach der Erfüllung der alternativen Tatbestände ab, so ist das Ergebnis anders. Von den relevanten Tatbeständen kann der Täter nur einen erfüllt haben. Hat er nämlich den ersten erfüllt, kann er per Definition der tatbestandsrelevanten Postpendenz den

---

761 s. oben, Kap. 4.4.1.

762 Montenbruck, Wahlfeststellung, S. 31.

763 Rödig, S. 27.

764 s. oben, Kap. 9.1.3.

zweiten nicht mehr erfüllen. Hat er dagegen den ersten nicht erfüllt, so hat er jedenfalls den zweiten erfüllt.

Festzuhalten bleibt daher: Wie bei der Wahlfeststellung hat der Täter in der Situation tatbestandsrelevanter Postpendenz nur einen Tatbestand erfüllt. Wie bei der konkurrenzrelevanten Postpendenz aber hat er möglicherweise beide alternativen Handlungen ausgeführt. Insofern steht die Situation der tatbestandsalternativen Postpendenz tatsächlich zwischen den beiden anderen Strukturen. Welche der jeweils vorliegenden Gemeinsamkeiten man für ausschlaggebend hält, muß man danach entscheiden, ob man den Schwerpunkt der Argumentation auf das faktische Geschehen oder auf die Erfüllbarkeit von Tatbeständen legen will.

9.2.2 Entstehung der tatbestandsrelevanten Postpendenz

Ausgangspunkt der Entwicklung der Postpendenz war für Hruschka das von der Rechtsprechung aufgestellte Kriterium der exclusiven Alternativität der Sachverhalte als Voraussetzung für eine Wahlfeststellung. Er stellte richtig fest, daß in Situationen tatbestandsrelevanter Postpendenz keine Wechselbezüglichkeit des Zweifels vorliegt, da der erste Sachverhalt in sich, unabhängig vom zweiten Sachverhalt, zweifelhaft bleibt.[765] Dabei versteht Hruschka das Kriterium der exclusiven Alternativität so, daß von zwei Sachverhalten entweder der eine oder der andere vorgelegen haben muß, jede andere Möglichkeit muß ausgeschlossen sein. Darum ist für ihn diese Voraussetzung in Fällen tatbestandsrelevanter Postpendenz nicht erfüllt, da hier auch beide Sachverhalte zusammen vorgelegen haben können.[766] Zusammenfassend deutet Hruschka damit das Kriterium der exclusiven Alternativität so, daß es nur in Fällen mit kontravalenter Struktur erfüllt ist.

---

765 s. oben, Kap. 4.4.1.

766 s. oben, Kap. 4.4.1.

Dieser Ansatz wurde, wie schon gezeigt wurde, heftig kritisiert.[767] Es ist tatsächlich fraglich, ob Hruschka die Intention der Rechtsprechung richtig gedeutet hat, indem er im Kriterium der exclusiven Alternativität einen die inneren Strukturen wahldeutiger Situationen maßgeblich prägenden Aspekt sah. Zahlreiche Stimmen deuteten es dagegen so, daß die Rechtsprechung nur eine Sicherung nach außen in dem Sinne wollte, daß dritte, straflose Abläufe ausgeschlossen seien.[768] Stree formuliert dies deutlich, indem er die exclusive Alternativität mit der von ihr geforderten Wechselbezüglichkeit des Zweifels als ersetzbare Mindestvoraussetzung bezeichnet.[769]

Folgt man dieser Auffassung, so sind Situationen tatbestandsspezifischer Postpendenz nicht automatisch logisch unvereinbar mit solchen der Wahlfeststellung. Gleiches gilt, wie schon oben gezeigt wurde, auch für die Fälle der Disjunktion. Auch diese Gruppe kann dann dem Anwendungsbereich der Wahlfeststellung zugeordnet werden.[770]

Küper gelangt bezüglich der Frage, ob die tatbestandsrelevante Postpendenz in den Bereich der Wahlfeststellung fällt, aufgrund einer differenzierenden Lösung zu einer bejahenden Antwort. Die Wahlfeststellung verlange, neben der Rechtsnormenalternativität (Kontravalenz der Tatbestände) bezüglich der tatsächlichen Abläufe "nur" die Disjunktivität.[771] Dieser Einschätzung muß vom Ergebnis her zugestimmt werden. Allerdings scheint die Beschränkung der beteiligten Rechtsnormen auf das Verhältnis der Kontravalenz fraglich. Auch insofern genügt, wie das Beispiel von Günther überzeugend gezeigt hat, eine disjunktive Struktur.[772]

---

767 s. oben, Kap. 4.5.

768 s. oben, Kap. 4.5.

769 Stree in Sch Sch, Anh. § 1 RN 85.

770 s. oben, Kap. 1.

771 Küper, Probleme, S. 89.

772 s. oben, Kap. 1.

Teleologisch betrachtet war die Einführung der Postpendenz ein Versuch, mehr logische Klarheit in den Bereich richterlichen Zweifelns zu bringen. Dies war allerdings bezüglich der konkurrenzrelevanten Postpendenz nicht nötig, da die hier auftretenden Probleme bereits vorher befriedigend gelöst wurden.[773] Dafür spielte dieser Aspekt bei der tatbestandsspezifischen Postpendenz eine um so größere Rolle. Insbesondere auch die inhaltliche Konturlosigkeit des Begrenzungskriteriums der rechtsethischen und psychologischen Gleichwertigkeit sollte überwunden werden.[774] Da aber die logische Unterscheidung zwischen tatbestandsalternativer Postpendenz und Wahlfeststellung anzweifelbar bleibt, kann auch die Abwendung von den Kriterien der Wahlfeststellung - so unplausibel diese auch sein mögen - nicht überzeugen.

Zusammenfassend läßt sich sagen, daß die Antwort auf die Frage, ob die tatbestandsrelevante Postpendenz aus dem Bereich der Wahlfeststellung ausgegliedert werden kann und soll, davon abhängt, welches Gewicht man dem beweismäßigen Schwerpunkt, der faktischen Gewißheit über die Nachtat bei verbleibenden tatbestandsrelevanten Zweifeln einräumt.

9.2.3 Anwendungsgebiete der tatbestandsrelevanten Postpendenz

Vor einer abschließenden Bewertung soll eine Zusammenfassung der bisherigen Anwendungsfälle tatbestandsrelevanter Postpendenz gegeben werden. Um diese nicht durch Meinungsstreitigkeiten zu verunklaren, soll im folgenden auf die Meinung der Rechtsprechung abgestellt werden. Zu § 246 StGB liegt eine Entscheidung der Rechtsprechung bisher nicht vor. Hier müssen die tatbestandsspezifischen Probleme um die Wiederholbarkeit der Zueignung beachtet werden. Bei § 257 StGB wird der auch oder nur eigennützig handelnde mögliche Alleinvortatäter wahldeutig verurteilt. Bezüglich des nur fremdnützig handelnden möglichen Alleinvortattäters liegt eine lediglich konkurrenzrelevante Postpendenz vor. Es ergibt sich also im Rahmen von § 257 StGB für den möglichen Vortatalleintäter kein Anwendungsfall für eine tat-

---

773 s. oben, Kap. 9.1.2.

774 Geppert, Hehlerei, S. 105.

bestandsrelevante Postpendenz. Handeln andere mögliche Vortatbeteiligte nur oder auch fremdnützig, liegt eine lediglich konkurrenzrelevante Postpendenz vor. Noch zu entscheiden ist der Fall eines rein eigennützig handelnden möglichen Vortatbeteiligten. Für diese bleibt der Tatbestand des § 257 StGB fraglich. Es bleibt abzuwarten, ob die Rechtsprechung hier wie beim möglichen Vortatalleintäter, der möglicherweise nur oder auch eigennützig handelt, wahldeutig entscheiden will. Gegen die Lösung über eine tatbestandsrelevante Postpendenz spricht, daß die völlige Straflosigkeit des Täters nicht ausgeschlossen werden kann. Dieser Fall sollte daher mit einem Freispruch entscheiden werden.

Für § 258 StGB hat die Rechtsprechung entschieden, daß in bezug auf mögliche Vortatbeteiligte, die sich auch selbst helfen wollten, eine Postpendenzentscheidung nicht in Betracht kommt. Für Beteiligte, die ausschließlich anderen Vortatbeteiligten helfen wollen, fehlt bisher eine Entscheidung. Dabei böte sich eine Lösung entsprechend der Problematik bei § 257 StGB an.

Bei § 259 StGB entscheidet die Rechtsprechung bezüglich des möglichen Vortatalleintäters wahldeutig. Bezüglich des möglichen Vortatmittäters wird dagegen grundsätzlich eine Postpendenzentscheidung favorisiert. Allerdings kommt es bei der Alternative des "Sich-Verschaffens" auf den Zeitpunkt der Beuteerlangung an. Wahldeutig muß entscheiden werden, wenn der mögliche Vortatmittäter die Beute schon während der Vortat erlangt hat oder wenn dies nicht ausgeschlossen werden kann. Bleibt unklar, ob es sich bei der möglichen Vortatbeteiligung um eine mögliche Allein- oder eine mögliche Mittäterschaft gehandelt hat, muß ebenfalls wahldeutig entscheiden werden. Bezüglich möglicher Vortatgehilfen gilt, daß die Hehlereiverurteilung ohne Probleme erfolgen kann, da eine solche auch bei feststehender Vortatgehilfenschaft erfolgen kann.

Für § 261 StGB ist eine Entscheidung bezüglich des möglichen Vortatalleintäters noch nicht gefallen. Vermutlich wird die Rechtsprechung hier, entsprechend der Lösung von § 259 StGB, wahldeutig entscheiden. Bei einem möglichen Vortatmittäter hat die Rechtsprechung sich für eine Postpendenzentscheidung ausgesprochen. Bezüglich möglicher Vortatgehilfen fehlt bisher eine Entscheidung. Entsprechend der Lösung bei § 259 StGB bereitet eine Verurteilung allerdings keine Probleme, da eine solche auch bei feststehender Voratbeteiligung möglich ist.

Zusammenfassend läßt sich sagen, daß die Rechtsprechung das Konzept tatbestandsrelevanter Postpendenz erst in bezug auf zwei Tatbestände angewendet hat. Zunächst bei möglicher mittäterschaftlicher Vortatbeteiligung und nachfolgender Hehlereihandlung, wobei bei der Alternative des "Sich-Verschaffens" bezüglich des Zeitpunkts der möglichen Beuteerlangung differenziert werden muß. Im folgenden wendete die Rechtsprechung die tatbestandsrelevante Postpendenz auch bei § 261 StGB und möglicher Vortatmittäterschaft an. Dies zeigt, welche geringe praktische Relevanz das Institut der tatbestandsrelevanten Postpendenz bisher hat. Es betrifft bisher - mit Einschränkungen - zwei Nachtattatbestände bezüglich einer Art der Vortatbeteiligung.

Wollte man diese Fälle ohne das Konzept der tatbestandsrelevanten Postpendenz lösen, so käme man - trotz der Vorbehalte gegen dieses Institut als solches - zur Anwendbarkeit der Wahlfeststellung. Die Nachteile einer wahldeutigen Lösung ergeben sich nur aus den Unsicherheiten des Konzepts der Wahlfeststellung selbst. Andere, für diese Fallgruppen spezifische Nachteile ergeben sich nicht. Die Vorteile dieser Lösung bestünden in erster Linie darin, daß sie unbegründbare Grenzziehungen und Unterscheidungen überflüssig macht. So müßte für die Lösung weder zwischen möglichem Vortatallein- oder -mittäter, noch nach dem Zeitpunkt der möglichen Beuteerlangung des möglichen Mittäters unterschieden werden.

9.2.4. Verhältnis der tatbestandsrelevanten Postpendenz zur Wahlfeststellung und zu in dubio pro reo

Will man versuchen, das Verhältnis der tatbestandsrelevanten Postpendenz zur Wahlfeststellung und zu in dubio pro reo zu untersuchen, so sind verschiedene Ausgangspunkte denkbar. Es wird vertreten, die tatbestandsrelevante Postpendenz sei als Fallgruppe eindeutiger Verurteilung von der Wahlfeststellung streng zu unter scheiden. Beide Institute haben demnach einen völlig eigenständigen Anwendungsbereich.[775] Auch mit in dubio pro reo ergeben sich so keine Probleme. Sind nämlich die Voraussetzungen für eine eindeutige Verurteilung gegeben, so wird der Anwendungsbereich des Zweifelsgrundsatzes nicht tangiert. Es ist allerdings fraglich, ob die These der separaten Anwendungsbereiche von Wahlfeststellung und tatbestandsrelevanter Postpendenz haltbar ist. Wie oben gezeigt wurde, handelt es sich um Institute, die in Fällen tatbestandsrelevanter Zweifel eingreifen können. Die Trennung beider begründet sich lediglich über die verschiedene Schwerpunktsetzung tatsächlicher und rechtlicher Zweifel

Nach einer anderen Meinung schränkt die tatbestandsrelevante Postpendenz die Wahlfeststellung ein. Zur Begründung wird angeführt, es sei eine der Voraussetzungen der Wahlfeststellung, daß eine eindeutige Verurteilung nicht möglich sei. Gerade eine solche aber sei auf der Basis einer tatbestandsrelevanten Postpendenz möglich. Die Wahlfeststellung sei eine Ausnahme vom Prinzip der eindeutigen Verurteilung, und die tatbestandsrelevante Postpendenz beschränke die Ausnahme zugunsten der Regel.[776]

Daß diese Auffassung nicht zutreffend ist, liegt auf der Hand. Im Bereich tatbestandsrelevanter Zweifel ist nicht die eindeutige Verurteilung, sondern der Freispruch auf der Basis von in dubio pro reo die Regel. Und die Wahlfeststellung bildet die Ausnahme zum Grundsatz des Freispruchs, indem sie eine Verurteilung ermöglicht, wo sonst nur eine auf in dubio pro reo gestützte Entscheidung möglich wäre. Auch scheint der Ausgangspunkt dieser Argumentation brüchig zu sein. Es wird nämlich versucht, das Verhältnis von tatbestandsrelevanter Postpendenz und Wahlfeststellung vom Tenor der jeweils zu treffenden Entscheidung her zu fassen. Wie oben gezeigt wurde, verdeckt der Tenor bei Entscheidungen, die auf dem Prinzip

---

775 Geppert, Abgrenzung, S. 2.

776 Richter, S. 135.

der tatbestandsrelevanten Postpendenz beruhen, die verbleibenden Zweifel.[777] Daher kam für die Ermittlung des Verhältnisses der beiden Institute nur die zugrundeliegende Struktur und nicht der sie verdeckende Tenor ausschlaggebend sein.

Grundsätzlich werden Fälle subsumtionsrelevanter Tatsachenzweifel über in dubio pro reo gelöst. Damit steht in dubio pro reo als Ausgangspunkt der Betrachtung fest. Das Institut der Wahlfeststellung ist als Ausnahme vom Grundsatz in dubio pro reo zu sehen.[778] Wenn die Grenzen des Anwendungsbereichs der Wahlfeststellung erreicht sind, findet wiederum der Grundsatz in dubio pro reo Anwendung. Diese Grenzen werden nach überwiegender Ansicht durch das Konzept der rechtsethischen und psychologischen Gleichwertigkeit gebildet.

Nach einer Auffassung soll auch in Fällen tatbestandsrelevanter Postpendenz diese Gleichwertigkeit zu prüfen sein. Wolter schlägt deshalb vor, in diesen Fällen immer zuerst die Möglichkeit einer wahldeutigen Entscheidung zu prüfen. Wenn diese beispielsweise mangels Gleichwertigkeit nicht zulässig sei, solle aufgrund der festgestellten tatbestandsrelevanten Postpendenz eindeutig verurteilt werden.[779] Dagegen ist einzuwenden, daß damit der Sinn der Gleichwertigkeitsprüfung ausgehöhlt wird. Sie entscheidet nur noch über das "wie", nicht über das "ob" der Strafbarkeit. Damit geht ihre Limitierungsfunktion verloren. Zudem verdreht diese Lösung das Verhältnis von wahldeutiger und eindeutiger Entscheidung, indem letztere zur Auffanglösung bei Unzulässigkeit der ersteren wird.

Nach weit überwiegender Ansicht muß in Fällen tatbestandsrelevanter Postpendenz eine solche Gleichwertigkeitsprüfung nicht erfolgen. Dies ergibt sich - wenn man sich dieser Auffassung anschließt, aus der Struktur der Entscheidungen auf der Basis tatbestandsrelevanter Postpendenz. Geht man davon aus, daß über die Nachtat

---

777 s. oben, Kap. 8.1.

778 s. oben, Kap. 3.3; Küper, Hehlerei, S. 4; Geppert, Abgrenzung, S. 2.

779 Wolter, Grundfälle, S. 604.

"Gewißheit" herrscht, und nur sie zur tragfähigen Grundlage einer Entscheidung wird, erübrigt sich der Vergleich mit der vorangegangnen Tat, ja er verbietet sich geradezu. Mit der Gleichwertigkeitsprüfung entfällt ihre Limitierungsfunktion.

Geht man aber davon aus, daß die Fälle der Wahlfeststellung und der tatbestandsrelevanten Postpendenz sich nicht zwingend durch ihre Struktur, sondern nur durch eine unterschiedliche Schwerpunktsetzung unterscheiden, ist das Verhältnis beider Institute ein anderes. Folgt man der überwiegenden Meinung und verzichtet auf die Gleichwertigkeitsprüfung zwischen Vor- und Nachtat, so dehnt letztlich die tatbestandsrelevante Postpendenz den Bereich der Verurteilungsmöglichkeiten aus. Im gleichen Anwendungsbereich beheimatet wie die Wahlfeststellung, gehorcht sie nicht deren Begrenzungskriterien. Sie erlaubt vielmehr Verurteilungen auch dann, wenn die relevanten Tatverläufe nicht gleichwertig sind. Dieses Ergebnis, die Zunahme der Verurteilungsmöglichkeiten, fiel bereits bei der Durchsicht der bisherigen Rechtsprechung auf.[780]

Vor diesem Hintergrund ist auch das Verhältnis zu in dubio pro reo zu bewerten. Dieser Grundsatz erfährt durch das Institut der Wahlfeststellung eine in ihren Begründungen zweifelhafte, jedenfalls aber eng zu begrenzende Ausnahme. Gerade die Grenzen dieser Ausnahme werden durch die tatbestandsrelevante Postpendenz ausgehebelt. Jede Gleichwertigkeitsprüfung entfällt. Gestützt wird die Verurteilung alleine auf das nachfolgende Delikt. Damit ist jedenfalls eine Verurteilungsmöglichkeit vorhanden, so daß auf den Grundsatz in dubio pro reo nicht mehr zurückgegriffen wird. Die tatbestandsrelevante Postpendenz verhindert für ihren Bereich jede Anwendung von in dubio pro reo. Wohin dieses Konzept letztlich führt, zeigt der Sonderfall: die Konstellation nämlich, daß die zweifelhafte Vortat für den Angeklagten günstiger gewesen wäre als die Nachtat. Hier muß dann mindestens der Strafrahmen der Vortat verwendet werden.[781] Im Ergebnis erfolgt daher die Strafe dann doch gemäß dem vorangegangenen leichteren Delikt.

---

780 s. oben, Kap. 5.

781 s. oben, Kap. 4.4.4 und Kap. 8.3.

Die Ähnlichkeit im Ergebnis mit den Resultaten von § 2b des Gesetzes vom 28.06.1935 ist offensichtlich. Jedesmal wird eine unbegrenzte Verurteilungsmöglichkeit bezüglich des leichteren Delikts geschaffen. Unterschiede ergeben sich wohl nur noch im Tenor, der nunmehr eindeutig statt wahldeutig zu formulieren ist. Für ihren Anwendungsbereich muß sich die tatbestandsrelevante Postpendenz daher die gleiche Kritik gefallen lassen, wie sie zu Recht gegen die unbegrenzte Wahlfeststellung geäußert wird. Durch Ausschaltung der den Angeklagten schützenden Begrenzung durch die rechtsethische und psychologischen Gleichwertigkeit hat die tatbestandsrelevante Postpendenz die gleiche Wirkung wie diese.

Dabei erstaunt, daß nach überwiegender Ansicht in Literatur und Rechtsprechung zum Schutz des Angeklagten und zu seiner prozessualen Absicherung in Fällen tatbestandsrelevanter Postpendenz die analoge Anwendung der prozessualen Voraussetzungen der Wahlfeststellung verlangt wird.[782] So werden die prozessualen Schutzmechanismen transferiert und erhalten, die materiell-rechtlichen aber ausgeschaltet. Ein merkwürdiges Ergebnis!

9.2.5 Excurs: Die Präpendenz

Am Anfang dieser Untersuchung wurde die These aufgestellt, die Präpendenz sei eine der Postpendenz ähnliche Struktur, bei der sich nur das Zeitelement verschiebe. Die auftretenden Probleme seien identisch.[783] Nun, da die Probleme der Postpendenz dargestellt wurden, soll - in aller Kürze - gezeigt werden, daß die oben aufgestellte Behauptung zutreffend ist. Alle hier bezüglich der Postpendenz dargestellten Probleme lassen sich auch bei der Präpendenz aufzeigen. Jeweils liegt allerdings der beweismäßige Schwerpunkt auf der zeitlich früheren Tat.

Zunächst gibt es die Struktur der bloß konkurrenzrelevanten Präpendenz. Diese liegt vor, wenn die festgestellte Vortat als mitbestraft im Verhältnis zu einer

---

782 s. oben, Kap. 4.3.

783 s. oben, Kapitel 1.

fraglich bleibenden Nachtat steht. Beispielsweise dann, wenn auf eine sicher festgestellte Verbrechensverabredung eine zweifelhaft bleibende Beteiligung an eben diesem Verbrechen folgt.[784]

Auch die Situation der tatbestandsrelevanten Präpendenz ist denkbar. Als Beispiel mag der Fall einer festgestellten Beihilfe dienen, auf die möglicherweise eine Mittäterschaft bezüglich derselben Tat folgte.[785] § 27 I StGB verlangt aber die Hilfeleistung für einen anderen. Analog der Situation der tatbestandsrelevanten Postpendenz stellt sich hier die Frage, ob das Merkmal "einem anderen" ein bloß konkurrenzregulierendes Merkmal des Beihilfetatbestandes ist, auf dessen Nachweis verzichtet werden kann, oder ob es sich um ein existentielles, unrechtskonstituierendes Merkmal handelt.

Es soll noch ein anderes Beispiel dargestellt werden, nämlich das Verhältnis von § 138 StGB zu einer möglichen Tatbeteiligung. Problematisch ist die Natur der Nichtbeteiligung an der Tat, die § 138 StGB voraussetzt. Akzeptiert man die Existenz lediglich konkurrenzregulierender Tatbestandsmerkmale, so führt dies dazu, daß man, sieht man die Nichtbeteiligung als ein solches an, im vorliegenden Fall eine eindeutige Verurteilung auf der Basis des § 138 StGB treffen kann, wenn die Beteiligung an dem Verbrechen fraglich bleibt.[786] Sieht man es dagegen als unrechtskonstitutiv an oder lehnt man die Figur der tatbestandsrelevanten Postpendenz ganz ab, so muß man sich fragen, ob eine wahldeutige Entscheidung zwischen § 138 StGB und der Tatbeteiligung möglich ist. Da eine solche mangels rechtsethischer und psychologischer Gleichwertigkeit unzulässig ist, bleibt nur ein Freispruch. Dieses Ergebnis wird auch von der Rechtsprechung erzielt.[787]

---

784 Joerden, Postpendenz, S. 852.

785 Joerden, Postpendenz, S. 852.

786 Joerden, Postpendenz, S. 852.

787 BGH bei Holtz, MDR 1979, S. 635 und MDR 1986, S. 794.

Die Probleme der Präpendenz weisen demnach keine Unterschiede zu denen der Postpendenz auf. Daher empfiehlt sich eine analoge Behandlung.

9.2.6 Ergebnis

Zusammenfasend bleibt festzustellen, daß es zahlreiche schwerwiegende Argumente gibt, in der Situation der tatbestandsrelevanten Postpendenz keine ausschließlich auf die Nachtat gestützte, eindeutige Entscheidung zu treffen.

Es verbleiben zwei Entscheidungsalternativen. Freispruch und wahldeutige, auf Vor- und Nachtat gestützte Verurteilung. Wie in der Situation der "klassischen" Wahlfeststellung, der Kontravalenz, wird sich auch bezüglich der tatbestandsrelevanten Postpendenz ein Freispruch in der Praxis nicht durchsetzen können.[788] Realistisch betrachtet geht es daher um die Frage, ob eine wahldeutige Entscheidung eine der Situation der tatbestandsrelevanten Postpendenz angemessene Lösung darstellt. Vorangestellt sei als Ausgangspunkt noch einmal die hier vertretene These, daß jedenfalls alle Fälle tatbestandsrelevanter Postpendenz dem gleichen Lösungsmechanismus zugeführt werden müssen. Eine Differenzierung je nach der Art der vom Zweifel betroffenen Tatbestandsmerkmale verbietet sich, weil sie weder begründ- noch begrenzbar ist.[789]

Gegen eine wahldeutige Entscheidung spricht zunächst, daß es tatsächlich logisch möglich ist, die Struktur der tatbestandsrelevanten Postpendenz von der der Wahlfeststellung trennscharf zu unterscheiden. Dadurch drängt sich die Frage auf, ob logisch unterscheidbare Strukturen nicht auch spezifischen Lösungen zugeführt werden sollten. Bei der Wahlfeststellung führt eine doppelte, bei der tatbestandsrelevanten Postpendenz eine einfache Sachverhaltsungewißheit zu einer doppelten Rechtsnormenungewißheit. Diese Unterscheidung bedarf allerdings einer doppelten Einschränkung. Zunächst wurde schon oben gezeigt, daß die Einseitigkeit der Unge-

---

788 s. oben, Kap. 3.4.

789 s. oben, Kap. 8.2.

wißheit bei der tatbestandsrelevanten Postpendenz ein Bewertungsergebnis und kein logisch vorgegebenes Strukturelement ist.[790] Trotzdem ist die Einschätzung der Ungewißheit einseitig im Ergebnis zutreffend. Allerdings bedarf dieses logisch zutreffende Ergebnis einer systemimanenten Korrektur. Hruschkas großer Verdienst war die Einführung streng logischer Argumentationsmuster in den Bereich richterlichen Zweifelns. Er selbst stellte aber fest, daß die Frage, wie bei welcher Struktur verurteilt werden müsse, letztlich anders als nach analytischer Methode entschieden werden müsse.[791]

Dieser Ansatz wurde nicht genügend vertieft. Ob die Gemeinsamkeiten oder die Unterschiede zwischen Situationen der Kontravalenz und der tatbestandsrelevanten Postpendenz schwerer wiegen und letztlich entscheidungsrelevant sind, kann nur außerhalb der reinen Logik für das hier relevante Bezugsfeld des Strafrechts ermittelt werden. Dies ergibt sich aus der Stärke der reinen Logik, die gleichzeitig ihre Schwäche ist. Sie funktioniert unabhängig von den Regeln möglicher Anwendungsfelder ihrer Ergebnisse. Eine mangelnde Kontrolle dieser Ergebnisse im Rahmen des jeweiligen Bezugsfeldes kann daher zu maßgeblichen Fehleinschätzungen führen.

So bewertete Hruschka die Spalten 12 - 15 seiner Zweifelstabelle wie folgt: Das Nichtvorliegen beider Sachverhalte wird ausgeschlossen, damit sei das "ob" der Strafbarkeit bejahend geklärt. Allerdings bleibe das "wie" der Strafbarkeit fraglich, da insofern mehr als eine Möglichkeit bejaht werde.[792] Diese Einschätzung ist logisch zutreffend. Sie wurde von Strafrechtlern ungeprüft in das Bezugsfeld strafrechtlicher Verurteilungen übertragen und zum Charakteristikum wahldeutiger Situationen gemacht. So heißt es beispielsweise: "Es erscheint doch unbillig, den Täter laufen zu lassen, der ganz sicher mit dem Gesetz in Konflikt gekommen ist, bei dem nur

---

790 s. oben, Kap. 9.2.4.

791 Hruschka, Logik, S. 641.

792 s. oben, Kap. 1; Hruschka, Logik, S. 640.

unsicher ist, gegen welches Strafgesetz er verstoßen hat."[793] Es ist fraglich, ob diese Argumentation im Strafrecht so unbedenklich und so aussagekräftig ist, wie sie im Moment gewertet wird. Bedenken ergeben sich aus dem Grundsatz "nullum crimen sine legem". Die Aussage, man "wisse, jemand habe sich strafbar gemacht, nur eben nicht wie und wodurch", stößt doch schnell an ihre Grenzen, wenn man sich fragt, worin das Wissen über die Strafbarkeit eines Verhaltens besteht. Mit Sicherheit kann man nur dann davon sprechen, daß man wisse, daß sich jemand strafbar gemacht habe, wenn man den oder die Tatbestände benennen kann, die er erfüllt hat. Gemessen an dem Grundsatz, daß es keine Strafbarkeit ohne ein sie begründendes Gesetz gibt, gibt es auch keine sichere Kenntnis von Strafbarkeit ohne Kenntnis der erfüllten Straftatbestände. Mit anderen Worten ist die Kenntnis über das "ob" der Strafbarkeit von der des "wie" der Strafbarkeit nicht trennbar. Denn wenn man das "wie" nicht kennt, was genau weiß man dann über das "ob"? Es ist allerdings nicht so, daß die von Hruschka getroffene Charakterisierung unzutreffend ist. Steht das "wie" immerhin alternativ fest, kann man sich fragen, ob dies sinnvolle Aussagen über das "ob" ermöglicht. Hier soll nur festgestellt werden, daß die Reichweite dieser Beschreibung im Strafrecht spezifische Beschränkungen erfährt, die im Bereich der reinen Logik nicht vorkommen. Trotzdem wurde diese Formulierung von Strafrechtlern nicht nur übernommen, sondern sogar zum tragenden Argument für die Zulässigkeit wahldeutiger Verurteilungen aufgewertet. Dies zeigt, daß Logik geeignet ist, den Bereich richterlichen Zweifels zu strukturieren. Die zu treffenden Entscheidungen müssen dann aber an strafrechtsspezifischen Kriterien gemessen werden.

Es ist daher zu fragen, welche spezifisch strafrechtlichen Erwägungen für oder gegen eine wahldeutige Entscheidung in Fällen tatbestandsrelevanter Postpendenz sprechen. Ein Kernargument gegen eine Wahlfeststellung in diesem Bereich richtet sich gegen das Kriterium der rechtsethischen und psychologischen Gleichwertigkeit. Wegen der Sicherheit bezüglich der Nachtat sei dessen limitierende Funktion nicht angebracht. Insbesondere da die Gefahr von Ungleichwertigkeit zwischen Vor- und Nachtat groß sei. Es sei daher besser, die Gleichwertigkeits-

---

793 Baumann / Weber, § 14 I 2; s. auch Küper, Probleme, S. 88.

prüfung durch eine eindeutige Verurteilung zu umgehen.[794] Wie schon oben gezeigt wurde, ist die Sicherheit bezüglich der Nachtat nur unter Ausblendung der verbleibenden Zweifel zu bejahen. Der bloß graduelle Unterschied im Bereich der Sachverhaltskenntnis wird durch die maßgebliche gleiche Rechtsnormenungewißheit ausgeglichen. Dieses Argument überzeugt daher nicht.

Es ist so, daß die Gleichwertigkeitsprüfung limitierend auf die Verurteilungsmöglichkeiten einwirkt, um so dem Grundsatz in dubio pro reo Raum zu lassen. Dessen Bedeutung ist aber so hoch, daß an Konstruktionen, die ausgesprochen seiner Ausschaltung dienen sollen, höchste Anforderungen zu stellen sind. Ein solches tragendes Argument für die Überbewertung der etwas höheren Gewißheit über den Sachverhalt im Gegensatz zu der verbleibenden Rechtsnormenungewißheit fehlt bisher.[795] Die Gemeinsamkeit beider Situationen, der Wahlfeststellung und der tatbestandsrelevanter Postpendenz, die doppelte Rechtsnormenungewißheit, also die Gesetzesalternativität, kann dagegen mit guten Gründen als ausschlaggebend gewertet werden. Zum einen ist die Rechtsnormenungewißheit als Ergebnis juristischer Bewertung schwerwiegender als eine faktische Gewißheit, insbesondere, da diese Gewißheit sich im Fall tatbestandsrelevanter Postpendenz nicht als zweifelsfreie Tatbestandserfüllung deuten läßt, sondern tatbestandsrelevante Zweifel bestehen bleiben.

Letztlich aber entscheidet, daß in den Fällen tatbestandsrelevanter Postpendenz eben wegen der Tatbestandsrelevanz der verbleibenden Zweifel ohne Einbeziehung der Vortat nicht das besteht, was man eine Überzeugung von Strafbarkeit nennen kann. Damit verbietet sich in diesen Fällen eine eindeutige, nur auf die Nachtat gestützte Entscheidung. Es muß vielmehr eine wahldeutige, auf Vor- und Nachtat gestützte Entscheidung ergehen. Dabei gelten für diese die gleichen Anforderungen an die Gleichwertigkeit wie in den anderen wahldeutig zu entscheidenden Fällen. Sind diese Anforderungen nicht erfüllt, muß eine Entscheidung per in

---

794 Küper, Probleme, S. 90.

795 s. auch Tröndle in LK, Anh. zu § 1, RN 67: "Es ist in der Tat nicht einzusehen ..."

dubio pro reo ergehen. Sollte so nur ein Freispruch möglich sein, gilt das bereits oben Gesagte: Ein auf in dubio pro reo gestützter Freispruch ist kein Ärgernis oder eine Niederlage für die Gerechtigkeit, sondern die rechtsstaatliche Konsequenz einer ernst genommenen Unschuldsvermutung.[796]

796 s. oben, Kap. 2.2.

10. Kapitel:

Zusammenfassung

Bestehen nach Abschluß der richterlichen Beweiserhebung und -würdigung subsumtionsrelevante Tatsachenzweifel, so gibt es ineinandergreifende Mechanismen, diese zu verarbeiten.[797] Es sind dies in dubio pro reo, die Wahlfeststellung und die Postpendenzfeststellung. Charakteristisch für die hier relevanten Zweifel ist die Verdopplung der Tatsachenbasis. Die zu erzielende Entscheidung basiert auf zwei strafrechtlich relevanten Sachverhalten. Dabei wird die überwiegende Zahl von Zweifelsstrukturen überzeugend gelöst. Näher zu betrachten sind die Fälle der Kontravalenz, Disjunktion, Prä- und Postpendenz.

Grundsätzlich werden strafrechtlich relevante Tatsachenzweifel über in dubio pro reo gelöst.[798] Trotz allgemeiner Billigung dieses Prinzips sind Geltungsgrund und Wirkweise heftig umstritten. In Übereinstimmung mit dem vom Bundesgerichtshof erzielten Ergebnis wird festgestellt, daß der Zweifelsgrundsatz nicht nur einmal bezüglich eines historischen Geschehens, sondern einmal pro relevantem Tatbestand angewendet werden muß.

In einigen Zweifelsfällen ermöglicht das Institut der Wahlfeststellung eine Verurteilung.[799] Eine solche ist zulässig, wenn zwei oder mehr alternative Geschehensabläufe möglich bleiben. Nach der Rechtsprechung müssen die Alternativen dabei in ihrer Zweifelhaftigkeit wechselbezüglich sein. Das bedeutet, daß die eine nur

---

797 s. oben, Kap. 1.

798 s. oben, Kap. 2.

799 s. oben, Kap. 3.2.

deshalb fraglich bleiben darf, weil die andere nicht ausgeschlossen werden kann und umgekehrt. Die Rechtsprechung benennt dieses Verhältnis als exclusive Alternativität.[800] Diese Vorgabe ist identisch mit der Struktur der Kontravalenz. Das Verhältnis von Wahlfeststellung und in dubio pro reo stellt sich dabei so dar, daß in dubio pro reo der Grundsatz und die Anwendung der Wahlfeststellung die zu begründende eng begrenzte Ausnahme ist.[801] Letztlich besteht das Bedürfnis nach dieser Ausnahme aufgrund der begrenzten menschlichen Erkenntnisfähigkeit. Dabei ist die Geltungsbegründung der Wahlfeststellung zweifelhaft. Im Vergleich zur Situation bei eindeutigen Verurteilungen hat man bei einer wahldeutigen Entscheidung sowohl bezüglich des Schuldprinzips als auch bezüglich spezial- und generalpräventiver Aspekte Einbußen hinzunehmen.[802] Allerdings droht ohne die Möglichkeit einer Wahlfeststellung nach Meinung vieler Stimmen in der Praxis eine manipulative Beweiswürdigung, um als angemessen empfundene Resultate zu begründen.

Die prozessualen Voraussetzungen der Wahlfeststellung werden in der Diskussion zu wenig beachtet.[803] Eine wahldeutige Verurteilung ist zulässig, wenn die alternativen Verläufe eine prozessuale Tat bilden. Ist dies nicht der Fall, müssen Anklage und Eröffnungsbeschluß alternativ gefaßt werden. Ist auch dies nicht geschehen, muß die bisher nicht einbezogene Alternative per Nachtragsanklage in den Prozeß eingeführt werden. Verweigert der Angeklagte die Zustimmung, so müssen die Hauptverhandlung ausgesetzt, die neue Anklage erhoben und dann beide Verfahren verbunden werden. Nur so werden die prozessualen Rechte des Angeklagten gewahrt. Jede der in Frage kommenden Alternativen muß strafbar und eine eindeutige Entscheidung muß unmöglich sein. Um dies sicher festzustellen, muß zunächst der Sachverhalt so weit wie möglich geklärt werden. Die verbleibenden Alternativen müssen dann im Verhältnis der exclusiven Alternativität stehen.

---

800 s. oben, Kap. 3.

801 s. oben, Kap. 3.3.

802 s. oben, Kap. 3.5.

803 s. oben, Kap. 3.6.1.

Materielles Begrenzungskriterium für die Zulässigkeit der Wahlfeststellung ist nach der Rechtsprechung die rechtsethische und psychologische Gleichwertigkeit der Geschehensabläufe.[804] Dabei versteht sie unter rechtsethischer Gleichwertigkeit die Ähnlichkeit der sittlichen Bewertung, die der Tat im allgemeinen Rechtsleben zuteil wird. Psychologische Gleichwertigkeit liegt vor, wenn die seelische Beziehung des Täters zu den in Frage stehenden Verhaltensweisen etwa gleich geartet ist. Gegen diese Formel bestehen große Bedenken, da sie inhaltlich unbestimmt ist und die mit ihr erzielten Ergebnisse nicht vorhersehbar sind. Die Rechtsprechung selbst wendet ihr Konzept nicht konsequent an. Sie erweitert es, indem sie nicht wahlfeststellungsfähige Qualifikationen einer oder beider Tatalternativen aus der Betrachtung ausklammert.[805] Zusätzlich findet sie Wege, das Begrenzungskonzept ganz zu umgehen. Das geschieht durch die Konstruktion von Auffangtatbeständen oder durch die Anwendung von in dubio pro reo analog.[806] Die Literatur steht der Rechtsprechung weitgehend kritisch gegenüber. Die Bandbreite der vertretenen Lösungen ist dabei sehr groß. Sie geht von der vollständigen Ablehnung bis zur grenzenlosen Zulassung der Wahlfeststellung. Mehrheitlich wird eine begrenzte Zulässigkeit der Wahlfeststellung propagiert, wobei verschiedene Begrenzungskonzeptionen diskutiert werden. Diese haben ebensowenig wie das Kriterium der Rechtsprechung inhaltlich klare Konturen, auch vermögen sie keine vorhersehbaren Ergebnisse zu liefern.[807]

Relativ jung im Bereich des tatsachenrelevanten richterlichen Zweifels wird das Institut der Postpendenzfeststellung angewendet.[808] Erstmals wurde dieses Konzept 1970 von Hruschka in die strafrechtliche Diskussion eingeführt. Nach kontroverser Diskussion in der Literatur übernahm der Bundesgerichtshof das Konzept

804 s. oben, Kap. 3.6.2.

805 s. oben, Kap. 3.6.2.2.

806 s. oben, Kap. 3.6.2.3.

807 s. oben, Kap. 3.6.2.4.

808 s. oben, Kap.4.

1987 und hat es seitdem mehrmals bestätigt.[809]

Der Begriff Postpendenz wurde von Hruschka auf eine durch das Zeitelement spezifisch geprägte Beweissituation angewendet. Von zwei Sachverhalten soll der zeitlich spätere sicher vorliegen, der zeitlich frühere aber zweifelhaft bleiben. Dagegen deutet Küper den Begriff logisch und nicht chronologisch. Postpendenzsituationen liegen dann vor, wenn über einen Sachverhalt keine definitiven Aussagen gemacht werden können, ein anderer aber feststeht. Dabei interessieren besonders die Fälle, bei denen die strafrechtliche Behandlung beider Tatbestände voneinander abhängt.[810]

Die prozessualen Voraussetzungen einer Postpendenzfeststellung werden ebenso wie bei der Wahlfeststellung zu wenig diskutiert. Da die Lage des Angeklagten bei einer Postpendenzfeststellung ähnlich wie bei einer Wahlfeststellung durch Zweifel und Unsicherheiten erschwert wird, sollten die prozessualen Voraussetzungen der Wahlfeststellung analog bei Postpendenzentscheidungen angewendet werden.[811]

Die inhaltliche Struktur der Postpendenz wird von verschiedenen Autoren unterschiedlich gesehen.[812] Hruschka betont, daß in Postpendenzsituationen der Zweifel an den alternativen Verläufen nicht wechselbezüglich sei, da die Vortat in sich zweifelhaft bleibe. Daher sei das von der Rechtsprechung aufgestellte Kriterium der exclusiven Alternativität in diesen Fällen nicht erfüllt, womit sich die spezifische Postpendenzstruktur begründen lasse. Relevant seien dabei zwei Versionen: Zum einen könne die zweifelhafte Tat die andere auf Tatbestandsebene, zum anderen auf Konkurrenzebene beeinflussen. Beide Situationen will Hruschka durch eindeutige

---

809 s. oben, Kap. 4.1.

810 s. oben, Kap. 4.2.

811 s. oben, Kap. 4.3.

812 s. oben, Kap. 4.4.

Verurteilungen, gestützt auf die Nachtat, lösen. Dabei begründet er dieses - für die Fälle konkurrenzrelevanter Postpendenz unproblematische Ergebnis - für die Fälle tatbestandsrelevanter Postpendenz mit der Legitimität eines Beweisverzichts. Da bezüglich der Nachtat alle positiven Voraussetzungen bewiesen seien, könne auf den Nachweis negativer Voraussetzungen, wie das Nichtvorliegen der zweifelhaften Vortat, verzichtet werden.[813]

Küper sieht Postpendenzfälle als Strukturen mit einseitiger Sachverhaltsungewißheit, die zu doppelter Rechtsnormenungewißheit führe. Als Ausgangspunkt unterscheidet auch er zwischen Fällen konkurrenz- und tatbestandsrelevanter Postpendenz. Die konkurrenzrelevante Postpendenz will er einer eindeutigen Nachtatverurteilung zuführen. Dagegen unterteilt er die Fälle tatbestandsrelevanter Postpendenz in zwei Gruppen. Bleiben durch das ungewisse Vortatverhalten bei der Nachtat Merkmale offen, die nur materiell-konkurrenzregulierend wirken, nennt er diese Fälle implikative Postpendenz. Bleiben dagegen unrechtskonstitutive Merkmale offen, spricht er von exclusiver Postpendenz. Von dieser Einteilung ist auch die von ihm vorgeschlagene Lösung abhängig. Fälle implikativer Postpendenz löst er durch eindeutige, auf die Nachtat gestützte Verurteilungen. Dagegen will er Fälle exclusiver Postpendenz durch wahldeutige Verurteilungen lösen.[814]

Wolter geht bei seiner Lösung von der von Hruschka erarbeiteten Differenzierung aus. Er sieht die Postpendenz als eine Situation einseitiger Sachverhaltsungewißheit bei doppelter Rechtsnormenungewißheit, also als Fall einer Straftatbestandsalternativität ohne zugrunde liegende exclusive Alternativität der Sachverhalte. Wolter will alle Postpendenzfälle einheitlich lösen. Vorrangig seien diese Fälle einer wahldeutigen Lösung zwischen Vor- und Nachtat zuzuführen. Wenn eine wahldeutige Verurteilung nicht zulässig sei, soll eine eindeutige Verurteilung, nur auf der

---

813 s. oben, Kap. 4.4.1.

814 s. oben, Kap. 4.4.2.

Nachtat basierend erfolgen.[815]

Günther geht von der Differenzierung in tatbestands- und konkurrenzrelevante Fälle der Postpendenz aus: Letztere will er einer eindeutigen Verurteilung aus der Nachtat zuführen. Für die Fälle tatbestandsreleanter Postpendenz will er ohne Beweisverzicht auskommen. Daher scheidet für ihn für diese Struktur eine eindeutige Entscheidung aus. Er propagiert eine wahldeutige, auf Vor- und Nachtat gestützte Lösung.[816]

Rudolphi will grundsätzlich alle Postpendenzfälle einer eindeutigen, auf die Nachtat gestützten Entscheidung zuführen. Von diesem Grundsatz akzeptiert er nur tatbestandsspezifische Ausnahmen.[817]

Eser will Fälle tatbestandsrelevanter Postpendenz wahldeutig, Fälle konkurrenzrelevanter Postpendenz eindeutig, also nur auf die Nachtat gestützt, entscheiden.[818]

Tröndle dagegen will alle Postpendenzfälle wahldeutig lösen.[819]

Joerden engt den Begriff des strafrechtlich relevanten Sachverhalts im Vergleich zu Hruschka stark ein. Ein solcher liegt nur vor, wenn alle Umstände umfaßt sind, die für den jeweiligen Deliktstatbestand notwendig sind. Auf dieser Basis liegt Postpendenz dann vor, wenn von zwei Sachverhalten der zeitlich spätere festgestellt ist und der zeitlich frühere zweifelhaft bleibt. Damit gibt es für Joerden nur die von Küper sogenannten Fälle implikativer Postpendenz, da die Fälle exclusiver Postpen-

---

815 s. oben, Kap. 4.4.3.

816 s. oben, Kap. 4.4.4.

817 s. oben, Kap. 4.4.5.

818 s. oben, Kap. 4.4.6.

819 s. oben, Kap. 4.4.7.

denz bereits die für Joerden gültige Definition der Postpendenz nicht erfüllen. Fälle exclusiver Postpendenz sind für ihn Fälle der Kontravalenz, die wahldeutig gelöst werden sollten. Fälle implikativer Postpendenz will Joerden durch eindeutige, nur auf die Nachtat gestützte Entscheidungen lösen.[820]

Schmoller schließt sich der Differenzierung von Küper an. Dabei versucht er, eine Unterscheidung zwischen beweisbedürftigen und von ihm sogenannten Abgrenzungsmerkmalen zu finden. Die Unterscheidung zwischen beiden Gruppen soll durch systematische und teleologische Auslegung gefunden werden. Erklärtes Ziel ist es, durch das Auffinden möglichst vieler Abgrenzungsmerkmale die Anzahl von Stufenverhältnissen zwischen den Tatbeständen zu erhöhen und so den Weg zu einer Vielzahl eindeutiger Verurteilungen aus dem jeweils "leichteren" Tatbestand zu bahnen.[821] Es wird deutlich, daß die vertretenen Konzepte sowohl was die Struktur der Postpendenz als auch die zu erzielenden Ergebnisse angeht, erstaunlich vielfältig sind.[822]

Die Position der Rechtsprechung war lange davon gekennzeichnet, daß sie die Postpendenz nicht als eigenständige Struktur anerkannt hat.[823] Die Fälle lediglich konkurrenzrelevanter Postpendenz wurden durch Rückgriff auf allgemeine Konkurrenzerwägungen gelöst. Ist die Vortat nicht bestrafbar, so entfällt ihre Konkurrenzwirkung gegenüber der Nachtat. Daher kann eine nicht erweisliche Vortat die Straflosigkeit der Nachtat nicht begründen. So wurden diese Fälle durch eindeutige Nachtatverurteilungen gelöst. Dagegen wurden Fälle tatbestandsrelevanter Postpendenz wahldeutig gelöst, wobei eine Abgrenzung zu anderen Fällen der Wahlfeststellung nicht erfolgte. Ab 1987 akzeptierte der Bundesgerichtshof die tatbestandsrelevante Postpendenz als eigenständige Struktur mit spezifischen Lösungsansätzen.

---

820 s. oben, Kap. 4.4.8.

821 s. oben, Kap. 4.4.9.

822 s. oben, Kap. 4.5.

823 s. oben, Kap.5.

Er propagierte die Zulässigkeit einer eindeutigen Nachtatverurteilung im Rahmen der Hehlerei und der Geldwäsche für die Fälle, in denen die Vortatmittäterschaft des Angeklagten möglich blieb. Wenn dagegen auch eine Vortatalleintäterschaft nicht ausgeschlossen werden kann, wendet der Bundesgerichtshof weiterhin eine wahldeutige Entscheidung an. Zusätzlich akzeptiert der Bundesgerichtshof tatbestandsspezifische Hindernisse bezüglich seiner Postpendenzlösung. So will er im Bereich der Strafvereitelung keine Postpendenzentscheidungen zulassen, da wegen der Zweifelhaftigkeit der Vortat eine Selbstbegünstigung nicht ausgeschlossen werden könne.

Es gibt bestimmte Delikte, die im Bereich der Postpendenz von besonderem Interesse sind. Dies ergibt sich daraus, daß sie sich häufig oder sogar zwangsläufig an ein anderes vorangegangenes deliktisches Verhalten anschließen. Solche Delikte werden im folgenden Nachtatdelikte genannt.[824] Wegen des von § 246 StGB abgedeckten Täterverhaltens kann dieser Tatbestand als Nachtatdelikt angesehen werden. Heute versteht die Rechtsprechung als Zueignung im Sinne des § 246 StGB nur die erstmalige Herstellung der Sachherrschaft. Damit setzt die Bejahung des Unterschlagungstatbestands voraus, daß der Täter sich die Sache nicht bereits vorher zugeeignet hat. Bleibt diese vorherige Zueignung zweifelhaft, wie dies in Postpendenzsituationen der Fall ist, gehen die Meinungen über die Lösung weit auseinander. Auch auf der Basis der Literaturmeinung, die davon ausgeht, daß eine erneute Zueignung den Tatbestand erfüllt und nur unter Konkurrenzaspekten nicht zum Tragen kommt, wird der hier interessierende Zweifelsfall kontrovers entschieden. Dabei führt der Ausgangspunkt interessanterweise nicht zu einer Beeinflussung des vertretenen Lösungsspektrums. Für beide Konzepte werden sowohl die wahldeutige wie die eindeutige Entscheidung propagiert.[825]

Die Begünstigung setzt als Tatbestandsmerkmal eine bereits begangene rechtswidrige Tat voraus. Bleibt zweifelhaft, ob der, der eine Tat begangen hat, die ansonsten eine Begünstigung gewesen wäre, die Vortat allein begangen hat, propa-

---

824 s. oben, Kap. 6.

825 s. oben, Kap. 6.1.

giert die Rechtsprechung eine wahldeutige Entscheidung, da der Tatbestand der Begünstigung zweifelhaft bleibe, wenn eine tatbestandslose Selbstbegünstigung nicht ausgeschlossen werden könne. Mehrheitlich wird dieser Lösung in der Literatur zugestimmt. Allerdings werden auch eine eindeutige Entscheidung und der Freispruch propagiert. Für andere Vortatbeteiligte gilt, daß diese sehr wohl den Tatbestand erfüllen können und nur gemäß § 257 III StGB straflos bleiben. Bei dieser Variante beeinflußt eine zweifelhaft bleibende Vortat den Tatbestand daher nicht. Es liegt daher eine lediglich konkurrenzrelevante Postpendenz vor, die nach weit überwiegender Meinung eine eindeutige Nachtatverurteilung zuläßt.[826]

Auch die Strafvereitelung setzt tatbestandlich eine andere bereits begangene Tat voraus. Dabei erfüllt jemand, der nur sich selbst der Strafvollstreckung entziehen will, bereits den Tatbestand nicht. Handelt er dagegen für andere und für sich selbst - oder kann letzteres nicht ausgeschlossen werden - wird der Tatbestand erfüllt und greift § 258 V StGB ein. Soll dagegen nur ein anderer Vortatbeteiligter bessergestellt werden, so entfällt die Strafbarkeit nicht. Die Rechtsprechung lehnt für den hier interessierenden Zweifelsfall eine eindeutige Verurteilung aus Postpendenzaspekten ab. Schließlich könne bei einem möglichen Vortattäter eine Selbstbegünstigungstendenz nicht ausgeschlossen werden. Selbst wenn diese These zutrifft, fragt sich, welche Folgerungen hieraus gezogen werden können. § 258 V StGB führt zur Straflosigkeit, sofern die Vortat feststeht. Die Rechtsprechung erstreckt diese Wirkung auch auf Fälle zweifelhafter Vortaten. Diese Entscheidung enthält einen Widerspruch zur Lösung bei § 257 III StGB. Dieser Widerspruch läßt sich auch nicht durch die betroffenen Rechtsgüter oder die Schutzrichtung der Delikte begründen. Dies ergibt sich daraus, daß sowohl Strafvereitelung als auch Begünstigung im Vergleich zur Vortat auch neue eigenständige Rechtsgüter schützen. Eine unterschiedliche Handhabung von § 257 III StGB und § 258 V StGB in Postpendenzfällen läßt sich daher nicht rechtfertigen.[827]

---

826 s. oben, Kap. 6.2.

827 s. oben, Kap. 6.3.

Die Hehlerei setzt als Tatbestandsmerkmal eine gegen fremdes Vermögens gerichtete Vortat voraus.[828] Der hier interessierende Fall ist die mögliche Vortatbeteiligung mit einer nachfolgenden Handlung, die, wäre sie unabhängig von der Vortat geschehen, den Hehlereitatbestand erfüllen würde. Dabei muß sowohl nach der Art der Vortatbeteiligung als auch nach der Alternative des Hehlereitatbestands differenziert werden.

Für den Alleintäter der Vortat wird eine Verurteilung wegen Hehlerei abgelehnt.[829] Bleibt die Alleintäterschaft fraglich, gelangt man über den von Hruschka propagierten Beweisverzicht zu einer Verurteilung wegen der nachfolgenden Hehlereihandlung. Die Rechtsprechung und der überwiegende Teil der Literatur lehnen diese Lösung ab, da die elementaren Mindestvoraussetzungen der Nachtat nicht bewiesen seien. Für die Hehlereivariante des Absetzens wird in der neueren Literatur vertreten, daß diesbezüglich auch der mögliche Vortatalleintäter verurteilt werden könne. Dagegen wird zu Recht eingewendet, daß so Täterqualität und Tathandlung der Nachtat unklar bleiben. Auf dieser Basis läßt sich eine eindeutige Nachtatverurteilung nicht rechtfertigen. Daher muß die Alleinvortattäterschaft ausgeschlossen sein, um eine Postpendenzentscheidung zu ermöglichen.

Auch der Vortatmittäter wird wegen einer nachfolgenden Hehlerei nicht bestraft.[830] Bleibt die Vortatmittäterschaft fraglich, so hängt die Entscheidung, ob eindeutig oder wahldeutig verurteilt werden soll, von dem Grund der Straflosigkeit bei erwiesener Vortatmittäterschaft ab. Dabei ergeben sich bezüglich der "Sich-Verschaffens"-Variante zusätzliche Probleme, da hier ein Konflikt mit der mittäterschaftlichen Zurechnung im Vortatbereich droht. Trotzdem wird für den möglichen Vortatmittäter eine Verurteilung wegen einer nachfolgenden Hehlereihandlung mehrheitlich bejaht. Damit wird die mögliche Alleinvortattäterschaft anders be-

---

828 s. oben, Kap. 6.4.

829 s. oben, Kap. 6.4.1.

830 s. oben, Kap. 6.4.2.

handelt als die mögliche Vortatmittäterschaft.[831] Durch die wahldeutige Entscheidung, die bezüglich des möglichen Vortatalleintäters propagiert wird, wird dieser im Vergleich zum möglichen Vortatmittäter insbesondere in Fällen mangelnder Gleichwertigkeit zwischen Vor- und Nachtat bessergestellt. Eine überzeugendende Begründung für diese unterschiedliche Behandlung fehlt.

Eine festgestellte Vortatgehilfenschaft hindert eine Verurteilung wegen einer nachfolgenden Hehlereihandlung grundsätzlich nicht. Gleiches gilt, wenn die Vortatgehilfenschaft zweifelhaft bleibt.[832]

Als Beispiel für eine Postpendenzentscheidung ist BGHSt 35, S. 86ff näher untersucht worden.[833] Dem Fall lag eine mögliche Mittäterschaft bezüglich der Vortat - schwere räuberische Erpressung - mit nachfolgender Hehlereihandlung zugrunde. Anklage wurde wegen der schweren räuberischen Erpressung erhoben. Verurteilt wurde die Angeklagte wegen Hehlerei. Die fragliche Vortatmittäterschaft steht dem nach der Rechtsprechung nicht entgegen, da sie zweifelhaft bleibt und daher bezüglich der Nachtat keine Auswirkungen entfalte. Diese Entscheidung wirft sowohl prozessuale als auch materiell-rechtliche Probleme auf.

Prozessual fällt auf, daß einer Anklage wegen schwerer räuberischer Erpressung eine Verurteilung wegen Hehlerei folgte.[834] Der Bundesgerichtshof sah darin kein Problem, da die Hehlerei mit der Vortat einen einheitlichen Vorgang bilde. Dieses Ergebnis wurde in der Literatur zu Recht angegriffen und steht mit der bisherigen Rechtsprechung im Widerspruch. Daher war eine Hehlereiverurteilung auf der Basis einer Anklage wegen schwerer räuberischer Erpressung nicht zulässig.

---

831 s. oben, Kap. 6.4.3.

832 s. oben, Kap. 6.4.4.

833 s. oben, Kap. 7.

834 s. oben, Kap. 7.3.1.

Materiell-rechtlich fällt zunächst auf, daß der vorliegende Fall sich von der "klassischen" Postpendenzsituation unterscheidet, da das Nachtatverhalten nur alternativ feststeht.[835] Bezüglich der Nachtat liegt eine sogenannte unechte Wahlfeststellung vor. Trotzdem entspricht die Einordnung als Postpendenzfall der Postpendenzstruktur, da die eindeutige Gewißheit über die Nachtat nur ein regelmäßiges, kein strukturbildendes Postpendenzmerkmal ist. Ausschlaggebend ist vielmehr, daß eine zweifelhafte Vortat die Verurteilung wegen einer Nachtat beeinflußt. Diese Verurteilung auf Nachtatbasis kann ihrerseits auch eine wahldeutige Entscheidung darstellen.[836] Auch wirft die Verurteilung Fragen bezüglich des Verhältnisses von mittäterschaftlicher Vortatzurechnung des Beuteerwerbs und Nachtatstrafbarkeit wegen Hehlerei in Form des Sich-verschaffens der Beute auf.[837] Die Nachtat war nur tatsachenalternativ gesichert. Bezüglich einer der beiden Varianten bleibt dabei die vom Bundesgerichtshof mitgeteilte Tatsachenbasis für eine Hehlereiverurteilung unzureichend. Ist der Nachtatsachverhalt tatsächlich so vage, so bleibt nur ein Freispruch.[838] Das Ergebnis des Bundesgerichtshofs - eindeutige Verurteilung wegen Hehlerei - wird von einigen Stimmen positiv aufgenommen. Daneben wird auch eine wahldeutige Lösung, gestützt auf Vor- und Nachtat, vorgeschlagen. Dabei bleibt allerdings unklar, auf welche Weise die rechtsethische und psychologische Gleichwertigkeit zwischen einer schweren räuberischen Erpressung und einer Hehlerei hergestellt werden soll.[839]

Die neueste Entscheidung des Bundesgerichtshofs zur Postpendenz befaßt sich mit der Geldwäsche.[840] Vortat war ein erpresserischer Menschenraub. Eine mittäterschaftliche Beteiligung daran konnte dem Angeklagten nicht nachgewiesen

---

835 s. oben, Kap. 7.3.2.

836 s. oben, Kap. 7.3.2.1.

837 s. oben, Kap. 7.3.2.2.

838 s. oben, Kap. 7.3.2.3.

839 s. oben, Kap. 7.3.2.4.

840 s. oben, Kap. 8.

werden. Jedenfalls aber hatte er in Vortatkenntnis Geld aus der Vortat gewechselt. Die Anklage lautete auf erpresserischen Menschenraub, die Verurteilung erfolgte wegen Geldwäsche. Trotzdem ist diese Entscheidung prozessual weniger bedenklich als BGHSt 35, S. 86ff, da das tatsächliche Geschehen, auf das sich der Nachtatvorwurf stützt, im Anklagesatz selbst und nicht nur im wesentlichen Ergebnis der Ermittlungen beschrieben wird. Materiell-rechtlich führt der Bundesgerichtshof aus, daß die zweifelhafte Vortatmittäterschaft die Verurteilung aus der Nachtat nicht störe. Kritiker mahnen, daß jeder Mittäter der Vortat die Beute durch diese bereits erlangt habe. Bei zweifelhafter Mittäterschaft müsse in dubio pro reo angewendet werden. Damit sei aber im vorliegenden Fall der Tatbestand der Geldwäsche nicht erwiesen, eine eindeutige Verurteilung also nicht zu rechtfertigen. Andere begrüßen die Entscheidung, da der Bundesgerichtshof endlich alle Strafbarkeitslücken in diesem Bereich geschlossen habe.

Faßt man die Struktur und die Folgen von Postpendenzentscheidungen ins Auge, so fallen eine Reihe von Problemen auf.[841]

Im Tenor führt eine Postpendenzfeststellung dazu, daß nur die eindeutige, allein auf die Nachtat gestützte Entscheidung auftaucht. Bei wahldeutigen Entscheidungen werden dagegen beide Vorwürfe in den Tenor aufgenommen, um den verbleibenden Zweifel aufzuzeigen und der angestrebten Vollständigkeit und Genauigkeit des Tenors Rechnung zu tragen. Postpendenzfeststellungen führen zu einer Inhaltsreduktion des Tenors und blenden den verbleibenden Zweifel aus. Mangels Gleichwertigkeitsprüfung zwischen Vor- und Nachtat droht eine ungerechte Bemakelung des Täters. Insgesamt sind offengelegte Zweifel besser mit der Funktion des Täters vereinbar als verdeckte.[842]

Materiell-rechtlich gesehen basieren alle Konzepte, die auch die tatbestandsrelevante Postpendenz als entscheidungstaugliche Basis akzeptieren, auf Beweis-

---

841 s. oben, Kap. 9.

842 s. oben, Kap. 9.1.

verzichten.[843] Durch die zweifelhafte Vortat verbleibt im Rahmen des Nachtattatbestands ein relevanter Zweifel. Verschiedene Autoren haben verschiedene Wege gefunden, um zu begründen, warum diese Zweifel nicht wirklich relevant seien und umgangen werden könnten. Mit anderen Worten haben sie Möglichkeiten eröffnet, auf der Basis nicht vollständig bewiesener Tatbestände zu einer Verurteilung zu gelangen. Dabei gelingt keinem der Autoren eine überzeugende Abgrenzung zwischen beweisbedürftigen und anderen Tatbestandsmerkmalen. Nach der hier vertretenen Auffassung kann eine solche Abgrenzung auch nicht überzeugend gelingen, da schon der Ansatz - Verurteilung trotz Unklarheit innerhalb des zugrundeliegenden Tatbestands - gegen das Schuldprinzip und die Garantiefunktion des Strafrechts verstößt.

Ein weiteres Problem stellt sich in bezug auf das Verhältnis mittäterschaftlicher Zurechnung bezüglich der Vortat- und der Nachtatverurteilung.[844] Da bezüglich des potentiellen Vortatalleintäters eine Postpendenzfeststellung nicht in Frage kommt, ist dieser Konflikt von ausschlaggebender Bedeutung. Bei feststehender Mittäterschaft wirkt die Zurechnung ohne Beschränkung auf das ihr zugrunde liegende Delikt. Dadurch verbietet sich eine zusätzliche Bestrafung auf Nachtatbasis. Diese Wirkung soll bei zweifelhaft bleibender Mittäterschaft entfallen, da die Basis der Zurechnung zweifelhaft bliebe und eine Zurechnung daher nicht erfolgen könne. Dabei wendet der Bundesgerichtshof nicht den Grundsatz in dubio pro reo an. Statt den Zweifel als solchen zu behandeln, stellt er ihn der erwiesenen Nicht-Mittäterschaft gleich. Da der Zweifel aber existiert, läuft diese Vorgehensweise auf eine Negativfiktion hinaus. Diese Fiktion wirkt für den Angeklagten letztlich belastend.

Zudem besteht ein Konflikt mit der bisherigen Rechtsprechung des Bundesgerichtshofs zu in dubio pro reo. Bisher wurde in dubio pro reo einmal bezüglich jedes Tatbestands angewendet. Bei Postpendenzentscheidungen dagegen wird in dubio pro reo nur einmal, und zwar bezüglich der Vortat, angewendet. Damit steht

---

843 s. oben, Kap. 9.2.

844 s. oben, Kap. 9.3.

die Rechtsprechung zur Postpendenz im Widerspruch zur bisherigen Rechtsprechung zur Wahlfeststellung und zu in dubio pro reo.

Es gibt zwei Arten von Postpendenzfeststellungen: Die konkurrenz- und die tatbestandsrelevante.[845] Bei der konkurrenzrelevanten Postpendenz stehen bezüglich der Nachtat Tatbestand, Rechtswidrigkeit und Schuld fest.[846] Nur die konkurrenzbedingte tatsächliche Strafbarkeit bleibt fraglich. Anders als bei der Wahlfeststellung ist daher die Verwirklichung beider Sachverhalte nicht zwangsläufig ausgeschlossen.[847] Der Täter kann auch beide erfüllt haben. Dabei änderte die Einführung des Konzepts der konkurrenzrelevanten Postpendenz die bis dahin erzielten Ergebnisse nicht. So oder so wird grundsätzlich eindeutig wegen der Nachtat verurteilt.[848] Die Struktur der konkurrenzrelevanten Postpendenz läßt sich von der der Wahlfeststellung deutlich unterscheiden.[849] Vor- und Nachtat stehen nicht im Verhältnis der exclusiven Alternativität. Auch von einer doppelten Rechtsnormenungewißheit kann man nicht sprechen, da der Tatbestand im engeren Sinne der Nachtat feststeht. Daher wäre die Anwendung eines die Verurteilungsmöglichkeiten reduzierenden Konzepts wie das der rechtsethischen und psychologischen Gleichwertigkeit nicht angemessen. Insgesamt läßt sich sagen, daß es nicht angemessen wäre, Situationen konkurrenzrelevanter Postpendenz wahldeutig zu lösen. Die konkurrenzrelevante Postpendenz führt auch nicht zu Spannungen mit in dubio pro reo. Die zweifelhafte Vortat wird nicht zur Urteilsgrundlage. Ihre Zweifelhaftigkeit führt zur Straflosigkeit und damit zur ungestörten Nachtatstrafbarkeit. Damit bestehen hinsichtlich der konkurrenzrelevanten Postpendenz weder hinsichtlich der Struktur noch hinsichtlich der erzielten Ergebnise Bedenken. Allerdings bedarf es dafür der Figur der konkurrenzrelevanten Postpendenz nicht. Die ihr zugrunde liegende Situation läßt sich befriedigend allein

---

845 s. oben, Kap. 9.

846 s. oben, Kap. 9.1.

847 so. oben, Kap. 9.1.3.

848 s. oben, Kap. 9.1.4.

849 s. oben, Kap. 9.1.3.

aus Konkurrenzerwägungen lösen.[850]

Die zweite Art der Postpendenz ist die tatbestandsrelevante Postpendenz.[851] Hruschka ging davon aus, daß dabei von zwei Sachverhalten einer zweifelhaft bleibt, der andere dagegen sicher zutrifft.[852] Dabei ist unter einem strafrechtlich relevanten Sachverhalt die Beschreibung einer strafbaren Handlung zu verstehen. Gerade eine solche Beschreibung ist in der Stituation einer tatbestandsrelevanten Postpendenz wegen der verbleibenden Zweifel nicht vollständig möglich. Etwas anderes gilt nur, wenn man den zweifelhaft bleibenden ersten Sachverhalt und damit auch seine Wirkung auf den zweiten ausblendet, insofern also mit einer Negativfiktion arbeitet. Oder man erklärt den Nachweis der vom Zweifel betroffenen Merkmale für verzichtbar. Beide Vorgehensweisen sind mit strafrechtlichen Grundsätzen nicht vereinbar. Wegen des verbleibenden Zweifels kann der zweite Sachverhalt alleine keine Urteilsgrundlage abgeben. Zusätzlich fällt auf, daß die Frage nach dem Gehalt der Alternativen nicht eindeutig zu beantworten ist. Stellt man auf den rein faktischen Ablauf ab, gelangt man zum gleichen Ergebnis wie bei der konkurrenzrelevanten Postpendenz. Der Täter kann beide Handlungen nacheinander begangen haben. Stellt man dagegen auf die rechtliche Bewertung die Frage nach der Erfüllbarkeit von Tatbeständen ab, ist das Ergebnis anders. Tatbestandserfüllung kann nur für eine der beiden Alternativen bejaht werden. Das Ausmaß der Unterschiedlichkeit von Wahlfeststellung und tatbestandsrelevanter Postpendenz wird demnach davon bestimmt, worauf man den Schwerpunkt setzt, das faktische Geschehen oder die Erfüllung von Tatbeständen.

Die Entstehung der tatbestandsrelevanten Postpendenz wurde von Hruschka mit der Nichterfüllung des Wahlfeststellungskriteriums der exclusiven Alternativität begründet.[853] Tatsächlich liegt keine Wechselbezüglichkeit des Zweifels vor, da der

---

850 s. oben, Kap. 9.1.4.

851 s. oben, Kap. 9.2.

852 s. oben, Kap. 9.2.1.

853 s. oben, Kap. 9.2.2.

erste Sachverhalt unabhängig vom zweiten zweifelhaft bleibt. Auch kann die Möglichkeit nicht ausgeschlossen werden, daß beide Abläufe zusammen vorgelegen haben. Es ist aber fraglich, ob die Rechtsprechung mit der Aufstellung des Kriteriums der exclusiven Alternativität tatsächlich eine kontravalente Struktur als Voraussetzung für wahldeutige Entscheidungen festschreiben wollte. Es spricht mehr dafür, daß nur eine Sicherung nach außen im Sinne des Ausschlusses strafloser Alternativen gemeint war. Dann wäre die exclusive Alternativität nicht mehr als eine ersetzbare Mindestanforderung. Auch Fälle der Disjunktion wären konsequenterweise wahldeutig zu lösen. Teleologisch betrachtet war die Einführung der Postpendenz der Versuch, mehr logische Klarheit in den Bereich richterlicher Zweifel zu bringen. Dies war bezüglich der konkurrenzrelevanten Postpendenz unnötig, da die hier auftretenden Probleme auch vorher befriedigend gelöst wurden. Bei der tatbestandsrelevanten Postpendenz konnte dieses Ziel wegen der verbleibenden Unklarheiten nicht erreicht werden.

Das Anwendungsgebiet der tatbestandsrelevanten Postpendenz ist bisher sehr klein geblieben.[854] Von allen möglichen Nachtattatbeständen wird sie von der Rechtsprechung bisher nur im Rahmen der Hehlerei und der Geldwäsche angewendet. Eine zusätzliche Beschränkung liegt darin, daß von allen möglichen Vortatbeteiligungen nur die Mittäterschaft für eine Verurteilung aus Gesichtspunkten der tatbestandsrelevanten Postpendenz anerkannt ist. Zusätzlich erfolgt für die "Sich-verschaffens"-Alternative bei der Hehlerei eine spezifische Einschränkung. Es kommt bei dieser noch auf den möglichen Zeitpunkt der Beuteerlangung an. Nur wenn ausgeschlossen werden kann, daß diese bereits während der Vortat erfolgte, kann eine Postpendenzentscheidung ergehen. Es läßt sich daher sagen, daß der Anwendungsbereich für die tatbestandsrelevante Postpendenz bisher sehr klein ist. Zusätzlich läßt sich die Abgrenzung zur Wahlfeststellung nicht begründen. Weder die Frage, ob jemand als Allein- oder Mittäter der Vortat gehandelt hat, noch wann genau der mögliche Täter die Beute erlangt hat, rechtfertigen eine unterschiedliche Behandlung.

---

854 s. oben, Kap. 9.2.3.

Richtig gesehen, bildet in dubio pro reo den Grundsatz für Entscheidungen im Bereich richterlichen Tatsachenzweifels.[855] Hiervon bildet die Wahlfeststellung eine zu begründende Ausnahme. Ihre Grenzen werden durch die rechtsethische und psychologische Gleichwertigkeit gezogen. Da eine solche Gleichwertigkeitsprüfung im Bereich der tatbestandsrelevanten Postpendenz nach weit überwiegender Meinung nicht erfolgt, dehnt diese Figur die Grenzen der Wahlfeststellung aus, da sie eine Verurteilung auch bei ungleichwertigen Tatbeständen ermöglicht. Letztlich schränkt die tatbestandsrelevante Postpendenz damit den Bereich von in dubio pro reo ein. Diese Einschränkung führt für diesen Anwendungsbereich zu den gleichen Ergebnissen wie eine unbegrenzte Wahlfeststellung.

Im Bereich der tatbestandsrelevanten Postpendenz fallen alle materiell-rechtlichen Schutzregeln der Wahlfeststellung für den Angeklagten weg. Dies ist um so bemerkenswerter, als gleichzeitig auf den Erhalt der analog anzuwendenden prozessualen Schutzmechanismen großen Wert gelegt wird. Insgesamt gibt es daher schwerwiegende Bedenken, in Situationen tatbestandsrelevanter Postpendenz eindeutig, nur auf die Nachtat gestützt zu entscheiden.[856] Von den sonstigen Entscheidungsmöglichkeiten, Freispruch und wahldeutige Verurteilung, ist der Freispruch in der Praxis nicht durchsetzbar. Gegen eine wahldeutige Entscheidung spricht die Tatsache, daß Situationen der Wahlfeststellung und der tatbestandsrelevanten Postpendenz logisch unterscheidbar sind. Trotzdem ist die gleiche Entscheidung für beide Fälle eine angemessene Lösung. Die Unterschiede beruhen nur auf Wertungen und ergeben sich nicht zwingend aus der Struktur. Für eine wahldeutige Entscheidung der Fälle tatbestandsrelevanter Postpendenz sprechen spezifisch strafrechtliche Erwägungen. So ist die Ausschaltung von in dubio pro reo durch den Verzicht auf das Begrenzungskriterium der rechtsethischen und psychologischen Gleichwertigkeit nicht begründbar. Zudem besteht in Fällen tatbestandsrelevanter Postpendenz wie in denen der Wahlfeststellung eine doppelte Rechtsnormenungewißheit. Diese ist letztlich ausschlaggebend. Ohne Einbeziehung des ersten Sachverhalts in die Entscheidung

855 s. oben, Kap. 9.2.4.

856 s. oben, Kap. 9.2.6.

besteht in Situationen tatbestandsrelevanter Postpendenz nicht das, was man die Überzeugung vom Vorliegen strafbaren Verhaltens nennen könnte.

FSC
www.fsc.org
MIX
Papier | Fördert
gute Waldnutzung
FSC® C083411

Kolibri 360 GmbH
Ferdinand-Jühlke-Straße 7
99095 Erfurt, Deutschland
produktsicherheit@kolibri360.de